Otto Künnemann
Martina Güldemann

Geschichte der Stadt

LEIPZIG

Wartberg Verlag

Impressum

An dieser Stelle möchten wir Dank sagen für die verschiedenartigste Unterstützung dieses Buches. Zum einen an den Geschichtswissenschaftler und profunden Kenner der Stadt Leipzig, Herrn Prof. Dr. Karl Czok. Zum anderen an Herrn Wolfgang Kindler, der mit seinen Fotos viel zur Gestaltung des Buches beigetragen hat. Und als drittem Herrn Dipl-Ing. (FH) Falko Nauert, der uns bei der technischen Bearbeitung des Buchinhaltes stets mit Rat und Tat zur Seite stand.

Die Autoren

Titel: Leipziger Markttreiben
Aquarell v. C. Werner, 1873
Rückentitel: Eine reizvolle Aufnahme von der Mädlerpassage (Neumarkt) zur Pauliner Kirche, W. Kindler, 1957

Fotonachweis:

Wolfgang Kindler (10)
Archiv Güldemann und Künnemann
Gerhard Arnold (3)
Handwerkskammer zu Leipzig (1)
Paulinerverein Leipzig e.V. (1)

Zeichnungen: Otto Künnemann
Gestaltung: Grafik-Design Sandrock

1. Auflage 2000

Druck: Schreckhase, Spangenberg
Buchbinderische Verarbeitung: Büge, Celle

34281 Gudensberg-Gleichen
Im Wiesental 1 • Tel. 0 56 03/9 30 50
www.wartberg-verlag.de
ISBN: 3-86134-909-4

Inhaltsverzeichnis

Zum Geleit

Von einem Buch mit dem Titel „Geschichte der Stadt Leipzig“, das seine Darstellungen um 900 mit einem Fischerdorf namens Lipzk (Lindenort) beginnt und bis in die Gegenwart reicht, darf man erwarten, dass es von der engeren Umgebung des sorbischen Siedlungsgebietes und der heute noch existierenden Burg bichni (Püchau) – zwischen Wurzen und Eilenburg gelegen – Leipzig als Siedlungsgebiet und Stadt in seiner Vielseitigkeit schildert, bis in unsere Tage hinein. Dem wird das Buch gerecht.

Leipzigs alte Straßen und Häuser werden gegenwärtig rekonstruiert und erneuert, und auf diese Weise wird die Stadt wieder zu einer modernen Kommune gestaltet, die mitten im Leben Deutschlands und Europas steht. Sie hat auf ihrem bisherigen Weg Vieles und oft Schweres hinter sich gelassen. Jüngst erst das „Tausendjährige Reich“ und die kommunistische Diktatur. Sie ist wieder erstanden und kein Zweifel, die Innenstadt Leipzigs wird zu einem Schmuckstück unter den deutschen Städten.

Die schriftlichen Nachrichten des Klerikers Thietmar von Merseburg und der Text des Stadtbriefes (um 1165) belegen die Existenz von Bürgern mit Gewerbe, Handel und einem Jahrmarkt. Das trug entscheidend zur Entfaltung Leipzigs bei.
An der Schwelle vom 15. zum 16. Jahrhundert erhielt die Stadt ein Messeprivileg des Reiches, das sie zur Umschlagstätte des Handels von Ost nach West und von Süd nach Nord werden ließ. Das war ein Wirtschaftsfaktor von außerordentlichem Rang.
Die Gründung der Universität und die Entfaltung der Reformation machte Leipzig zu einem Kulturzentrum Sachsens. Die Kriege des 16., 17. und 18. Jahrhunderts brachten schwere Zerstörungen und viel Leid. Während der Sächsisch-Polnischen Union von 1697 bis 1763 wurde die Stadt zur Nebenresidenz August des Starken, erlebte glanzvolle Zeiten, aber mit dem Siebenjährigen Krieg auch den Niedergang Kursachsens.
Nach dem Wiener Kongress fast zur Grenzstadt geworden, brachten die Jahre 1830 und 1848/49 das Erlebnis von Revolutionen, allerdings in gleicher Weise die Niederlage der freiheitlichen Bestrebungen. Seit der Wende vom 18. zum 19. Jahrhundert wird Leipzig zum Zentrum der erstarkenden sächsischen Wirtschaft. Mit der ersten deutschen Fernbahnstrecke von Leipzig nach Dresden und anschließend in alle Himmelsrichtungen, mit der Entwicklung der Textil- und Metallindustrie, des Maschinenbaus, des Buch- und Rauchwarenhandels, gewinnt Leipzig über die deutschen Grenzen hinausgehende Bedeutung.

Mit diesem Buch von Otto Künnemann und Martina Güldemann wird aber nicht nur die Geschichte und Wirtschaftsgeschichte Leipzigs dargestellt. Da gibt es auch die kleinen Dinge am Rande, was bedeutet, dass vielerlei Ereignisse und Personen, Könige und einfache Menschen, Künstler und Gelehrte, Christen und Juden in besonderen, amüsanten oder auch ärgerlichen Situationen gezeigt werden. Weltbekannte Persönlichkeiten, wie beispielsweise Luther und Tetzel, Bach und Clara Wieck, die Professoren Gottsched und Gellert, aber auch zum Beispiel das Gewandhausorchester und das Bildermuseum, spielen dabei eine Rolle.
Dem Leser wird auf diese Art ein abwechslungsreiches Bild der Stadt Leipzig in ihrer tausendjährigen Geschichte geboten, und es ist zu hoffen, dass er bei der Lektüre Bekanntes erneuert, aber auch bislang Unbekanntes erfährt.

Das wünscht ihm Karl Czok
Leipzig, im Mai 2000

Die Vorgeschichte Leipzigs bis zur Stadtbegründung (um 900 bis 1170)

● **900:**
Um diese Zeit besteht am Zusammenfluss von Pleiße und Parthe ein slawisches Fischerdorf mit dem Namen Lipzk
● **919:**
Beginnt die Ostexpansion des Reiches unter König Heinrich I. Schrittweise Unterwerfung und Christianisierung sorbischer Stämme. Im Zuge dieser Unterwerfung errichten deutsche Kolonisten die „Alte Burg", die Keimzelle des späteren Leipzig
● **924:**
Mit Püchau (urbs bichni) wird erstmals ein Ort des späteren Leipziger Umlandes in der Chronik des Bischofs Thietmar von Merseburg erwähnt
● **1015:**
Frühe Siedlungen und Ersterwähnung der späteren Stadt Leipzig. Die großen mittelalterlichen Handelsstraßen, Königs- und Reichsstraße und die frühen Besitzverhältnisse im Leipziger Raum
● **1089:**
Die Grafen von Eilenburg und das Haus Wettin
● **1100:**
Jacobspilger (Schottenmönche) begründen um 1100 eine eigene Kirchgemeinde und das Naundörfchen
● Um **1150:**
Markgraf Konrad der Große begründet die wettinische Hausmacht im mitteldeutschen Raum
● **1156:**
Otto der Reiche, Markgraf von Meißen, erste Silberfunde im Erzgebirge
● Um **1165:**
Markgraf Otto lässt Leipzig den Stadtbrief ausstellen

um 900–923

Als Ursprung der Stadt Leipzig kann man mit gutem Recht einen Siedlungsfleck annehmen in dem Raum, wo die Parthe in die Pleiße mündete, etwa im Bereich der heutigen Lortzingstraße.
Dort begründeten slawische Stämme, wahrscheinlich Sorben, ein Dörfchen mit dem Namen Lipzk, worin in ihrem Sprachgebrauch das Wort lipa enthalten ist, das Linde bedeutet. Ort bei den Linden. Die Leipziger haben seit alter Zeit ein besonderes Verhältnis zu dem schönen Baum ihrer Heimat und hören es nicht ungern, wenn man von der „Lindenstadt" spricht.

Slawische Stämme gründeten das Dörfchen Lipzk

Wann die Begründung von Lipzk erfolgte, weiß man nicht. Aus Bodenfunden ging hervor, dass bereits im 7. Jahrhundert eine Ansiedlung bestand. Fest steht, zur Zeit der deutschen Landnahme, im Zuge der Ostexpansion des Heiligen Römischen Reiches unter dem Sachsenkönig Heinrich I. (919–936), existierte das Dorf Lipzk, dessen Bewohner sich vorrangig von Fischfang, aber auch von Ackerbau ernährten.
Da die deutschen Eroberer hier eine Furt durch das verzweigte Flusssystem der Pleiße-, Elster, Parthenaue fanden, bekam das Gelände strategische Bedeutung, und man errichtete eine Burg.
Zum einen als Schutz der Passage und zum anderen wohl auch zur Beobachtung der slawischen Bevölkerung, die von der Notwendigkeit ihrer Christianisierung nicht sonderlich überzeugt gewesen sein soll. Die Gaststätte „Alte Burg" erinnerte an ihren ungefähren Standort, jetzt als „Gastmahl des Meeres" ein Fischrestaurant am Fleischerplatz. Wann genau diese Burg angelegt wurde und wie lange sie Bestand hatte, ist nicht bekannt.

Am Fischerdorf Lipzk, um das Jahr 900

Die Vorgeschichte Leipzigs bis zur Stadtbegründung

924–1017

Die erste verlässliche Jahreszahl, die Bezug, wenn auch nicht auf das spätere Leipzig, so doch auf diese Gegend nimmt, ist das Jahr 924. Da soll König Heinrich Zuflucht vor den kriegerischen Magyaren auf der Burg bichni gesucht haben, dem heutigen Püchau, zwischen Wurzen und Eilenburg an der Mulde gelegen. So sagt es jedenfalls die Chronik des Bischofs Thietmar von Merseburg. Das kleine Püchau ist damit der ersterwähnte Ort des späteren Sachsens – immerhin fünf Jahre vor Meißen.

1004 wird erstmals eine Örtlichkeit des späteren Leipziger Raumes benannt: Wahren. Und nur wenig später erhalten wir den ersten Beleg für die Existenz Leipzigs überhaupt. Bischof Ido oder Eido von Meißen verstarb hier, in der „urbs libzi“, auf der Heimreise von Kaiser Heinrich II. kommend. Wieder ist Thietmar der Chronist, und er nennt sogar ein genaues Datum, den 20. Dezember 1015. Seit dieser Zeit kann man also begründet vom bestehenden Burgward Leipzig sprechen.

Politische Übersicht des mitteldeutschen Landes um das Jahr 1000

Erster Beleg für die Existenz Leipzigs

Im Schutz der Alten Burg kam es gegen Ende des 10. Jahrhunderts zu frühen Ansiedlungen. Es erfolgte die Errichtung einer Kirche, die von Kaiser Heinrich II. gestiftete und dem Bistum Merseburg übereignete Taufkirche, beurkundet 1017. Kaiser Heinrich II. machte sie dem von ihm hochverehrten Bischof Thietmar von Merseburg zum Geschenk. Dieser Umstand lässt den Rückschluss zu, dass Leipzig zu dieser Zeit kaiserlicher Eigenbesitz war. Die Kirche hat sich wahrscheinlich im Bereich der heutigen Thomaskirche befunden. Und auch einen weiteren Burgenbau nahm man in Angriff, die neue Burg libzi. Ob die Alte Burg verfallen, zu klein geworden oder möglicherweise von Aufständischen zerstört worden war – wer will das nach so vielen Jahren sagen...

Die neue Burg wurde auf dem Pleiße-Hochufer erbaut, wo später die Matthäikirche ihren Standort hatte und sich in unserer Zeit ein weit weniger beliebter Gebäudekomplex befindet, die ehemalige Bezirkszentrale des Ministeriums für Staatssicherheit der DDR, die „Runde Ecke“, nach der Wende rasch als Arbeitsamt genutzt.

Um 1015 könnte auch schon der älteste Marktplatz des Burgwards bestanden haben, der Eselsmarkt, der freilich nur eine Straßenverbreiterung beim heutigen Kaufhaus Horten gewesen sein dürfte. Das Leipziger Land befand sich territorial gesehen in der reichsunmittelbaren Grafschaft marchia orientalis, dem Osterland. Es umfasste den größten Teil des Gaues chutizi, das im Norden bis etwa nach Düben, im Süden bis an das Vogtland heranreichte. Genau festgelegte Grenzen gab es noch nicht. Ein Hinweis auf einen der frühesten Befehlshaber des Gaues ist überliefert; der von Kaiser Otto III. eingesetzte Esiko ist als Gaugraf in chutizi 1007 verstorben.

1018–1127

Das Leipziger Land sah in seiner frühen Besiedlungsgeschichte neben kaiserlichen und kirchlichen auch weitere, meist ungebetene Herren. Kriegsereignisse brachten neue Besitzer, sogar 1082 die Böhmen unter König Wratislaus, ein Parteigänger des mächtigen Wiprecht von Groitzsch, dem gefährlichen Gegenspieler der Wettiner. Auf Grund einer frühen Schenkungsurkunde konnte sich das Stift Merseburg, wenn auch nicht unangefochten, sowohl geistlichen Einfluss als auch Lehnsrechte an Leipzig sichern, de jure bis zum Jahre 1423! Von Merseburg aus wurde die Christianisierung betrieben und die geistlichen Oberhirten im Leipziger Land gestellt. Merseburg erlangte zu dieser Zeit als Garnisons- und Nachschubstadt sowie als Bischofs- und Verwaltungssitz überragende Bedeutung.

Das große Fürstengeschlecht der Wettiner

Im Jahre 1089 belehnte Kaiser Heinrich IV. den wettinischen Grafen Heinrich I. von Eilenburg, Markgraf der Lausitz, zusätzlich mit der Mark Meißen. In der jetzigen Großen Kreisstadt, dem damaligen Burgward ilburg, unweit vor Leipzigs Toren gelegen, beginnt die Meißnisch-Sächsische Geschichte unter dem großen Fürstengeschlecht der Wettiner.

Die Stammburg des Hauses Wettin an der Saale, nördlich von Halle

Über die Grafen von Eilenburg und den erwähnten wehrhaft-starken Wiprecht von Groitzsch kam das Osterland mit Leipzig schließlich im Jahre 1127 an Konrad den Großen und damit endgültig an das Haus Wettin.

Dieses Fürstengeschlecht, wohl kleinen schwäbischen Grundherren entstammend, kann auf eine in der deutschen Geschichte beispiellose Entwicklung verweisen. Die Wettiner wurden zu Markgrafen und Kurfürsten, sie erwarben die Krone von Polen und wurden zu Königen von Sachsen. Sie stellten zwei kleinen Königreichen (Belgien und Bulgarien) die Regenten und gaben dem britischen Weltreich die Dynastie. Die Wettiner waren keine großen Eroberer und überfielen nicht ihre Nachbarn. Doch sie erkannten ihre Möglichkeiten und nutzten diese dann meist konsequent. Ebenso aber kannten sie ihre Grenzen. Vielleicht ist es gerade so zu erklären, dass sie ununterbrochen, bis zum Thronverzicht König Friedrich August III. im November 1918, ihre Herrscherrolle ausfüllen konnten.
Die Wettiner bestimmten entscheidend über einen Zeitraum von acht Jahrhunderten die politische, kulturelle und wirtschaftliche Entwicklung in Mitteldeutschland, in dem Territorium, das heute in etwa die Bundesländer Sachsen, Sachsen-Anhalt und Thüringen umschließt.

Nach Leipzig wanderten um 1100 sogenannte Jacobspilger, Schottenmönche, von Erfurt her ein. Sie wurden an der Königsstraße sesshaft, die seit dem auch Jacobspilgerstraße hieß und entfalteten eine segensreiche Tätigkeit. Sie begründeten die Jacobs-Parochie mit einer Kapelle und einem Friedhof. Die Mönche legten, vom Elsterfluss abgezweigt, mehrere künstliche Wasserläufe an und erbauten frühzeitig am Elstermühlgraben Leipzigs erste Mühle, die Jacobs- oder Angermühle, 1160 erstmals urkundlich belegt. Auch die Gründung des Naundörfchens, eines der ältesten Siedlungsgebiete des mittelalterlichen Leipzigs, dürfte auf sie zurückzuführen sein. Zu dieser Zeit hat es mit großer Wahrscheinlichkeit askanisch-brandenburgischen Besitz im Leipziger Raum gegeben. Die sogenannte Markkleeberger Pflege wird sich um das Jahr 1130 in der Hand des mächtigen Albrecht des Bären, Markgraf der Nordmark, befunden haben.

Wichtige Handelsverbindungen: via imperii und via regia

Will man Leipzigs Entwicklung zu einer der bedeutendsten deutschen Handelsstädte nachvollziehen, so muss man seine günstige zentrale Lage sehen und die damit verbundenen frühzeitig vorhandenen Straßen in Betracht ziehen. Eine der wichtigsten war die von Dürrenberg heranführende Salzstraße. Noch bedeutender aber waren die beiden sich in Leipzig kreuzenden Handels- und Heeresstraßen des Reiches. Die in West-Ost-Richtung verlaufende Hohe- oder Königsstraße (via regia). Sie kam aus dem Rhein/Main-Raum vom wichtigen Frankfurt her, verließ bei der Grenzfeste Merseburg das Altsiedelland und erreichte Leipzig. Der Brühl war ein Teil dieser Straße. Sie führte weiter über Grimma und Oschatz, Großenhain und Görlitz bis nach Breslau. Dort gab es Verbindungen bis ins ferne Moskowiterreich.

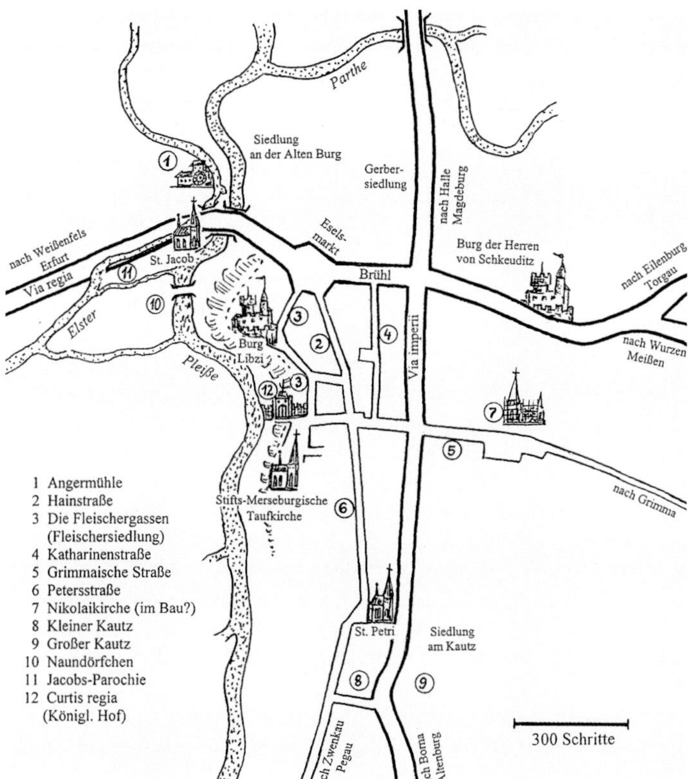

Leipzig um die Zeit der Stadtgründung

Die zweite große Straße war die Reichsstraße (via imperii), die Süd-Nord-Verbindung. Ihr Ursprung lag in Norditalien, über die süddeutschen Handelsplätze mit dem wichtigen Nürnberg, führte weiter durch das Vogtland und über Altenburg nach Leipzig. Die „Reichsstraße" erinnert noch heute an ihren innerstädtischen Verlauf. In der Fortsetzung führte sie dann über Halle und Magdeburg, immer in nördlicher Richtung, bis hin zum offenen Meer.

Natürlich darf man die Straßen jener Zeit nicht mit den heutigen vergleichen. Das waren lediglich unbefestigte, ausgefahrene Wege und bei anhaltend schlechtem Wetter kaum passierbar. Brücken gab es anfangs nicht. Wenn Hochwasser die Furten sperrte, ruhte der Handelsverkehr oder man musste notfalls die Ladung auf Booten übersetzen, was dann allerdings Reservefahrzeuge erforderte.

Nach und nach entstanden hölzerne Flussüberführungen. Steinerne Brücken waren Ausnahmen und wurden in größerem Umfang viel später, häufig erst zur Zeit August des Starken, errichtet. Erst im Weichbild der mittelalterlichen Städte gab es gepflasterte Straßen, die Steinwege. Zum Beispiel erinnert an ein Stück befestigter via imperii in Leipzig noch heute der Straßenname „Peterssteinweg".

Die verkehrsgünstigen Umstände und die Durchreise relativ vieler Menschen führte schon sehr bald in Leipzig zum Aufkommen von Handelstätigkeit. Im Osten der Burg bestand, möglicherweise noch vor der Stadtgründung, eine erste Kaufmannssiedlung. 1134 hatte man das Siedlungsgebiet mit einer ersten Befestigung umgeben, einem schützenden Erdwall. Etwas später kamen Palisaden dazu, und schließlich wurde damit begonnen, Leipzig, wie die allermeisten mittelalterlichen Städte, mit Mauern, Wassergräben und festungsähnlichen Wehren, den Basteien, zu versehen.

Markgraf Otto der Reiche

Leipzig entwickelt sich zur bedeutenden Handelsstadt

Über Jahrhunderte wurde an den Stadtbefestigungen gebaut und verändert, die ja auch wirklich einen Schutz der Stadt darstellten und mancher Belagerung trotzten. Und erst im Siebenjährigen Krieg (1756–63) zeigte sich, vorrangig durch die bereits sehr starke Artillerie, dass die Befestigungen ihren Sinn verloren hatten und die Stadt nicht mehr schützen konnten.

1160–1170

Um das Jahr 1160 war das Leipziger Land insofern zweigeteilt, da sich westlich der via imperii Territorium des Stiftes Merseburg befand, dessen Lehnshoheit Konrad der Große anerkannt hatte. Dort erstreckte sich der größte Teil der Ansiedlungen. Östlich der großen Handelsstraße lag dagegen markgräflicher Eigenbesitz.

Bis dahin waren schon mehrere

Siedlungsgebiete entstanden: Jacobsgemeinde und Naundörfchen, die Mühlgrabensiedlung, die Siedlungen an der Alten Burg und in den Gerberwiesen, am Brühl und bei der neuen Burg. Dazu einige verstreut liegende Einzelgehöfte und ziemlich weitab die Siedlungen am Kautz. Dort, am Kautz, entstand um diese Zeit Leipzigs drittes Gotteshaus, die Peterskirche. An den kleinen turmlosen Bau erinnert noch heute der Straßenname „Peterskirchhof".
Es ist anzunehmen, dass zu dieser Zeit auch die Nikolaikirche bereits im Bau gewesen ist oder sogar schon fertiggestellt war. Aufzeichnungen über ihre Erbauung sind nicht vorhanden.

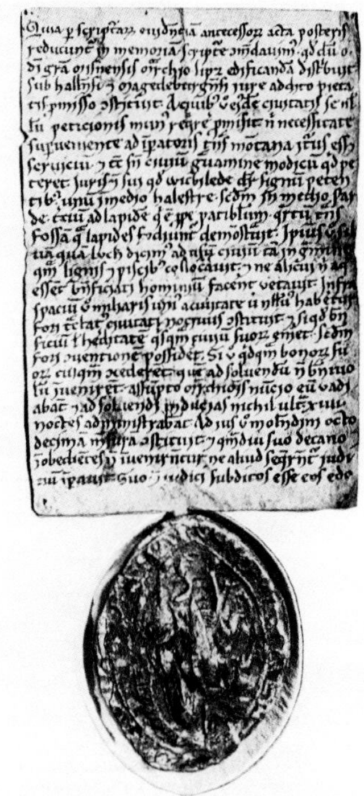

Der Stadtbrief Ottos des Reichen

Erste Silberfunde im Erzgebirge

Konrad der Große, Markgraf von Meißen, Herr des Osterlandes und weiterer mitteldeutscher Territorien, legte 1156 die Regentschaft zu Gunsten seiner Söhne nieder und zog sich in das von ihm begründete Hauskloster auf den Petersberg bei Wettin zurück. Sein Ältester, Otto, erbte Meißen und das Osterland. In die Zeit seiner Regierung fallen die ersten Silberfunde bei Christiansdorf im Erzgebirge, welchen er seinen Beinamen „der Reiche" zu verdanken hat. Er machte sich als Mehrer des Landes verdient, wozu auch die Begründung von Städten zählte. In einigen Fällen weiß man nicht mit Sicherheit, ob es Otto war, der diesen oder jenen Marktflecken zur Stadt erhoben hat. Kein Zweifel aber besteht bei Freiberg, Grimma, Eisenberg und Leipzig. Der kleine etwa nur handgroße Stadtbrief Leipzigs, damals „Lipz" genannt, den Markgraf Otto ausstellen ließ, ist leider undatiert. Man kann jedoch davon ausgehen, dass er nach 1160 und vor 1172 ausgestellt wurde.
1965 feierte Leipzig seinen 800. Geburtstag – dagegen lässt sich nichts einwenden.

Brakteat, Silbermünze um 1180, mit Abb. Ottos

Der Landesherr verlieh Leipzig das Hallische und Magdeburgische Recht, bestimmte durch vier Grenzzeichen das Weichbild der Stadt und traf die Anordnung, dass binnen einer Meile kein Markt abgehalten werden dürfe, außer denen zu Jubilate und Michaelis in Leipzig. Die Flächenbestimmung betraf immerhin einen um Leipzig gedachten Kreis von ungefähr 30 Kilometer Durchmesser. Diese Bestimmung erwies sich als wichtige Grundlage in der Entwicklung Leipzigs zur Reichsmessestadt. Als oberster Beamter des Markgrafen wurde ein Vogt eingesetzt, in dessen Händen auch die Gerichtsbarkeit lag. Alte Quellen nennen als ersten Leipziger Vogt einen Godschalcus de scudizi. Das ist glaubhaft, da uns die Herren von Schkeuditz in der Frühgeschichte Leipzigs noch mehrfach begegnen.

- Frühe Aufzeichnungen und Funde haben bestätigt, dass in den Gewässern um das spätere Leipzig der Lachs sehr häufig war; unsere Vorfahren lebten insofern nicht schlecht – bei **Kaviar und Lachsfilet.**
- Das flussdurchzogene Umland hat mit Überschwemmungen den Leipzigern oft zu schaffen gemacht. Häufig standen **Gerber-** und **Frankfurter Wiesen** unter Wasser. Und der Name Brühl bedeutet nichts anderes als Sumpf.
- Eine überragende Bedeutung kam im Mittelalter dem **Salz** zu. Es war das **Gewürz schlechthin** (später nur noch einmal vom Pfeffer übertroffen) und einziges Konservierungsmittel. Auch dass Leipzig frühzeitig Umschlagplatz für Salz wurde, verdankt es seinen Aufstieg. Allerdings gelang es der Stadt nie, den Salzhandel in großem Stil an sich zu ziehen. Da war immer das benachbarte Halle voraus.
- **Sich mit Titeln zu schmücken** ist keine Erfindung der Neuzeit. 1105 beschloss Wiprecht von Groitzsch, ganz privat, sich einen „Grafen“ zuzulegen. Die notwendige kaiserliche Standes-Erhöhung hatte nicht stattgefunden.
- Otto der Reiche war durchaus auch sparsam. Als **Geschenk** zur **Stadtgründung** vermachte er Leipzig ein Präsent, das ihm gar nichts kostete: Den **Wald Luch**, die heutige Burgaue, damals der reinste Urwald.
- Das von Otto festgelegte **Weichbild der Stadt** wurde durch Holzkreuze dokumentiert, deren Aufstellorte, wenn auch beschrieben, nicht mehr nachvollziehbar sind.
  Da heißt es: Beim Elsterflusse, an der Parthe, beim Steine am Galgen und in der Sandgrube. Das hilft wenig. Das bekannte Connewitzer Kreuz hat damit nichts zu tun. Es entstammt viel späterer Zeit, der Weichbildbestimmung um 1500.

Die Stadtentwicklung bis zur Begründung der Universität (von 1171 bis 1409)

● 1190:
Markgraf Albrecht bestätigt Leipzigs Marktgerechtigkeit. Möglicher Baubeginn der Peterskirche
● 1200:
Markgraf Dietrich der Bedrängte im Kampf um die wettinische Hausmacht gegen Kaiser Otto IV.
● 1213:
Begründung des Augustiner-Chorherrenstiftes St.Thomas
● 1215:
Markgraf Dietrich bekämpft das unbotmäßige Leipzig. Ein Mordkomplott an seiner Person wird vereitelt. Errichtung von drei Zwingburgen zu Leipzig
● 1230:
Die Dominikaner in Leipzig, Begründung ihres und weiterer Klöster. Markgraf Heinrich der Erlauchte – eine der bedeutendsten Herrscherpersönlichkeiten des Mittelalters. Der Ursprung des Wappens der Stadt Leipzig unter Dietrich von Landsberg
● 1273:
Leipzig erkauft für 30 Mark Silber das Münzrecht vom Landesherrn
● 1291:
Markgraf Diezmann kann das Osterland in Besitz nehmen. Jahrelanger Kampf gegen Besitzansprüche der Römisch-Deutschen Kaiser
● 31. Mai 1307:
Die Schlacht bei Lucka. Diezmann und zahlreiche Heeresfolge leistende Leipziger Bürger zerschlagen das kaiserliche Aufgebot
● 1311:
Nach der Niederlage Friedrich des Freidigen bei Großenhain wird Leipzig mit dem Vertrag von Tangermünde vorübergehend Brandenburg-Askanisch
● Ab 1317:
Die neue, rasch populäre Währung: Meißnische Silbergroschen. Aufblühen des Handwerks und die Begründung der Zünfte. Als erste wird die Zunft der Kramer im Jahre 1349 erwähnt
● 2. Dezember 1409:
Die Gründung der Universität Leipzig

1171–1212

Die noch sehr kleine Bürgerschaft der Stadt umfasste zu dieser Zeit die Grundeigner (cives), die Unangesessenen (burgenses) und die Burgsassen als Pächter auf burgherrlichen Territorien. Zölle und Abgaben waren dem Landesherrn beziehungsweise an das Bistum zu entrichten. Die Bürger hatten Waffenpflicht und unterlagen auch der Verpflichtung zur Heeresfolge.
Ausgangs des 12. Jahrhunderts wurden in Leipzig bereits Münzen, Silberpfennige geschlagen. Dieses Geschäft übten wohlhabende Bürger aus, die den Pachtzins an den Markgrafen zu zahlen hatten, in dessen Händen das Münzrecht verblieb.

Römisch Deutscher Kaiser Heinrich VI.

Kaiser Heinrich VI. besetzt Leipzig

Offizielle städtische Münze wurde Leipzig erst im Jahre 1273. 1190 bestätigt Markgraf Albrecht I. der Stolze der Stadt die Marktgerechtigkeit. In die Zwistigkeiten, die Albrecht mit seinem Bruder Dietrich austrug, wurde auch Leipzig hineingezogen. So ist eine vergebliche Belagerung der Stadt im Jahre 1194 durch den Parteigänger Albrechts, dem Thüringischen Landgrafen Hermann, nachweisbar. Nach der Ermordung Albrechts im Jahre 1195 besetzten die Truppen Kaiser Heinrichs VI. Leipzig. Heinrich zieht die Mark Meißen und das

Osterland als erledigtes Reichslehen ein, gliedert sie dem Reichsterritorium an und unterstellt sie seinem Amtsträger zu Altenburg. Es ist der energische Versuch, kaiserliche Rechte gegen die immer eigenständiger und selbstbewusster regierenden Wettiner durchzusetzen.
Erst nach dem Tod Heinrichs gelingt es dem kraftvoll-kriegerischen Dietrich erneut die Herrschaft über das Osterland zu erkämpfen. Allerdings muss er im Jahre 1210 die bischöflichen Rechte anerkennen und Merseburg den Lehnseid leisten.

Heereszug um das Jahr 1200

Heinrich von Schkeuditz wird Vogt zu Leipzig

Markgraf Dietrich der Bedrängte hatte auch weiterhin hart um seinen Lehnsbesitz zu ringen. 1212 vertrieb ihn Kaiser Otto IV. aus seinem festen Leipzig. Die Stadt wurde geplündert und die Burg so gründlich zerstört, dass man wahrscheinlich nie den Versuch unternommen hat, sie wieder aufzubauen.
Nach einer Verständigung mit Kaiser Otto widmet sich Dietrich verstärkt der Landesverwaltung, der Aufgliederung seines Besitzes in Vogteien. In Leipzig konnte er den ihm ergebenen Heinrich von Schkeuditz als markgräflichen Vogt einsetzen.

1213–1225

1213 stiftete Markgraf Dietrich der Bedrängte das Kloster der Augustiner-Chorherren zu St. Thomas sowie das Hospital zu St. Georg, das unweit des Ranstädter Tores errichtet wurde. Die erste, die alte Thomaskirche, wurde möglicherweise bereits um 1215 vollendet.
Die Bürger Leipzigs waren jedoch keineswegs begeistert von der Klostergründung. Man fürchtete den immer mehr wachsenden Einfluss des Markgrafen, dem man sich eigentlich gern ganz und gar entzogen hätte. Der Probst Conrad wurde zur Flucht getrieben. Dietrich griff mit Waffengewalt ein. Das Ringen Leipzigs um Reichsunmittelbarkeit, der Versuch des Lösens aus markgräflicher Bevormundung war zu dieser Zeit besonders ausgeprägt. Es führte allerdings nie zum Erfolg. Zu wichtig war den Wettinern ihr Leipzig, und sie wirkten scharf den Bestrebungen zur Eigenständigkeit der Stadt entgegen.

Leipzigs Kampf gegen Dietrich den Bedrängten

Nach halbherziger Verständigung mit dem Markgrafen flammten die Auseinandersetzungen 1217 wieder auf. Nur mit Hilfe des Königs Friedrich II. und durch Verrat gelingt es Dietrich, Leipzig zu überwältigen. Die Stadt verliert all ihre Privilegien, die Mauern, Stadttore und Befestigungen werden zerstört. Neben der Peitsche gibt es aber auch das Zuckerbrot für die unbotmäßigen Leipziger – der Markgraf sendet den Minnesänger Heinrich von Morungen in

Der Minnesänger Heinrich von Morungen

die Stadt. Der bedeutende Mann mittelalterlicher Kunst nimmt im Thomaskloster Quartier, verbleibt dort und ist wahrscheinlich auch da verstorben. Dietrich lässt zur Überwachung der Stadt drei Zwingburgen errichten, eine als Vorgängerin der Pleißenburg im Südwesten der Stadt, die zweite beim Ranstädter und die dritte beim Grimmaischen Tor.
Dennoch gaben die militanten Leipziger keine Ruhe. Es war ihnen gelungen, markgräfliche Ministeriale auf ihre Seite zu ziehen, und 1220 flammen die Kämpfe wieder auf. Sie dauern an bis zum Tod Dietrich des Bedrängten. Sein Leibarzt, der von den Leipzigern bestochen gewesen sein könnte, soll ihn vergiftet haben. Dafür aber gibt es verständlicherweise keinen Beleg.

Leibarzt vergiftet Dietrich

Heinrich der Erlauchte und seine Gemahlin Constantia

Mit der päpstlichen Bestätigung des Thomas-Stiftes konnte der allgemein geachtete Probst Wernher 1218 seine Tätigkeit aufnehmen. Noch zu seiner Amtszeit soll 1222 die Begründung der klostereigenen Thomas-Lateinschule erfolgt sein. Der Hinweis entstammt freilich späteren Aufzeichnungen.

Nach Dietrichs Tod 1221 wurde der erst fünf Jahre zählende Heinrich (den man später den Erlauchten nannte) Markgraf von Meißen. Sein Vormund, Landgraf Ludwig IV. von Thüringen, suchte das landesherrliche Verhältnis zu Leipzig zu verbessern und gestattete 1225 der Stadt, die beiden Burgen am Ranstädter und am Grimmaischen Tor niederzureißen. Dem kam man mit Freude nach.

1226–1260

Einem ausgezeichneten Zweck wurde die Abrissstelle am Grimmaischen Tor zugeführt. Dominikanermönche hatten um Erlaubnis gebeten, sich in Leipzig niederlassen zu dürfen. Sie erhielten das Gelände des vormaligen Standortes

Kloster St. Pauli, um 1230 erbaut

der Burg und konnten mit den aus dem Abbruch geretteten Materialien ihren Klosterbau beginnen. Die zugehörige Kirche, nach dem heiligen Paulus benannt, wurde 1240 vom Magdeburger Erzbischof geweiht. Es handelt sich um eben die Paulinerkirche, welche über 700 Jahre später in einem grausamen Akt städteplanerischen Barbarentums vernichtet werden sollte.
Die zweite Abbruchstelle in der Nähe des Ranstädter Tores konnte in ganz ähnlicher Weise genutzt werden. Aus dem verwertbaren Material bauten die Minoriten, die Barfüßer- oder Franziskanermönche, um 1235 ihre Klosteranlagen auf.
Überhaupt lassen sich zu dieser Zeit ganz besonders rege geistliche Aktivitäten nachweisen. So erreichten auch Benediktinernonnen Leipzig und siedelten unterhalb der Pleißenburg. Die Nonnenmühlgasse erinnert noch heute daran. Ihr Kloster, dem Heiligen Georg geweiht, entstand um 1245. Um diese Zeit ist auch die Kapelle der Heiligen Katharina nachweisbar, die sich im unteren Teil der gleichnamigen Straße beim Brühl befand. Es gibt eine Urkunde, die besagt, dass ihren jährlichen Pachtzins von einer Mark Silber der Leipziger Bürger Wilhelm von Creuz übernommen habe. Falls er mit dieser guten Tat bekannt werden wollte, hat er sein Ziel erreicht – wir sprechen eben jetzt noch davon.

Geißelbrüder – Auswüchse des Christentums

Im Jahr 1254 wird erstmals offiziell die im Thomaskloster befindliche Thomasschule genannt. Nur wenig später, um 1260, ist eine Kapelle Unser Lieben Frauen, ausgangs der Ritterstraße zum Brühl hin, nachweisbar. Und auch einer der ersten Auswüchse des Christentums machte sich jetzt in Leipzig bemerkbar: Flagellanten kommen in die Stadt. Die von Norditalien ausgehende Geißelbewegung, eine absurd übersteigerte Form der Askese, hielt sich über zwei Jahrhunderte. Die Kreuzbrüder (nach dem Kreuz Christi auf ihrem Gewand) durchzogen unter monotonen Gesängen das Land, peitschten (geißelten) sich und verbreiteten eine Art Endzeitstimmung. Allerdings nicht nur die – häufig auch die Pest.
Leipzig erlebte 1350 die erste große Epidemie. Endgültig verboten wurden die Züge der Flagellanten erst 1417 mit einer päpstlichen Bulle auf dem Konzil von Konstanz.

Flaggelanten, die Geißelbrüder

1261–1285

Unter der außerordentlich erfolgreichen Regierung Heinrichs des Erlauchten erreichte das wettinische Land eine enorme Ausdehnung. Durch geschickte Familienpolitik, durch Erbe und Kauf konnte Heinrich zu Meißen und dem Osterland Thüringen, die Pfalz Sachsen und sorbisches Kolonialland erwerben. So regierte er schließlich über ein Territorium, das sich von der Werra bis zur Oder und von Böhmen bis zum Harz erstreckte.

Entstehung des Leipziger Stadtwappens

Der weltoffene, weitgereiste Heinrich gestattete seinen Söhnen Regierungsbeteiligung. So gebot Dietrich, sein Zweitgeborener aus der Ehe mit Konstanze von Österreich, ab 1262 über Landsberg und war auch Herr von Leipzig. Dieser Zeit entstammt das uns bekannte Wappen der Stadt. Die beiden blauen, sogenannten Landsberger Pfähle auf goldenem Grund mit dem wettinischen Löwen. Nach dem Erwerb der Landgrafschaft Thüringen hatte Heinrich den rot-weiß-gestreiften thüringischen Löwen in das wettinische Wappen übernommen, allerdings in Farbänderung; nunmehr trug er statt des Badekostüms ein schwarzes Gewand.

Dietrich von Landsberg befreite Leipzig vom Gerichtszwang des Vogtes. Er gestattete die Bildung eines Rats-Kollegiums sowie eines Schöffengerichtes unter Vorsitz eines Stadt-Schultheißen. Die Leipziger zeigten sich zu Gegenleistungen bereit. Als der Herzog Albrecht von Braunschweig 1263 das Landsberger Gebiet bedrohte, verstärken zahlreiche Leipziger Bürger Dietrichs Reihen. Namentlich durch ihre Tapferkeit kann Albrechts Heeresbann bei Beesenstädt am 27. Oktober geschlagen werden. Der Herzog selbst wird gefangen und nach Leipzig gebracht.

Schutzbrief des Dietrich von Landsberg

Schutzbrief für reisende Kaufleute

Ein bedeutendes Dokument stellt Dietrich von Landsberg seiner Stadt Leipzig mit Datum vom 1. März 1268 aus – den Schutzbrief für alle zu den Leipziger Märkten reisenden Kaufleute. Die Handelsherren sollen generell unantastbar sein. Selbst dann, wenn sie aus einem Land kommen, mit dem man in Fehde liegt. Dieses zugesicherte, unbedingte freie Geleit erhöhte die Anzahl der einreisenden Händler und belebte den für Leipzig so wichtigen Warenumschlag.
Erstmals findet sich im Jahre 1270 eine Beschreibung der städtischen Obrigkeit. Danach gibt es ein Ratskollegium von zwölf Ratsmännern unter einem Schultheißen.
1273 verkaufte Dietrich von Landsberg das Münzrecht an die Stadt Leipzig für den Betrag von 30 Mark Silber, „erbtümlich und zu eigen", wie die Urkunde ausweist. Seit dieser Zeit, bis in das 18. Jahrhundert hinein, war Leipzig Münzstätte. Im Jahre 1278 gestattete der Landesherr, dass man seitens der Stadt den Versuch unternimmt, einer der schrecklichen Seuche des Mittelalters zu begegnen, der Lepra. Für die Leprosen wird außerhalb der Stadt, weit vor dem Grimmaischen Tor, das Aussätzigenhospital zu St. Johanni erbaut. Ein Kramer namens Walther gab dazu vier Morgen Land. Wahrscheinlich begann man auch sofort mit dem Bau des ebenfalls geplanten Gotteshauses, der Johanniskirche. Mit seinem Tod 1285 endet Dietrich von Landsbergs segensreiches Wirken für Leipzig. Die Stadt fällt an seinen älteren Bruder Albrecht.

Albrecht der Entartete verschleudert Wettiner Land

Markgraf Albrecht, dem die Geschichtsschreibung zu Recht den Namen der Entartete beilegte, geht unverantwortlich mit dem ihm anvertrauten Land um. Er verzichtet zu Gunsten des Kaisers auf Thüringen, verlor bei Erbstreitigkeiten das Pleißenland, verpfändete die Pfalz Sachsen an Brandenburg und verkaufte den alten Familienbesitz Wettin sowie

Ältestes Siegel der Stadt aus dem Jahr 1287

1286–1307

Landsberg. Und um die Stadt Leipzig stritten sich bereits der Bischof von Merseburg und Markgraf Heinrich von Brandenburg.
Die Söhne Albrechts, Friedrich der Freidige und Diezmann, führen über anderthalb Jahrzehnte einen großen Kampf. Gegen ihren Vater, gegen König und Kaiser und gegen die Landesfürsten.
1292, am 15. August, kann Diezmann unter Mithilfe der Leipziger Bürgerschaft den Markgrafen von Brandenburg bei Torgau schlagen. Selbst der Name des Leipziger Feldhauptmanns ist überliefert: Heinrich Stern. Zum Dank stiftete Diezmann einen Altar in der Leipziger Thomaskirche.

Wenige Jahre später aber, im Mai 1296, wird Leipzig von König Adolphs Feldherrn Heinrich von Nassau eingenommen. Zwei Jahre „nassauert" sich das Militär durch die Stadt. Dann aber, nach des Königs Tod, reicht es den Leipzigern. Sie werfen die nassauische Besatzung hinaus und öffnen den Brüdern Diezmann und Friedrich, ihren wettinischen Landesherren, die Tore. Die Entscheidung zu Gunsten der Wettiner fällt in dem für den weiteren Verlauf der meißnisch-sächsischen Geschichte denkwürdigen Jahr 1307. Der Kaiser des Reiches, Albrecht I. von Österreich, möchte seiner Hausmacht zu gern die silberreiche Mark Meißen einverleiben. Mit großem Heeresbann rückt er im Mai des genannten Jahres auf Leipzig vor. Diezmann und Friedrich haben die Leipziger zur Unterstützung aufgerufen, und zahlreiche Bürger schließen sich dem Kriegszug an.

Schlacht bei Lucka: Sieg über Kaiser Albrecht I.

Markgraf Diezmann, hölzerne Plastik

Am 31. Mai kommt es bei Lucka zur Entscheidungsschlacht. Die Kaiserlichen werden innerhalb weniger Stunden geschlagen, zersprengt und davongejagt.
Diezmann verleiht den Augustiner-Chorherren zu St. Thomas zum Dank das Patronatsrecht über Schönefeld. Doch der Markgraf überlebt das Jahr seines großen Sieges und der damit verbundenen Festigung der wettinischen Hausmacht nicht.

Diezmanns Ermordung in Leipzig

Im Dezember 1307 fällt Diezmann einem Mordanschlag zum Opfer. Alte Quellen geben an, er sei während der Andacht in der Heiligen Messe am 24. Dezember durch von Heinrich von Nassau gedungene Mörder in der Leipziger Thomaskirche erdolcht worden. Das ist nicht unwahrscheinlich, freilich gibt es keine Belege für einen solchen Tathergang. Die dankbaren Leipziger, die wohl nur sehr ungern kaiserlich geworden wären, gestatten nicht, dass Diezmann im wettinischen Hauskloster zu Alt-Zella beigesetzt wird. Sie behalten den Markgrafen in ihrer Stadt und setzen ihn in der Leipziger Paulinerkirche bei. Nochmals erlauben wir uns daran zu erinnern, dass man dieses unversehrt gebliebene geschichtsträchtige Gotteshaus in einem Akt bitteren Unverstandes im Jahre 1968 vernichtet hat. Eine Erinnerung an Diezmann verblieb jedoch den

Leipzigern: Eine große Straße im Leipziger Westen trägt noch heute seinen Namen.
Der verhasste Graf Heinrich von Nassau konnte sich 1308 sogar nochmals Leipzigs bemächtigen. Gegen den anrückenden Friedrich den Freidigen, den nunmehr einzigen Herrn der Mark Meißen und des mit ihr verbundenen Osterlandes, musste er die Stadt räumen und wurde bei Borna gestellt und geschlagen. Damit war die kaiserliche Bedrohung endgültig von Leipzig abgewendet. Friedrich I. nutzte gleich die Gunst der Stunde und besetzte das kaiserliche Pleißenland mit dem schönen Altenburg, das seit dem fest in der Hand der Wettiner verblieb. Nun aber schoss der Freidige, das bedeutet mittelhochdeutsch der Flüchtige, aber auch der Tapfere, über das Ziel hinaus, als er die Lausitz und Landsberg zurückgewinnen will und sich mit dem Markgrafen Woldemar von Brandenburg anlegt. Er unterliegt, wird sogar gefangen und muss im Vertrag von Tangermünde in sehr harte Bedingungen einwilligen. Neben der Riesensumme von 32 000 Mark, die er zu zahlen hat, verliert er einen Großteil der Mark Meißen und des Osterlandes mit den Städten Großenhain, Dresden, Meißen und Leipzig. So war auch einmal Leipzig, allerdings nur zwangsverpfändet, brandenburgisch. Nach einem zweiten Waffengang 1317 können dann im Magdeburger Friedensschluss einige Territorien, so auch Leipzig, zurückgewonnen werden. Zu dieser Zeit lässt Markgraf Friedrich eine neue Münzart schlagen, die Dickpfennige. Es hatte sich erwiesen, dass die Pfennigprägungen, bisher ausschließliches Zahlungsmittel, nicht mehr genügten. Die ersten Dickpfennige, die als „Meißner Groschen“ in die Münzgeschichte eingegangen sind, erfreuen sich rasch großer Beliebtheit. Die damit verbundene Förderung des Handels kam Leipzig zugute. Und dank dieser geschätzten neuen Silbermünze kann beispielsweise auch Landsberg zurückgekauft werden. Das Silber der Wettiner ist über Jahrhunderte Motor der Wirtschaft und Triebkraft des Handels gewesen.

Der „Meißner Groschen“ wurde geschlagen

Meißner Groschen

Kaufleutekompagnie, die von einem Leipziger Geleit aufgenommen wird

Um 1320 werden die in den kriegerischen Auseinandersetzungen zerstörten Befestigungen Leipzigs erneuert. Erstmalig belegt wird dabei in einer Urkunde das Rosental. Die Stadt erlebte nun, nach vielen kriegerischen Aufregungen, eine relativ ruhige Zeit. Die Ratsakten berichten von frommen Schenkungen, von der Besetzung der städtischen Ämter, von Ver- und Ankäufen und dem florierenden Handel.

Nach dem Tod Friedrichs II., dem Sohn des Freidigen, im Jahre 1349, übernehmen seine vier Söhne die Regierung unter Vormundschaft des Ältesten, Friedrich III., genannt der Strenge. Interessant, aber da es nicht zu unserem Thema gehört, nur am Rande vermerkt: Eine Tochter Friedrichs II. heiratete 1350 den Burggrafen von Nürnberg. Damit wird diese Wettinerin mit dem Namen Elisabeth zur Stammmutter des brandenburgisch-preußischen Königlichen und Kaiserlichen Hauses Hohenzollern. So kann man durchaus sagen, dass Preußens Könige und Kaiser letztendlich sächsischer Abstammung sind. Es sei dahingestellt, ob die das immer gewusst haben...

1351–1409

Um diese Zeit treten immer wieder schwere Pest-Epidemien auf, nicht selten von den bereits erwähnten Flagellanten mitgebracht. So wütet der „Schwarze Tod" nach 1350 bereits wieder 1358 und 1362 in Leipzig. Lebensmut, aber auch Gottergebenheit und Fatalismus der Menschen überwanden zu allen Zeiten solche Herausforderungen. Gerade in die ersten schlimmen Pestzeiten fallen die Begründungen der handwerklichen Zusammenschlüsse. Wollte man nur enger zusammenstehen? – Wohl nicht. Das waren zukunftsorientierte Innungen, mit erfahrenen, weitblickenden Zunftmeistern an der Spitze. Tuchmacher- und Kramerinnung sind die ersterwähnten. 1352 kommen die Schuster und die Gerber hinzu, 1368 die Bäckerinnung – weitere folgen. Das Handwerk hat in den mittelalterlichen Städten eine große Bedeutung. So stellen im Leipzig des 14./15. Jahrhunderts die Handwerker den Hauptteil der städtischen Bevölkerung. Das wird verständlich, wenn man sich vergegenwärtigt, dass zur Familie eines Meisters auch die Gesellen und Lehrlinge gehörten. Diese lebten im Haus des Meisters, wurden dort beköstigt und gekleidet, freilich auch streng beaufsichtigt und nur mit sehr geringen finanziellen Mitteln ausgestattet.

Darstellung verschiedener mittelalterlicher Handwerke

Zunftbildung des Leipziger Handwerks

Der Handel und die Märkte aber bringen das Geld in die Stadt. Der Rat und das Chorherrenstift kauften ausgedehnte Liegenschaften um Leipzig. So sind die Erwerbungen von Mölkau, Zweenfurth, Sommerfeld, Klein-Pösna und Eutritzsch belegbar. Ausgangs des 14. Jahrhunderts besteht eine nachweisbar rege Verbindung zu den großen süddeutschen Handelsstädten Augsburg und Nürnberg. Besonders für Nürnberg wird Leipzig zu einer Art Außenposten, zum wichtigen Umschlagplatz des Handels in Richtung Osten.

Ein großes Ereignis in der Geschichte der Stadt Leipzig folgt: Der Begründung der Universität, der Alma mater Lipsiensis. Die Flucht vor tschechisch-nationalistischen Auswüchsen an der Reichsuniversität zu Prag führte deutsche Studenten und Professoren in den Leipziger Raum. Markgraf Friedrich IV. bemühte sich, die Flüchtlinge im Land zu halten und bot ihnen Leipzig als Zufluchtsort. Rektor Henning Boltenhagen, Lehrkollegium und Studenten erklärten ihr Einverständnis. Papst Alexander V. erteilte in einer vom 9. September 1409 zu Pisa ausgestellten Bulle die Genehmigung für eine Universität in Leipzig. Damit stand der Begründung einer neuen Reichsuniversität nichts mehr im Wege.

Eröffnung der Universität zu Leipzig

Am 2. Dezember 1409 wurde in einem feierlichen Akt, bei Anwesenheit des Markgrafen, im Refektorium des Thomasklosters Stiftung und Eröffnung der Universität zu Leipzig bekannt gegeben. Friedrich IV. übereignet seiner Landesuniversität zwei Kollegienhäuser: In der Ritterstraße das Große und in der Petersstraße das Kleine Kolleg. Zur Stiftung gehören die Einkünfte der Dörfer Hohenheyda, Gottscheina und Merkwitz sowie 20 Stipendien.

Gelehrte beim Studium und Siegel der Universität Leipzig

Interessant ist die Einteilung als politische Korporation in vier Nationen: Meißner, Polen, Sachsen und Bayern. Die Gründungsfakultäten waren die der Juristen, der Theologen und der Philosophen. Zum ersten Rektor wurde Magister Johann Ottonis von Münsterberg, zum Kanzler und Conservator der Bischof von Merseburg bestellt. 46 Lehrer und 369 Studierende weist das Matrikel des Wintersemesters 1409/10 aus. Die Leipziger Universität ist nach Heidelberg (1386) die zweitälteste heute noch bestehende deutsche Hochschule. Wenn ihr Image auch unter den Nationalsozialisten und unter den Kommunisten schweren Schaden genommen hat, so kann man doch wieder von einer bedeutenden Bildungseinrichtung sprechen, die sich bemüht, ihren ehemaligen internationalen Ruf zurückzugewinnen. Große Chancen dazu bestehen im Hinblick auf das Jahr 2009, wenn die Alma mater ihren 600. Geburtstag feiern wird. Hoffen wir, dass nicht falsch angesetzte Sparsamkeit und kleinliches Parteiendenken diese große Chance verspielen.

Leipziger Student zur Zeit der Universitätsgründung

- Nach dem **Tod Heinrichs I.** von Eilenburg im Jahre 1103 verwies Gertrud, seine Witwe, darauf, dass sie einen Erben unter dem Herzen trüge. Nach der dümmlichen Bemerkung eines Erbstreiters, Kissen gäbe es viele in der Burg, entblößte Gertrud ihren ansehnlichen Leib mit der Bemerkung, gefressen habe sie das Kissen nicht.
- Ein Bruder Otto des Reichen, Dedo V. Markgraf der Niederlausitz, war so korpulent, dass er das heimatliche Rochlitz nicht mehr verlassen konnte. 1190, vor einer unaufschiebbaren Reise, beschlossen die Ärzte, damit er überhaupt die Kutsche besteigen könne, ihm das Fett aus dem Leibe zu schneiden. **Die Operation gelang – Dedo starb.** Was ihm bis heute blieb ist sein Beiname: Dedo V. der Fette.
- Um 1215 den **Bau des Thomasklosters** zu behindern, in dem man eine landesherrliche Zwingburg vermutete, verfielen die Leipziger auf ein übles Mittel: Sie warfen allnächtlich das teure, mühsam bei Tage angelieferte Baumaterial kurzerhand in die Pleiße.
- 1248 wird erstmals ein Dörfchen des nahen Leipziger Umlandes urkundlich erwähnt: **Reudnitz.**
- Als Dietrich der Bedrängte die aus der Ottonischen Schenkung abgeleiteten Ansprüche des Bischofs von Merseburg auf Leipzig nicht anerkennen wollte, belegte ihn dieser mit dem **Interdikt.** Diese niederträchtigste Waffe der Kurie war sehr wirksam. Von einem durch den Bann aus der Kirche Ausgestoßenen wollten sich seine gutgläubigen osterländischen Untertanen nicht regieren lassen – Dietrich musste die bischöfliche Lehnshoheit anerkennen.
- Dem Jahre 1287 entstammt das **älteste erhaltene Siegel** der Stadt (siehe Abbildung S. 16).
- Heinrich der Erlauchte war nicht nur ein **ungemein erfolgreicher Regent,** er war auch ein **Schöngeist** und in seiner Jugend **Minnesänger.** Die berühmte Manessische Handschrift enthält auch sechs von ihm verfasste Minnelieder.

Auf dem Weg zu Reichsmessestadt (von 1410 bis 1507)

- Nach **1400:** Der Brühl wird Sackgasse, Verfall der Burg der Herren von Schkeuditz
- Um **1410:** Endgültiger Ausbau der vier großen Stadttore und Stadtbefestigungen. Das Osterland: Eigenständiger wichtiger Teil der Markgrafschaft Meißen
- **1423:** Meißen und Osterland integriert im neu begründeten Reichsland, dem Kurfürstentum Sachsen. Belehnung des Wettiners Friedrich
- **1434:** Leipzig erkauft sich vom Landesherren die Hochgerichtsbarkeit. Die Entwicklung der Universität in den ersten Jahrzehnten ihres Bestehens
- **1455:** Der Raub der Prinzen Ernst und Albrecht auf dem Schlosse zu Altenburg
- **1458:** Leipzig erhält seinen dritten Handels-, den Neujahrsmarkt
- **1485:** Die Leipziger Teilung - Begründung der beiden Linien im Hause Wettin
- **1496:** Vollendung des Neubaus der Kirche der Augustiner – der Thomaskirche
- **1497:** König Maximilian bestätigt die Leipziger Marktprivilegien; Leipzig wird Reichsmessestadt
- **1503:** Neubau der Franziskaner-, der späteren Matthäikirche
- **1507:** Die Verleihung der Stapelgerechtigkeit an die Messestadt bewirkt deren zunehmende Dominanz als Handelsstadt im mitteldeutschen Raum

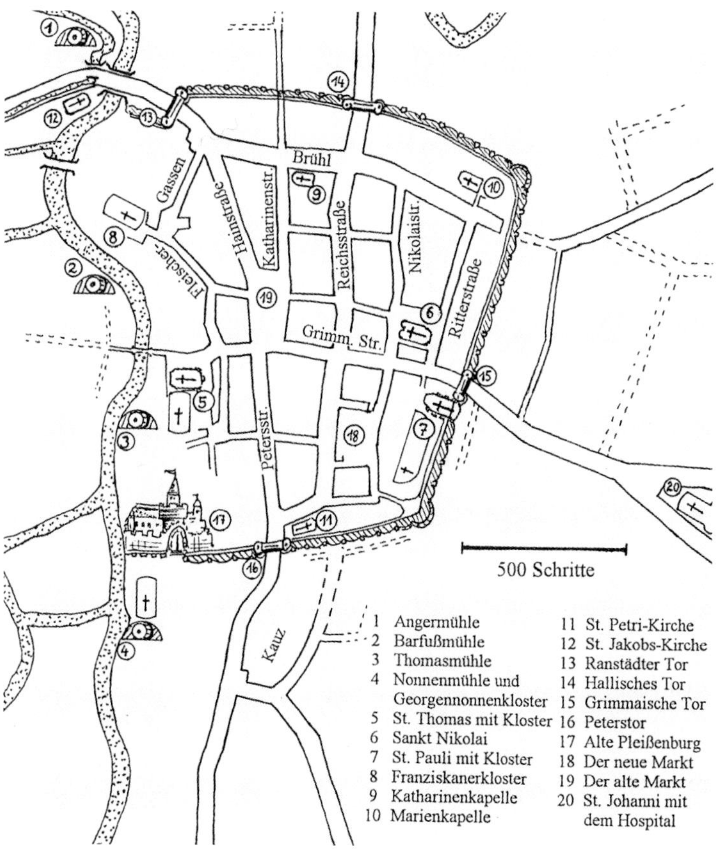

Leipzig zu Beginn des 15. Jahrhunderts

Die städtebauliche Anlage des alten Leipzig war jetzt weitgehend abgeschlossen. Das heißt, nicht nur Hain- oder Petersstraße waren lange schon vorhanden, auch die uns heute vertrauten kleinen Straßen der Innenstadt, wie die Burgstraße oder das Salzgäßchen bestanden bereits. In letztgenannter Gasse hatte der wichtige Salzhandel, die „Salzbänke", seinen Sitz.
In der Grimmaischen Straße hatte wohl noch 1409, unter dem schönen Namen „Zum Löwen", Leipzigs erste Apotheke eröffnet. Die Gründung stand wahrscheinlich im Zusammenhang mit den von Prag kommenden Professoren und Studenten. Eine wesentliche Veränderung, von der Zeit der Stadtgründung ausgehend, bestand darin, dass man den Verkehr in Richtung Osten umgeleitet hatte und das aus gutem Grund. Die Herren von Schkeuditz, in ihrer festen Burg ausgangs des Brühls, kontrollierten den lebhaften Warenverkehr, erhoben Zölle und Straßengelder. Nicht mit den Herren von Leipzig! Ein wohllöblicher Rat gedachte, das Geschäft selbst zu machen. Im Zuge von Verbesserungen an der Stadtbefestigung wurde der Brühl kurzerhand zur Sackgasse. Wann das genau erfolgte, ist nicht mehr feststellbar. Als man nach 1424, wegen befürchteter Hussitenangriffe, Leipzigs Mauern verstärkte und mit Umläufen versah, ist der Brühl bereits abgeschlossen gewesen. Die Wagen von Frankfurt und Nürnberg, nicht selten bis ins ferne Nowgorod unterwegs, nahmen jetzt ihren Weg durch die Hainstraße über den neu angelegten Markt, der den alten Eselsmarkt rasch bedeutungslos werden ließ und verließen über die Grimmaische Straße und durch das Grimmaische Tor die Stadt.

Veränderte Verkehrsregelung in Leipzig

Die Tore stellten Öffnungen der Stadtmauern dar und gewährleisteten die Kontrolle der ein- und ausgehenden Fuhrwerke, aber auch ein- oder abreisender Personen. So hatte man sich an den Toren bis in das 19. Jahrhundert hinein zu legitimieren und das Woher und Wohin anzugeben. Es gab täglich öffentliche Berichte, wer zu- und wer abgereist ist. Natürlich betraf das fast ausschließlich Personen von Stand. Einfache Leute verließen in früherer Zeit normalerweise niemals ihren Wohnort. Dort wurde man geboren, dort gehörte man hin und dort starb man auch.

1425–1433

Die Burg der Schkeuditzer verfiel, nach dem an dieser Stelle kein Warenverkehr mehr stattfand. Zur Zeit, in der wir uns jetzt bewegen, war dort nur noch die zum Areal gehörende Frauen-, die Marienkapelle von Bedeutung. Auch im Süden der Stadt hatte es eine kleine „Umleitung" der alten Via regia gegeben. Der Grund ist wahrscheinlich nur darin zu suchen, dass es um die günstigste Stelle zur Anlage des Peterstors ging. Vier große Stadttore existierten. Neben dem Grimmaischen und dem Peterstor noch das Ranstädter und das Hallische Tor. Im Laufe der Zeit sind noch mehrere Pforten dazugekommen, durch welche man die Stadt innerhalb der vorgeschriebenen Tageszeit verlassen und betreten konnte.

Markgrafschaft Meißen wird Kurfürstentum Sachsen

Am 1. August des Jahres 1425 fand im fernen Ofen (heute Stadtteil von Budapest) bei einer glänzenden Versammlung der Reichsfürsten ein Ereignis von großer Bedeutung letztendlich auch für Leipzig statt.
Der Markgraf von Meißen, Friedrich IV., der Streitbare, rückte auf in den illustren Kreis der sieben mächtigsten Reichsfürsten. Er wurde auf Grund seiner Verdienste um das Reich in Nachfolge der ausgestorbenen Askanier, deren größter Vertreter Albrecht der Bär gewesen ist, zum Kurfürsten erhoben. Kaiser Sigismund belehnte ihn mit dem Herzogtum Sachsen-Wittenberg (dem Kurkreis) und den übrigen askanischen Territorien. Er verlieh ihm das Vikariat (Stellvertreter des Kaisers) und die Würde eines Erzmarschalls des Heiligen Römischen Reiches. Das Stammwappen der Askanier, fünf Balken, Schwarz und Gold, von einem schmückenden grünen Rautenkranz durchbrochen und der

Landesname „Sachsen“, wechselten jetzt an die Wettiner. Markgraf Friedrich IV. regierte ab sofort sein beeindruckend angewachsenes Territorium als Kurfürst Friedrich I. Nunmehr gehören die Mark Meißen und das Osterland zum gemeinsamen sächsischen Landesverband. Bevor der Name „Sachsen“ in den bisherigen meißnischen und osterländischen Territorien angenommen wurde, musste freilich noch viel Zeit vergehen.

Hussiten überfallen und plündern ein Dorf

Hussitenangriffe auf Leipzig

Die befürchteten Angriffe der Hussiten erreichen 1430 auch das Leipziger Gebiet. Die Stadt kann der Belagerung trotzen, Taucha aber wird eingenommen und geplündert. Die verheerenden Kriegszüge der zahlreichen Anhänger des Jan Hus, der 1415 unter Wortbruch des ihm zugesagten freien Geleits auf dem Scheiterhaufen zu Konstanz hingemordet wurde, verwüsteten jahrelang den sächsischen Raum. Erst 1438, nach dem Sieg des Kurfürsten Friedrich II., des Sanftmütigen, über das Hussitenheer bei Brüx, fanden die Kriege ein Ende.

1434–1443

1434 hatte die Stadt Leipzig dem Landesherrn die Hochgerichtsbarkeit für 3000 Rheinische Gulden abgekauft, und freudig erregt beschlossen die ehrenwerten Ratsherrn die umgehende Errichtung eines Galgens. Die alte Gerichtsstätte soll sich am Brühl befunden haben. Das Hochnotpeinliche Halsgericht verlegte man jetzt an die Straße nach Dresden, außerhalb der Stadt. Der Straßenname Gerichtsweg und ein schlichter Gedenkstein erinnern noch heute daran. Dort wurden die unehrenhaften Hinrichtungen mit dem Strick oder dem Rad ausgeführt. Die als ehrenhaft geltenden Exekutionen mit dem Schwert fanden ganz in der Nähe, beim Rabenstein, statt. Auch dort erinnert uns der Name Rabensteinplatz an diese alte Gerichtsstätte. Wohl aus den schlimmen Erfahrungen während der Pestepidemie von 1439 heraus wird der Bau eines Stadthospitals beschlossen. Der Bischof von Merseburg weist die Augustiner Chorherren von St. Thomas an, das völlig unzureichende alte Georgen-Hospital samt Kapelle an die Stadt abzutreten. 1443, am 24. Juli, übergibt Probst Burchard das neue Hospital zu St. Georg dem Rat von Leipzig. Es befand sich in der Nähe des Ranstädter Tores, etwa im Bereich der früheren Siedlung Alte Burg.

Hospitalerrichtung und medizinische Fakultät

Eine gute Entwicklung hatte inzwischen Leipzigs Alma mater Lipsiensis genommen. Der mit der Kirche eng verbundenen Universität wurden im Jahre 1413 von Papst Johannes XXIII. sechs einträgliche Domherrenstellen in den Stiften zu Meißen und Naumburg/Zeitz zugeteilt. 1415 war die Medizinische Fakultät und ein Jahr darauf, noch von Rektor Münsterberg, ein Frauenkollegium bei der Marienkapelle begründet worden. 1438 verpflichtet sich Kurfürst Friedrich II., der Sanftmütige, seiner Universität aus landesherrlichen Einkünften jährlich 240 Schock Groschen zu zahlen. Und 1456 bewilligt er der Universität weitere Nutzungsrechte für Gebäude auf der Ritter- und der Petersstraße. Vier Jahre zuvor hatte der Kurfürst bereits in Streitigkeiten zwischen dem Leipziger Rat und der Stadt eingegriffen und die Freiheiten seiner Universität bestätigt.

Zu den Freiheiten gehörte auch die eigene Gerichtsbarkeit. Darin war nicht selten die Ursache zu suchen, wenn es mit rauflustigen, zechprellenden, mädchenschändenden oder nachts herumlärmenden Studenten Probleme mit der Obrigkeit gab. Gegenüber Angehörigen der Universität verblieb der Stadt nur, einen Tatbestand an den Rektor zu melden. Nicht selten erhielten dann die Herren Studiosi gar keine Strafe, oder es ging mit einigen Tagen Karzer ab. Bis es zur Streichung aus dem Matrikel kam, musste schon beispielsweise ein Straßenraub vorliegen.

1444–1455

Blutige Auseinandersetzungen zwischen Handwerksgesellen und Studenten

Die Handwerksgesellen, außerhalb solcher Privilegien stehend, hegten einen heftigen Groll gegen ihre studentischen Altersgenossen. Harte Auseinandersetzungen, die auch blutig enden konnten, waren die Folge. Es ist überhaupt eine kampflustige Zeit voller Händel gewesen, in der die Messer recht locker saßen. Trotz zahlreicher Fälle von Betrügereien, Schulden, Notzucht und Gewalttätigkeiten bis hin zum Mord, galt die Universität Leipzig jedoch keineswegs als besonders kriminell. Im Gegenteil. Leipzig war die Universität, an der man sich putzte – die wohlhabenden Handelsherren konnten ihre Söhne prächtig ausstaffieren.
Und Leipzig hatte den netten Ruf, die Universität zu sein, an der man sich verliebte. Leipzigs schöne Mädchen müssen wohl stets sorgfältig darauf geachtet haben, diesen Ruf zu wahren. Wie wir wissen, hatte er noch in der Goethezeit seine Berechtigung. Und wir wollen sicher glauben, auch darüber hinaus.
Noch im Jahr des Prinzenraubes, 1455 zu Altenburg – eines der populärsten Ereignisse in der frühen Geschichte Kursachsens – erschienen fahrende Gaukler in Leipzig, die das dramatische Geschehen dem ergriffenen Publikum in gar schrecklichen Bildern und wohl eben solchen Versen nahe gebracht haben.

Wägegeld und Weinsteuer wird erlassen

1458 wird zu einem wichtigen Jahr für die Stadt, insbesondere für Leipzigs Handel. Einmal konnte der Rat von den Barfüßermönchen das Rosental abkaufen und damit die städtische Holzversorgung deutlich verbessern. Weit bedeutender aber noch erweist sich die in diesem Jahr erzielte Übereinkunft mit Kurfürst Friedrich zur Bestätigung eines dritten Jahrmarktes, dem zu Neujahr. Damit verfestigte Leipzig seine dominierende Stellung gegenüber den Mitkonkurrenten im Fernhandel, den Städten Naumburg, Halle und Erfurt. Von besonderer Wichtigkeit für den Handel war und ist das Geld. Die bekannteste Leipziger Münze ist zu dieser Zeit der Spitzgroschen zu 12 Pfennigen, der in der Stadt als Silbermünze in großer Stückzahl geprägt wird und ein weithin anerkanntes und beliebtes Zahlungsmittel darstellt. 1459 bestätigt der Kurfürst Leipzigs Braugerechtigkeit, die besagt, dass kein anderes als das am Ort gebraute Bier ausgeschenkt werden darf, und im Jahr 1464 wird Leipzig vom Landesherrn die Abgabe des eingenommenen Wägegeldes erlassen sowie wenig später erlaubt, eine Weinsteuer zu Gunsten der Stadt zu erheben. Die Förderung und nicht selten bevorzugte Behandlung Leipzigs durch ihre wettinischen Landesherren zeigt die Wichtigkeit, welche diese der Stadt beimessen. Freilich kam das nicht von ungefähr; Leipzig allein erbringt etwa ein Viertel der gesamten Steuereinnahme des Albertinischen Landes.

Das Kursächsische Wappen um 1475

Foto rechts und oben: Buchdrucker und Druckersignet (Kunz Kachelofen)

Erste Buchdruckereien werden eröffnet

Um diese Zeit kommt es zur Verbreitung einer epochalen Erfindung, dem ersten Massenmedium der Menschheit, dem Gutenbergschen Buchdruck mit beweglichen Lettern. Der Buchdruck versinnbildlicht den Drang der Menschen nach Information, stellt den Beginn der Aufklärung und das Ende des Mittelalters schlechthin dar. Frühzeitig kommt das Handelszentrum Leipzig in Berührung mit dem gedruckten Wort. Und rasch erfolgt in der weltoffenen Stadt die Gründung eines ganz neuen Gewerbes, das der „Schwarzen Kunst". Meister Kunz Kachelofen hatte noch vor 1485 die erste Buchdruckerei in Leipzig eröffnet. Weitere große Namen früher Buchdrucker wie Marcus Brand, Konrad Gallicus, Georg Bötticher, Wolfgang Stöckel, Jakob Thanner oder Melchior Lotter, der die Antiqua einführte, folgen und legen den Grundstein für Leipzigs spätere Weltgeltung als Stadt des Buches. Wir befinden uns am Vorabend der Reformation. Und ohne das gedruckte Buch, ohne die damit möglich gewordene Massenverbreitung der Ideen dieser die alte Kirche revolutionierenden Bewegung, wäre ein Reformationsverlauf, wie er stattgefunden hat, nicht denkbar. Im Jahre 1481 erfolgt die Grundsteinlegung für das Tuchmacher- das Gewandhaus. Ein Gebäudename, der in Leipzig eine ganz besondere Bedeutung erlangen sollte. Im gleichen Jahr muss die alte verfallene Thomaskirche abgerissen werden und die Gründungsarbeiten zu einem Neubau beginnen. 1496 ist der prächtige Bau, der uns erhalten geblieben ist, fertig gestellt und wird durch den Merseburger Bischof Thilo von Trotha geweiht. Herzog Georg von Sachsen (später der Bärtige) feiert noch im Weihejahr, am 21. November, in St.

Die „Leipziger Teilung" auf der Pleißenburg 1485

Thomas seine Vermählung mit der achtzehnjährigen Prinzessin Barbara, der Tochter des Königs Kasimir IV. von Polen. Den aufmerksamen Leser wird der Titel „Herzog von Sachsen" verwundern. Seit 60 Jahren war doch Sachsen Kurfürstentum. Warum also nicht Kurfürst? Die Erklärung liegt in einem weiteren großen Ereignis begründet, das 1485 in Leipzig stattgefunden hat: Der unglücklichen Teilung des Sachsenlandes zwischen den Söhnen Friedrichs II., des Sanftmütigen, Ernst und Albrecht, den Opfern des Prinzenraubes im Kindesalter. Die von Ernst ausgehende Trennung von seinem Bruder, die am 17. Juni 1485 auf der alten Pleißenburg beschlossene und besiegelte Teilung des Landes, stellte eine Schwächung des kursächsischen Machtpotentials dar und erwies sich als eine der Voraussetzungen für den späteren Aufstieg Brandenburg-Preußens.

Die Teilung des Sachsenlandes

In der „Leipziger Teilung" wird unter anderem festgelegt, dass Ernst, der Ältere, Kurwürde und Kurkreis sowie weite thüringische Gebiete behält, Albrecht den Titel eines Herzogs von Sachsen tragen wird und in der Hauptsache die Mark Meißen mit dem Oster- und dem Pleißenland regiert.

Die Begründung der beiden Linien des wettinischen Herrscherhauses, nach Ernst die Ernestiner und nach Albrecht die Albertiner, ist um so bedauerlicher, da sich recht rasch konträre Positionen zeigten und man von einer zunehmenden Verfeindung im Hause Wettin sprechen muss, deren Folgen selbst heute noch nicht ganz ausgeräumt zu sein scheinen.

Leipzig gehörte zum herzoglichen, dem Albertinischen Sachsen und ist beinahe Grenzstadt gewesen. Eilenburg und Naunhof zum Beispiel waren bereits Ernestinisches Sachsen, also „Ausland". Dieser Umstand wird wenige Jahrzehnte später im Reformationsgeschehen größere Bedeutung erlangen.

1486–1507

Schreckenberger („Engelsgroschen")

1483 war bereits das kursächsische Oberhofgericht zu Leipzig eingerichtet worden. Nunmehr begründete hier 1488 Herzog Albrecht der Beherzte sein Oberhofgericht. Auf diese Zeit geht die Tradition Leipzigs als Ort sächsisch-deutscher Rechtspflege zurück. Im Jahre 1494 beginnen die Franziskaner, die Barfüßer-Mönche, den Neubau ihres Gotteshauses, der Neu-, oder seit dem 19. Jahrhundert „Matthäikirche". Sie weiht 1501, wie zuvor die Thomaskirche, der Bischof von Merseburg, Thilo von Trotha. Auf dem Markt wird 1495 erstmals der später sagenumwobene „Goldene Brunnen" erwähnt. Bis 1825, mehrmals umgestaltet, schmückte er Leipzigs Hauptplatz. Nach neuen großen Silberfunden beim Schreckenberg im Erzgebirge, errichtet man in der neu begründeten Silberstadt Annaberg 1498 eine Münzstätte. Die dort geprägten „Schreckenberger", die Engelsgroschen, erfreuten sich rasch großer Beliebtheit und das eigentlich bis heute. Sie sind bei den Numismatikern ein gesuchtes Sammelobjekt. Ein überaus bedeutendes Dokument empfängt die Stadt Leipzig 1497 aus den Händen des Römisch-Deutschen Königs Maximilian I.: Das Privileg zur Abhaltung von alljährlich drei den Leipziger Jahrmärkten entsprechenden Reichsmessen. Von nun an kann man begründet von der Messestadt Leipzig sprechen.

Messeprivileg von Kaiser Maximilian

Das Dokument enthält außerdem die Verfügung, dass in keinem der fünf Leipzig umgebenden Bistümer ein neuer Markt eröffnet werden darf. Im Jahre 1507 fügt der König noch eine weitere, sehr wichtige Bestimmung hinzu: Die Stapelgerechtigkeit. Das Messeprivileg wird damit in dem Sinne erweitert, dass im Umkreis von 15 Meilen (etwa 110 km) alle Handelsware nach Leipzig gebracht und dort feilgeboten werden muss. Das bedeutet, wenn auch nicht vollkommen durchsetzbar, die weitgehende Ausschaltung der bereits erwähnten Handelskonkurrenten Naumburg, Halle und Erfurt und die Absicherung Leipzigs als überragender und anerkannter Handelsplatz in Mitteldeutschland.

Kaiser Maximilian I. (1459–1519)

Leipzig hat dem habsburgischen König des Reiches, Maximilian I., in seiner Weiterentwicklung als Handelsstadt sehr viel zu verdanken. Die Bezeichnung Kaiser Maximilian, wie der Monarch zumeist in der Literatur benannt wird, ist nicht ganz richtig. Zumindest in der Zeit, wo er die großen Dinge für Leipzig tat, trug er die Königskrone. Erst 1508 krönte er sich selbst zum Römisch-Deutschen Kaiser.

Erteilung der Stapelgerechtigkeit

Ab Karl V., seinem Nachfolger, berechtigte dann die Königskrönung gleichzeitig zur Führung des Kaisertitels. Päpstlicher Segen war entbehrlich geworden.

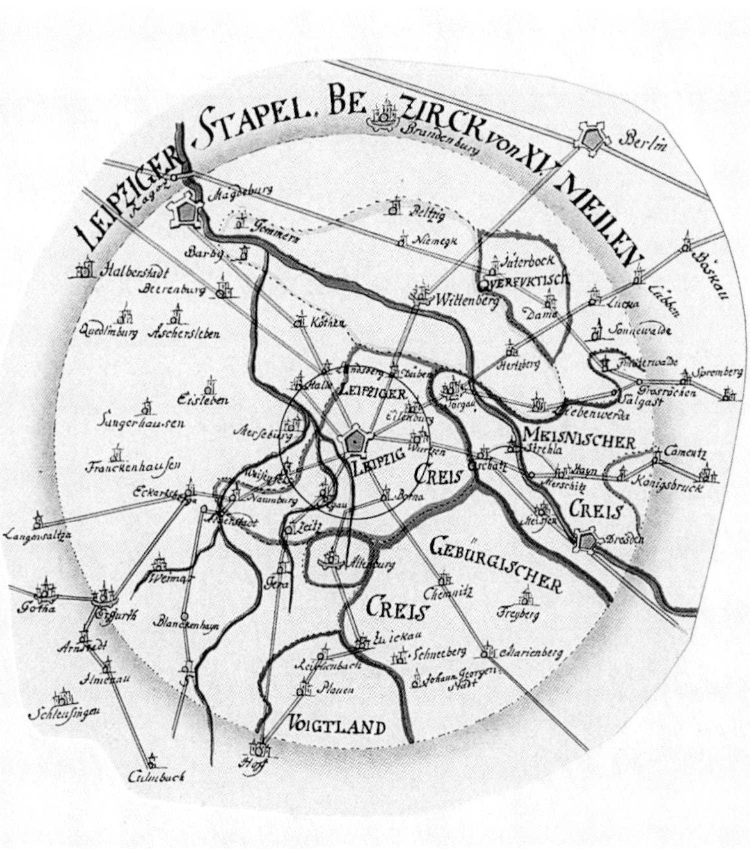

Kaiserliche Stapelgerechtigkeit von 1507

Nicht dagegen schien er den Leipzigern entbehrlich. Sie wollten sich vorsichtshalber ihre neu gewonnene Mess- und die Stapelgerechtigkeit päpstlich absegnen lassen. Gegen einen nicht unbedeutenden Betrag (der Vatikan hatte zu dieser Zeit ein besonders „einnehmendes Wesen") kam Papst Leo X. gern dem Wunsche Leipzigs nach und bestätigt am 8. Dezember 1514 die Festlegungen König Maximilians. Es ist die erste und einzige päpstliche Messen-Bestätigung für die Stadt Leipzig.

- 1428: Unter dem Namen **Ziese** (heute weit weniger prosaisch „Mehrwertsteuer" genannt) bewilligen die Stände in ihrer Tagung zu Leipzig die Erhebung einer **landesherrlichen Konsumtionssteuer.**
- Der Leipziger Bürger **Martin Schindler** stiftete zur Speisung der Armen im Jahre 1434 eine **Heringsspende.** Das heißt, Transport und Lagerung der offenbar recht preiswerten Meeresfische kann kein großes Problem gewesen sein.
- Um 1450 – komplizierter schrieb sich der Name der Stadt nie: **„Leybtzigkh".**
- 1465, am 14. Juni, macht Bischof Johannes von Merseburg mit der Bestätigung der Universitätsrechte darauf aufmerksam, dass Leipzig noch immer im **Interessenkreis der Merseburger Kurie** liegt.
- Professor Andreas Friesner soll noch vor Kunz Kachelofen im Jahre 1479 die **Buchdruckerkunst in Leipzig** gelehrt und demonstriert haben. Das erste Buch, das in Leipzig erschien, war 1481 Marcus Brands „Glossa super apokalypsim".
- Gleichfalls 1479 stellt der Rat „Zur Ergetzung derer Bürger" drei **Stadtpfeifer** ein.
- 1492 kann in Leipzigs Angermühle die **Papierproduktion** aufgenommen werden. Damit wird erreicht, die junge Druckindustrie vor Ort zu versorgen.
- **Aus Leipzigs Gerichtsakten:** Zur Fastnachtsmummerei 1499 ersticht eine Dienstmagd aus Reudnitz einen Maskierten auf der Hainstraße. Sie hatte den eine Jungfrau umarmenden Mann für ihren Geliebten gehalten. Es war ein Fremder.
- Ein **zweiter Fall:** Ein findiger Leipziger Jude verstand es, im Feuer eine silbrige Metalllegierung herzustellen. Um das schöne Zeug nicht ungenutzt liegen zu lassen, prägte er daraus hübsche Schreckenberger. Leipzigs Schöppenstuhl aber befand das für nicht so hübsch und meinte, der Erfinder solle sich selbst einmal im Feuer umsehen. Der unglückliche Ephraim wurde 1502 öffentlich verbrannt.
- Als Vorläufer des berüchtigten Ablasses verkaufte die Kurie **„Butterbriefe".** So benannt, weil der beglückte Erwerber des Briefes auch in der Fastenzeit die ansonsten verbotenen Milchprodukte genießen durfte.
- Keineswegs lustig, dennoch witzig anzusehen: Ärzte, die sich bemühten, Pestkranke zu behandeln, trugen **Gesichtsmasken mit riesigen Schnäbeln.** Diese enthielten Scharpie, getränkt mit ätherischen Ölen. Das war ein Filter für die Atemluft, und der Träger hoffte, so der Ansteckung zu entgehen.
- Eine **Leipziger Kaufmannskarriere:** Hans von Leimbach, seit 1475 Tuchhändler, erwirbt Anteile (Kuxen) am Schneeberger Silberrevier, wird Innungsobermeister, Ratsherr zu Leipzig, Stadtrichter und 1511 Bürgermeister. Mit Einverständnis von Herzog Georg beruft ihn der Ernestiner Friedrich der Weise in ein Staatsamt: Er wird Landmeister und Oberzehnter auf dem Schneeberg.

Die Messestadt Leipzig im Reformationsgeschehen (von 1508 bis 1545)

● Ab **1507:**
Das Wirken des Leipziger Dominikanerpaters Tetzel, des berüchtigten Seelenverkäufers und Ablasspredigers

● **1517**
veröffentlicht der Wittenberger Mönch Martin Luther seine Thesen gegen den Ablasshandel und zum Verfall der Römisch-Päpstlichen Kurie

● **1518:**
Anfänge von Leipzigs Wasserversorgung; Rote und Schwarze Wasserkunst

● **1519**
kommt es zur berühmten Disputation auf der Pleißenburg zwischen Professor Eck, Ingolstadt, und den Wittenbergern Karlstadt und Luther

● **1520:**
Herzog Georg von Sachsen lehnt den Protestantismus vollkommen ab und bekämpft die neue Glaubenslehre mit allen ihm zur Verfügung stehenden Mitteln

● **1525:**
Am 16. Mai wird durch den Bischof von Merseburg die neu aufgebaute Nikolaikirche geweiht

● **1529:**
Vollendung des Stadtmagazins, Kornhaus genannt, bei der Peterskirche. Verfolgung, Drangsalierung und Ausweisung der Leipziger Lutheraner, Verbot protestantischer Schriften. Die Verleger verlassen die Buchstadt

● **1536:**
Festlegung des Leipziger Rates: Alle Beerdigungen ab sofort nur noch außerhalb der Stadt auf dem Johannisfriedhof. Ergänzung des Herzogs Georg, dass dort, in geweihter Erde, jedoch kein Protestant beigesetzt werden darf

● **1539:**
Tod Georg des Bärtigen. Sein Bruder Heinrich wird Herzog und führt umgehend die Reformation ein. Kirchenvisitation im Herzogtum

● **1543**
erfolgt die Säkularisierung des Klosterbesitzes. Herzog Moritz übereignet seiner Landesuniversität das Paulinerkloster

● **1545:**
Luthers letzte Predigt in Leipzig anlässlich der Weihe der Paulinerkirche zur evangelischen Universitätskirche

Die Messestadt Leipzig im Reformationsgeschehen

1508–1519

Im Frühjahr 1508 klingt endlich die Pest-Epidemie ab, die seit dem Herbst des Vorjahres in Leipzig mehr als 1 800 Todesopfer gefordert hatte.
1509 kann der Rat unter Bürgermeister Thomas Schöbel dem Herzog die Gerichtsbarkeit für 3 000 Rheinische Gulden abkaufen. 1511 wird auf dem Nikolaikirchhof die Nikolaischule erbaut und 1515 das „Rothe Colleg“ für die

Leipzig wird mit Trinkwasser versorgt

Wasserkunst und Nonnenmühle (rechts)

Philosophische Fakultät an der Ritterstraße. Mit Mosellanus und Camerarius hat die Universität zu dieser Zeit zwei bedeutende Lehrer der alten Sprachen, die im humanistischen Stil lehrten. Leipzig verfügte bereits über ein bescheidenes Wasserversorgungssystem, die sogenannte Röhrenfahrt. Sie wurde mittels kunstvoll in der Längsachse durchbohrter Baumstämme realisiert und Quellwasser vom Thonberg in die Stadt geleitet. Die Unzulänglichkeit der Anlage – in heißen Sommern versiegte meist das Wasser – veranlasste den Rat, an Abhilfe zu denken.

Bei der Nonnenmühle ließ man eine sogenannte Wasserkunst, ein Schöpfwerk, errichten, das ab 1518 zusätzlich Pleißewasser (damals wohl von anderer Qualität als heute) in die Röhrenfahrt einspeiste. Zu dieser älteren, die Rote genannt, gesellte sich später noch die Schwarze Wasserkunst. Sie wurde ebenfalls an der Pleiße, unweit der Roten, errichtet. Bis weit in das 19. Jahrhundert hinein versorgten die beiden Werke Leipzig mit Trinkwasser. Dann aber nicht mehr mit Quell- sondern mit Brunnenwasser vermischt. Um 1800 begann man die Holzröhren durch solche aus Gusseisen zu ersetzen. Vereinzelt sollen aber noch um 1930 uralte Holzröhren in Betrieb gewesen sein.

Ältestes bekanntes Bildnis Luthers

Der Thesenanschlag Luthers wirkt sich auch hier aus

Natürlich hatte man auch in Leipzig vom Thesenanschlag Martin Luthers im Herbst 1517 zu Wittenberg gehört, der sich in scharfer Form gegen den Ablasshandel wandte. Zur Finanzierung des Neubaus der Peterskirche in Rom verkündete Papst Leo X. 1515 einen neuen, einen sogenannten Jubelablass. Gegen Zahlung einer bestimmten Gebühr erhielt man die Absolution eines den

Darstellung des Ablasshandels

Ablassprediger begleitenden Beichtvaters und bekam den Beicht-, den Ablassbrief ausgehändigt. Die religiös begründete Institution des Ablasses wurde zu einem mit marktschreierischen Mitteln betriebenen Geldgeschäft pervertiert. Der Papst hatte den Ablass in die Hände der Dominikaner gegeben. Von ihrem Leipziger Kloster aus wirkten sie im mitteldeutschen Raum, ganz besonders erfolgreich der berühmt-berüchtigte Pater Johannes Tetzel. Ihn hatte der Heilige Vater 1517 zum Generalsubkommissar des Ablasshandels ernannt. Nach Luthers Thesenverkündung schlug dem Dominikanermönch jedoch zunehmend eine Welle der Ablehnung, bis hin zu Morddrohungen, entgegen. Bald schon wagte es Tetzel nicht mehr, das Leipziger Paulinerkloster zu verlassen.

Das aufgeklärte Leipziger Bürgertum stimmte der Verurteilung des Ablasshandels unbedingt zu. Dessen christlich-ethische Verwerflichkeit stand außer Zweifel. Aber es wurmte auch den braven Leipziger Handelsmann mit ansehen zu müssen, wenn andere mühelos lukrative Geschäfte machten. Herzog Georg, ein vollkommen überzeugter Katholik, konnte dennoch die päpstliche Entscheidung zum Ablasshandel nicht gutheißen. Er war tolerant genug, um genau erfahren zu wollen, was es mit dem reformatorischen Tun zu Wittenberg auf sich habe. So stellte er seine Stadt Leipzig als Austragungsort für ein geplantes theologisches Streitgespräch zur Verfügung. Aufgefordert wurde dazu vom Ingolstädter Universitätsprofessor Dr. Johannes Eck, ein belesener, wortgewaltiger Mann. Als sein Gegner stellte sich der Dekan der von Kurfürst Friedrich dem Weisen 1502 begründeten Ernestinischen Landesuniversität zu Witten-

Die Leipziger Disputation

Holzschnitt auf die Leipziger Disputation

berg, Andreas Rudolf Karlstadt. In seiner Begleitung befanden sich auch der junge Professor Philipp Melanchthon und Dr. Martin Luther. Vom 27. Juni bis zum 15. Juli 1519 fand die berühmte „Disputation“ auf der Pleißenburg statt. Der wortgewandte Eck ließ Karlstadt nicht gut aussehen. Und erst als in der zweiten Woche Luther in die Disputation eingreifen konnte, neigte sich die Wage den Wittenbergern zu. Herzog Georg jedoch nahm für sich die Überzeugung mit, die neue Glaubensauslegung sei Teufelswerk, das mit allen Mitteln bekämpft werden müsse. Der schwer erkrankte Tetzel konnte übrigens an der Disputation nicht teilnehmen, er verstarb am 11. August 1519 und wurde in der Paulinerkirche beigesetzt.

1520–1545

Die Folgejahre sind, und das ganz besonders in Leipzig, von den harten Aktivitäten des Herzogs Georg gekennzeichnet, den sich auch in seinen Landen rasch ausbreitenden Protestantismus zu unterdrücken. So verbot er 1522 alle lutherischen Schriften, vorrangig die Übersetzung des Neuen Testamentes. 1524 begann die Ausweisung bekannter Protestanten aus Leipzig.

1525 werden zwei Leipziger Bürger hingerichtet, weil sie lutherische Schriften verbreitet hatten, 1527 ein weiterer, ein Buchhändler mit Namen Johann Hergott. Viele Leipziger verlassen jetzt freiwillig das katholische Herzogtum. Leipzigs Drucker verlegen die protestantischen Werke im ernestinischen Teil Sachsens, das den Protestantismus 1525 unter Kurfürst Johann dem Beständigen als Staatsreligion einführte. Die Drangsalierung Leipziger Bürger, die „des Sonntags auslaufen", um evangelische Predigten z. B. im ernestinischen Albrechtshain zu hören, fruchten ebenso wenig wie die verordnete Ausgabe sogenannter Beichtzeichen, um „schwarze Schäflein wohl zu erkennen". Auch katholisch Gläubige lehnen es ab, sich mit Blechmarken auszuweisen.
Neben den alles überschattenden religiösen Spannungen geht das städtische Leben trotzdem weiter. 1523 wird die „Goldene Schlange" erbaut (Barthels Hof) sowie die Salomonis- und die Mohren-Apotheke eröffnet.
1525 wird die weitgehend neu aufgebaute Nikolaikirche durch Bischof Adolph von Merseburg geweiht, und 1529 erfolgt die Inbetriebnahme des Kornhauses, eines Mehrzweckgebäudes der Stadt, Speicher und Lagerhaus. Das Kornhaus ist das größte Gebäude Leipzigs zu dieser Zeit.

Dr. Stromer begründet Auerbachs Keller

1530 erbaut Dr. Heinrich Stromer aus Auerbach den nach seiner Heimatstadt benannten „Auerbachs Hof". Das Wirtshaus, das Stromer dort betreibt, wird zum bekanntesten Leipziger Wein- und Bierkeller und durch Goethes „Faust" unsterblich. 1534, unter Bürgermeister Dr. Ludwig Fachs, arbeitet die städtische Verwaltung in einem neuen Gebäude, im Amtshaus auf dem Thomaskirchhof. An der Thomaskirche erfolgte wenig später der Neubau des einsturzgefährdeten Turmes. Die Arbeiten wurden 1537 beendet. Nach dem Tod seines letzten erbberechtigten Sohnes im Februar 1539 versucht Georg der Bärtige das Herzogtum, nur um es keinesfalls evangelisch werden zu lassen, an die österreichischen Habsburger zu vererben. Glücklicherweise überrascht auch ihn bei den Vorbereitungen dazu der Tod. Georg stirbt am 17. April 1539.

Auerbachs Hof

Verkündung der Reformation in Leipzigs Thomaskirche

Sein Bruder Heinrich der Fromme wird nachfolgender Herzog. Er hatte, beeinflusst durch seine willensstarke evangelische Gemahlin Katharina, lange schon zum Protestantismus gefunden. Unter ihm erfolgt sofort der Wechsel der Staatsreligion. Zum Pfingstfest des Jahres 1539 verkündet er zu Leipzig, mit großer Wahrscheinlichkeit in der Thomaskirche, bei Anwesenheit des Kurfürsten Johann und anderer fürstlicher Persönlichkeiten, den Übertritt des Herzogtums Sachsen zum evangelischen Glauben. Martin Luther hielt die Gedenkpredigt.
Die Begeisterung der Leipziger muss gewaltig gewesen sein. Chronisten berichten, die ganze Stadt sei auf den Beinen gewesen. Die Freude über den endgültigen Bruch mit Rom und dem verhassten Papsttum erfasste rasch das ganze Land.
Kirchenvisitation und Säkularisierung des Klosterbesitzes bringen auch in Leipzig viel Aufregung mit sich. Keineswegs alle Pfarrer wollen die neue Glaubenslehre verkünden und die Universität, insbesondere natürlich die Theologische Fakultät, zeigt sich nur sehr zögerlich bereit, im neuen Glauben zu lehren. Damit verliert die Leipziger Universität gegenüber der Wittenberger Leucorea weiter an Boden.

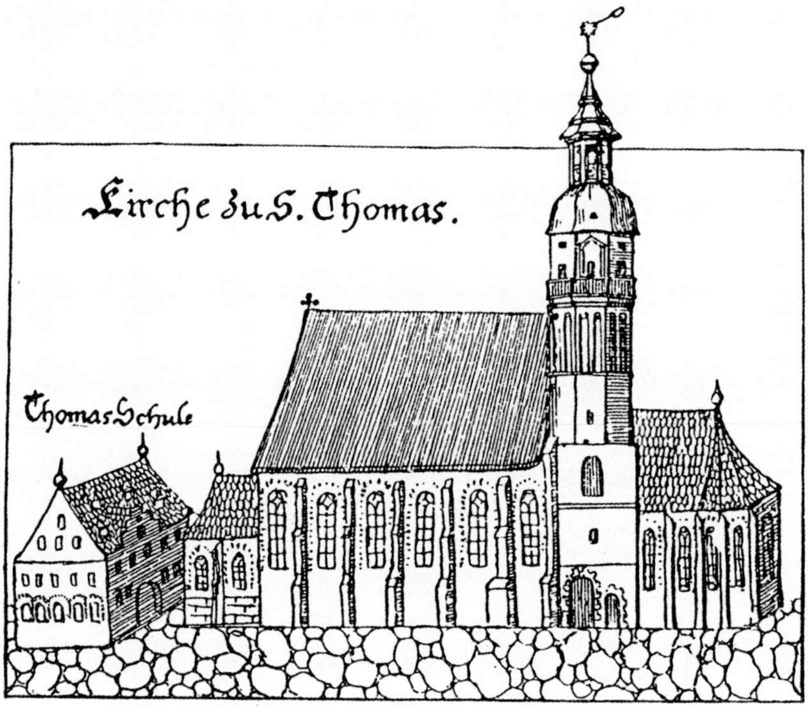

Thomaskirche und Thomasschule (1553)

Bis zum Sommer 1540 werden folgende Leipziger Gotteshäuser geschlossen: Die Peterskirche, die Frauen-, die Katharinen- und die Kreuzkapelle, die Franziskaner- und die Paulinerkirche sowie die Kapelle im Rathaus. Den Klosterbesitz lässt Herzog Heinrich noch unberührt. Im August 1541 stirbt er aber bereits und sein Sohn Moritz tritt an die Spitze des Herzogtums. Am 14. September 1541 bekommt er seine Erbhuldigung zu Leipzig und bestätigt alle Stadtprivilegien.

Herzog Moritz schenkt der Uni das Paulinerkloster

Große Bedeutung misst Moritz dem Bildungswesen bei. Erinnert sei an seine Stiftung der Landesschulen zu Pforta, Meißen und Grimma. Für seine Leipziger Universität stiftet er 2000 Gulden jährlicher Einkünfte. Der Stadt verleiht er das Patronat über die Schulen. Als 1543 die Klöster landeseigen werden, liegt dem Herzog ein Antrag aus Leipzig vor, eingereicht durch den Universitätsrektor Caspar Borner, mit unterzeichnet von Joachim Camerarius, dem hoch angesehenen humanistischen Professor an der Alma mater Lipsiensis, weiterhin befürwortet vom herzoglichen Rat Georg von Kommerstedt und Leipzigs Amthauptmann Christoph von Carlowitz. Erbeten wird die universitätseigene Nutzung der Pauliner Klostergebäude.

Während Leipzig für den Erwerb des Barfüßer-, Thomas- und Georgen-Nonnenkloster mit allen Liegenschaften 83 342 Gulden aufbringen muss, schenkt Moritz der Universität die erbetenen Klosteranlagen der Dominikaner, einschließlich der Paulinerkirche und den fünf zum Kloster gehörenden Dörfern Holzhausen, Zuckelhausen, Wolfshain, Zweenfurth und Klein-Pösna sowie das Oberholz.

Nach Umbau- und Restaurierungsarbeiten der Klostergebäude steht der Universität jetzt ein ausreichendes Areal zur Verfügung, das sie teilweise bis ins 19. Jahrhundert nutzt. Am aufwendigsten waren die Arbeiten an der Paulinerkirche. Doch im Sommer 1545 ist alles fertig. Trotz ziemlicher Gebrechlichkeit nimmt Martin Luther nochmals und letztmalig die beschwerliche Reise nach Leipzig auf sich. Am 18. August 1545 weiht er die bisherige Klosterkirche St. Pauli zur evangelischen Universitätskirche. Nur wenige Monate später stirbt der große Reformator.

- Die **Nonnen des Georgenklosters** waren beim Bau der Roten Wasserkunst um 1515 keineswegs bereit, von „ihrem" Pleißewasser abzugeben, das sie für die Mühle benötigten. Der Leipziger Rat musste in einen Vertrag einwilligen, der für 400 Rheinische Gulden das Ufergelände sicherstellte, auf dem man die Wasserkunst erbaut hatte und freie Nutzung des Wassers erlaubte.
- 1519 wütete die Pest wieder derart stark in Leipzig, dass man die Universität vorübergehend nach Meißen auslagerte. **2 360 Menschen fanden den Tod.**
- Als **Luther zur Disputation** in Leipzig weilte, sandte er dem erkrankten Tetzel einen Brief. Er wünschte ihm Genesung und sicherte ihm sein Verständnis zu, da nicht er, sondern allein Rom die Schuld an der gegenwärtigen Entwicklung tragen würde. Viele Leipziger meinten, dieses unverdiente Verzeihen habe „Tetzeln das Herze gebrochen", der kurz darauf verstorben ist.
- Bei der Disputation in Leipzig war auch Herzog Georgs Sohn Johann anwesend. Da er glaubte, die zu erwartenden **stundenlangen theologischen Auseinandersetzungen** nicht verkraften zu können, bestand er darauf, seinen Hofnarren mitzunehmen.
- Die **Prediger Steinbach und Fröschel** sprachen in der Johanniskirche von der Lehre Luthers. Sie wurden angezeigt und mussten Leipzig verlassen. Ihren Besitz zog der Rat ein. Magister Fröschel wurde von der Universität relegiert.
- 1524 wird auch den **Professoren der Artistenfakultät**, wie zuvor den Philosophen und Medizinern, gestattet, eine Ehe einzugehen.
- 1526 stirbt die **Leipzigerin Appolonia**, Witwe des vormaligen Hauptmanns der Pleißenburg, Georg von Wiedebach. Sie hinterlässt testamentarisch ihr gesamtes enormes Vermögen von 30 855 Talern der Stadt, auszugeben für mildtätige Zwecke. Die Wiedebachstraße in Leipzig-Connewitz erinnert noch heute an sie.
- Ab 1538 gehen die **Augustiner Chorherren** nicht mehr angeln. Sie verkaufen die Fischereigerechtigkeit, den Fischzoll und ihre Gerichtsbarkeit über die Fischerinnung an den Rat für 1 800 Taler.
- Am 18. Juni 1539 soll, nach Aufzeichnungen von St. Nikolai, dort **die erste offizielle Abendmahlsfeier** Leipzigs in beiderlei Gestalt, das heißt mit dem Brot und dem Kelch, stattgefunden haben.
- Martin Luther wählte als **Predigttext zur Weihe der Paulinerkirche Lukas 19, Vers 41–46:** Des Menschen Sohn ist gekommen zu suchen und selig zu machen, was verloren ist. Dass diese Kirche einmal verloren sein wird, nicht durch höhere Macht, sondern durch menschlichen Unverstand, konnte Luther nicht ahnen.

Leipzigs Entwicklung bis zum Dreißigjährigen Krieg (von 1546 bis 1617)

● Um **1545:**
Baugeschehen in Leipzig und Ausbau der Befestigungen. Kriegsgefahr und Kriegsvorbereitungen in der Stadt
● **1547:**
Der Schmalkaldische Krieg. Die Belagerung Leipzigs im Winter durch Kurfürst Johann Friedrich den Großmütigen. Die Schlacht bei Mühlberg an der Elbe und der Wechsel der Kurwürde von den Ernestinern zu den Albertinern. Leipzig nunmehr kurfürstlich-sächsische Stadt
● Um **1550:**
Friedliche Zeiten und weiteres Erstarken der Wirtschaftskraft Leipzigs Kurfürst August („Vater August")
● **1551:**
Moritz- und Grimmaische Bastei werden errichtet
● **1555:**
Bürgermeister Hieronymus Lotter. Nikolaikirche, Alte Waage, Altes Rathaus
● **1560:** Inbetriebnahme einer Röhrenwasserleitung vom Thonberg in die Stadt
● **1581:**
Einweihung des Goldenen Brunnens und der neu erbauten Johanniskirche
● Um **1590:**
Leipzig unter den Kurfürsten Christian I. und Christian II. Kalvinistische Wirren in der Messestadt
● **1613:**
Kursachsens erstes Postamt wird in Leipzig eröffnet
● **1617:**
Hundertjähriges Reformationsjubiläum unter Kurfürst Johann Georg I. Erste offizielle Volkszählung in Leipzigs Geschichte

Leipzigs Entwicklung bis zum Dreißigjährigen Krieg

1546–1557

Auf Grund der brisanten politischen Lage besteht 1546 akute Kriegsgefahr. Kaiser Karl V. rückt den Evangelischen des Schmalkaldischen Bundes zu Leibe. Wenn man aber meint, Herzog Moritz bei seinen Glaubensbrüdern zu finden, ist das ein Irrtum. Gewinn ist nach seiner Einschätzung einzig bei den Kaiserlichen zu erwarten, und so verbündet sich der Protestant Moritz, Herzog von Sachsen, mit dem katholischen Kaiser gegen seinen Vetter, den protestantischen Kurfürsten Johann Friedrich von Sachsen. Das brachte ihm den Beinamen „Judas von Meißen".
Leipzig wird verteidigungsbereit gemacht. Dass der Kurfürst die reichste Stadt des Herzogtums angreifen wird, steht außer Frage. Die Verstärkung der Befestigungsanlagen der Stadt gehen einher mit dem Abbruch der Gebäude, welche den Stadtmauern zu nahe stehen. Der Feind soll keine Deckung finden, wenn er versucht, sich Leipzig zu nähern. Schonungslos werden zwischen Weihnachten und Silvester 1546 die Rannische und die Hallische Vorstadt, das Georgenhospital und die Gebäude vor dem Grimmaischen Tor niedergebrannt.

Belagerung Leipzigs im Schmalkaldischen Krieg

Am 4. Januar tauchen die Truppen Johann Friedrichs vor Leipzig auf. Der Stadtkommandant, Oberst Sebastian von Wallwitz, und der Kommandant der Pleißenburg, Thomas Pflugk, lehnen die Übergabe ab. Am 5. Januar 1547 beginnt die Belagerung und Beschießung der Stadt. Laufgräben werden angelegt und schwere Stein- und Brandgeschosse, sogenannte Feuerkugeln, in die Stadt geworfen. Wenn die Artillerie auch noch ganz am Anfang ist, so richtet die neue Waffenart doch schon schwere Schäden an. Über 40 Geschütze führt Johann Friedrich mit, und sie speien nun wochenlang Tod und Verderben gegen die Stadt. Markante Angriffspunkte sind Schloss Pleißenburg und die beiden Mauertürme, die „Landeskrone", Nähe Neumarkt und der „Henkersturm" ausgangs der Universitätsstraße. Auch das große Kornhaus, Paulinerkloster und Kirche sowie das wuchtige Grimmaische Doppeltor bekommen schwere Treffer ab.
Im Bereich zwischen den beiden Türmen will man Bresche schießen, den Stadtgraben auffüllen und die Stadt im Sturm nehmen. Diese Situation hält die erste bildliche Darstellung Leipzigs fest, der bekannte Holzschnitt die „Wahr-

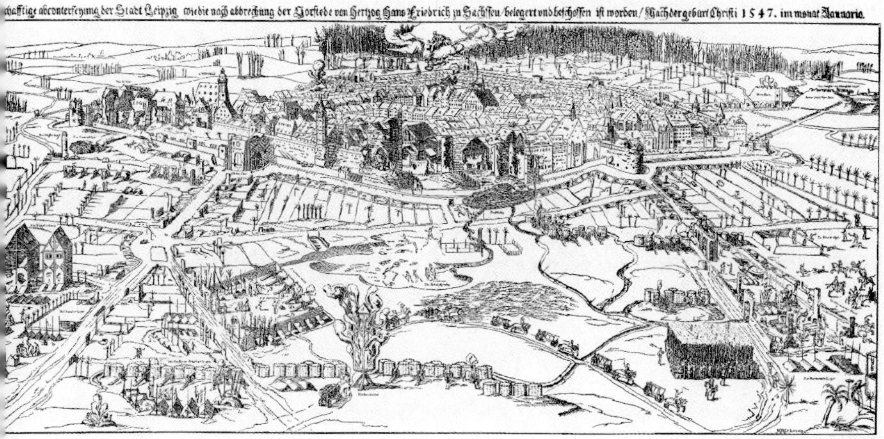

e bekannte Leipziger Stadtansicht von 1547

hafftige abconterfeyung“, wahrscheinlich von Hans Crell, einem Schüler Lucas Cranachs, als Auftragswerk des Leipziger Rates angefertigt. Doch alle Bemühungen des Kurfürsten fruchten nicht. Leipzigs Besatzung hält sich tapfer und schlägt alle Angriffe ab. Da Kurfürst Johann Friedrich fürchtet, vom kaiserlichen Heer überrascht zu werden, muss er die Belagerung abbrechen. Mehrere Dörfer werden durch die Schmalkaldener in Mitleidenschaft gezogen, die Funkenburg und die Thonberg-Siedlung verbrannt sowie die Johanniskirche zerstört. Unter dem Spott der Leipziger müssen Johann Friedrichs Leute am 27. Januar die Belagerung abbrechen.

Schlacht bei Mühlberg: Wechsel der Kurwürde Ernestiner-Albertiner

Im weiteren Verlauf des Feldzuges kam es bei Mühlberg an der Elbe am 24. April zur Entscheidung. Johann Friedrich wurde geschlagen und gefangen genommen, die Kurwürde und große Landesteile gingen an Moritz, nunmehriger Kurfürst von Sachsen. Dem erfolgreichen jungen Albertinischen Wettiner waren jedoch nur wenige Jahre der Regierung vergönnt. In Kampf gegen Markgraf Albrecht von Brandenburg wurde er bei Sievershausen durch einen Pistolenschuss tödlich verwundet. Er starb am 11. Juni 1553. Der Leichenzug, der den toten Kurfürsten nach Freiberg geleitete, kam auch durch Leipzig, wo der Sarg in St. Nikolai aufgebahrt wurde. Johann Pfeffinger hielt die feierliche Leichenpredigt.

Hier hatte der tote Kurfürst 1548 das „Leipziger Interim“ verabschiedet, die protestantische Antwort auf den Versuch kaiserlicher Restaurierung des Katholizismus. Nun kehrte einer der bedeutendsten Albertinischen Wettiner hierher zurück, gefallen, mit nur 32 Jahren, in einem bedeutungslosen Gefecht. Sein Bruder August übernahm die Führung des Kurfürstentums. Am 20. August 1553 bekam er seine Erbhuldigung zu Leipzig.

In der Stadt war man nach der glücklichen Verteidigung an die Aufräumungsarbeiten gegangen. Zuerst wurden die Vorstädte wieder aufgebaut. Landeskrone und Kornhaus konnten ausgebessert werden. Die alte Pleißenburg aber war nicht mehr zu retten und wurde abgebrochen, ebenso das Georgen-Nonnenkloster und der Henkersturm. Statt dieses Turmes erfolgte ab 1551 der Bau der Moritzbastei. Zur gleichen Zeit wurde auch die Grimmaische Bastei errichtet. Und 1549 erfolgte die Grundsteinlegung zum Bau der neuen Pleißenburg. Mit dem Anlegen der Hintergasse (heute Schützenstraße) und der Rosentalbrücke wird die Umlanderschließung vorangebracht. Eine Bestandsaufnahme aller Gebäude erbringt als Resultat 573 Häuser in der Stadt und 475 in den Vorstädten. Neubauten treiben diese Zahlen jedoch bald in die Höhe.

In diese generell baufreudige Zeit fällt auch der Neubau des Rathauses. Das heutige Alte Rathaus wird 1556 von dem genialen Ratsbaumeister, von 1555 bis 1557 auch Bürgermeister, Hieronymus Lotter, errichtet. Der Umbau des Nikolaikirchturms, der Neubau der Waage, der Baderei und die Beteiligung am Bau der neuen Pleißenburg sind weitere Stationen im großartigen Schaffen Lotters.

1558–1617

Ab 1558 teilt der Rat eine Tor-Nachtwache ein, die von den Bürgern gestellt werden muss. Ein Vorläufer der Kommunalgarde, der sich bewährte und Leipzigs Sicherheit erhöhte. 1 796 zum Waffentragen berechtigte Bürger beherbergte Leipzig gemäß einer Feststellung von 1565. Eine realistische Formel ist, diese Zahl zu versiebenfachen, um auf die Gesamteinwohnerzahl zu kommen. So kann man von etwa 14 000 ausgehen. 1569 wird das neue Jakobshospital am Rosental erbaut, 1572 der Burgkeller und 1575 das prachtvolle Fürstenhaus auf der Grimmaischen Straße.

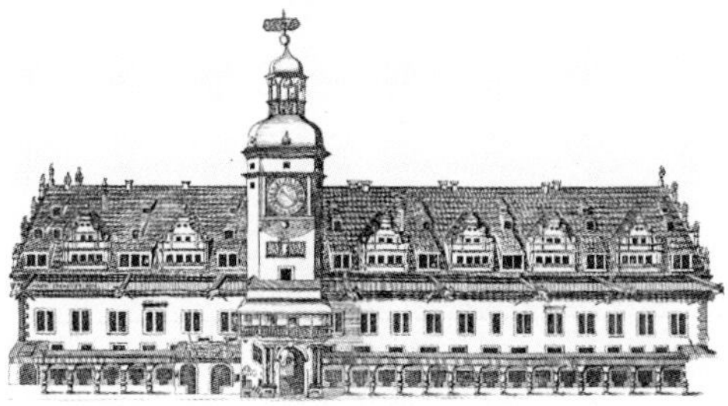

Das Alte Rathaus, 1556 erbaut

Bedeutende Bauten unter Kurfürst „Vater August"

1581 weiht man den reizvollen Goldenen Brunnen auf dem Markt ein. Der Neubau der Johanniskirche, des Marstalls auf dem Neumarkt, des Schuldturms, der Fleischbänke, der Ausbau des Floßplatzes als Holzhof, die Erstellung des Schießhauses am Ranstädter Tor und andere aufwendige Bauwerke im Leipzig dieser Zeit belegen, dass der Landesherr, Kurfürst August, es versteht, eine sparsame, gewinnorientierte Wirtschaftspolitik zu betreiben, die auch Leipzigs messenbegünstigte Stadtkassen füllt. Mehr als 3 Millionen Gulden befinden sich beim Ableben des Kurfürsten im Jahre 1586 im Staatsschatz. „Vater August" war der erste Ökonom unter den Wettinern, in seinem Bemühen hervorragend von seiner Gemahlin „Mutter Anna" unterstützt. Unter dem nachfolgenden Kurfürsten Christian I. (1586–1591) erstarkt in Kursachsen der Calvinismus, eine Spielart des Protestantismus mit anderen Auffassungen der Sakramente und alttestamentarischer Auslegungen. Das sächsische Volk lehnt den Calvinismus weitgehend ab, und unter Kurfürst Christian II. kommt es zur Calvinistenverfolgung. Bekannt ist die gesetzwidrige Hinrichtung des calvinistischen Kanzlers Crell. Zu Leipzig wird der kurfürstliche Kammerrat Georg von Crakau als bedeutender Calvinist verhaftet und auf der Pleißenburg inhaftiert. Dem Burghauptmann Georg Richter wirft man vor, dem Crakau unangemessene Freiheiten gewährt zu haben.

Calvinistenunruhen

Nach drei Tagen am Pranger, treibt man ihn schimpflich aus der Stadt. Ein calvinistisch gesteuerter Aufstand wird 1593 niedergeschlagen. Vier Handwerker werden der Rädelsführerschaft bezichtigt, zum Tode verurteilt und auf dem Markt öffentlich enthauptet. Die Calvinistenunruhen finden in Leipzig ihren Abschluss mit der Niederbrennung des Vorwerkes des bekannten Calvinisten Dr. Peter Rothe. Ein später dort wieder errichteter Gebäudekomplex weist mit dem Namen „Brandvorwerk" auf diesen Anschlag hin. Eine Brandvorwerkstraße gibt es noch heute. Nach dem frühzeitigen Tod Christians II. übernimmt sein Bruder Johann Georg im Jahre 1611 die Regierungsgewalt in Kursachsen. Am 23. Juni weilt er in Leipzig zu seiner feierlichen Erbhuldigung. Einem Erlass Johann Georgs I. ist es zu danken, dass die Stadt im Jahre 1613 das erste „Chursaechsische Post-Ambt" bekommt. Johann Sieber heißt der erste Postmeister. Im Jahre 1617 gibt es das festliche Gedenken

an den 100. Jahrestag der Reformation. Die Feierlichkeiten vom 31. Oktober bis zum 2. November sehen ganz Leipzig auf den Beinen. Auch die Universität gibt sich alle Mühe, ihre eher klägliche Rolle in der Frühzeit der Reformation vergessen zu machen.
Zum Jahresende kommt es zu Durchführung der ersten offiziellen Volkszählung in Leipzig. 15 136 Einwohner werden registriert.

- 1544 kauft der Rat das Gelände der verfallenen Burg, wahrscheinlich noch mit Bebauungsresten, für **1 050 Gulden** von den Gebrüdern Preußer.
- 1550 wird eine **Kleiderordnung** erlassen, die regelt, wer welche Kleidung trägt. So ist genau festgelegt, wer z. B. ein Barett tragen darf oder eine Feder am Hut. Welche Frau eine Haube aufsetzen kann, welche aber nur ein Käpplein und wie viel und welcher Schmuck einer Weibsperson zusteht.
- 1556 wird das jetzige **Alte Rathaus** errichtet. Heute unvorstellbar, jedoch die Ratsakten belegen es: Bauzeit 9 Monate!
- Im April 1563 **brennen fünf Häuser im Goldhahngäßchen ab.** In Leipzig zum Glück ein nicht so häufiger Fall, wo es nie stadtverwüstende Großbrände gegeben hat. Ausdruck einer ausgezeichneten Feuerordnung mit Frühwarnsystem, Bereitschaftsdiensten und Einsatzgruppen. Und das alles auf privat-freiwilliger Basis. Erst ab der zweiten Hälfte des 19. Jahrhunderts gab es eine Berufsfeuerwehr.
- Wegen **drohender Türkengefahr** verfügt Leipzigs Rat 1566 eine tägliche Betstunde. Da sah man, es wurde etwas getan, das wirkte schön fromm, und das wichtigste: Es kostete keinen Pfennig!
- 1567 muss die Universität vier Studenten losgeben, da es sich um eine Halsgerichtssache handelt. Ein zur Messe weilender Apotheker aus Wittenberg sollte unter Todesandrohung um 3 600 Taler erpresst werden. **Der Anführer der Studenten, Georg Goldstein, wird hingerichtet**, die übrigen drei gehen an die Universitätsgerichtsbarkeit zurück. Überhaupt ist deutlich, dass Leipzigs Schöppengericht mit großer Härte durchgriff bei Delikten gegenüber Messebesuchern. So wurden 1557 Junker Wolf von Draschwitz und sein Knecht Hans Statzsch **wegen Wegelagerei auf dem Markt enthauptet**.
- Und immer wieder die Pest. Von den **1350 Todesfällen** im Jahre 1567 rechnet man 899 Verstorbene dieser Seuche zu.
- 1569 stiftet Katharina, Witwe des Baumeisters Konrad Krell, die **Sonnabendspredigten** in der Thomaskirche, aus denen die Motetten hervorgegangen sind. Ab 1605 gibt es Sonnabendpredigten auch in der Nikolaikirche.
- 1595 wird eine erste Stadtpost vom Rat eingerichtet. Ein „Botenmeister“ und 30 Botengesellen besorgen den **Briefverkehr** in Leipzig und den umliegenden Orten.
- Aus dem Jahre 1599 stammt ein **handwerkliches Kleinod Leipzigs**, die Uhr mit der Anzeige der Mondwechsel, welche auch heute noch das Alte Rathaus schmückt.
- 1602 wird der Bürgermeister **Dr. Daniel Schönherr seines Amtes enthoben** und außerdem zu einer Geldstrafe von 4 000 Talern verurteilt, weil er es ablehnte, am Prozess gegen den kalvinistischen Kanzler Christians I. teilzunehmen.
- 1609 erlässt der Rat ein **Verbot der sogenannten Fastnachtsmummerei**, weil dabei viel Unfug angestellt wurde und böse Dinge vorgekommen sind.
- 1611 werden erstmals Arme aus der **„Peilicke-Spende“** beköstigt und gekleidet. Die Familie des früheren Bürgermeisters Johann Wolfgang Peilicke, gestorben 1517, hatte Geldmittel zum Wohle Bedürftiger gespendet. Eine Peilickestraße gibt es in Leipzig-Anger-Crottendorf noch heute.

Der Dreißigjährige Krieg und das Leipziger Land (von 1618 bis 1650)

● **1618:**
Tiefgreifende Gegensätze politischer und religiöser Art in weiten Teilen Europas führen zum Ausbruch des Dreißigjährigen Krieges

● Um **1625:**
Das Kipper- und Wipper-Unwesen schädigt Leipzigs Wirtschaftsleben schwer. Handel und Wandel in der Reichsmessestadt

● **1631**
wird die Kriegsgefahr für Leipzig akut. Die Kaiserlichen unter General Tilly fordern Leipzig zur Übergabe auf. Belagerung und Kapitulation von Stadt und Festung Pleißenburg. Unehrenhaftes Verhalten des Kommandanten. Schlacht bei Breitenfeld. Tillys schwere Niederlage. Erster großer Sieg der Protestantischen Union gegen die kaiserliche Liga

● **1632:**
Zweiter großer Sieg der Schweden bei Lützen. Tod des schwedischen Königs und des kaiserlichen Generals Pappenheim

● **1633**
Abermalige Einnahme Leipzigs durch die Kaiserlichen unter Holk

● **1635**
beginnt mit dem Separatfrieden von Prag für Kursachsen die schlimmste Zeit des Krieges mit der sogenannten „Schwedennot“

● **1637:**
Der schwedische General Baner belagert Leipzig ergebnislos

● **1642:**
Die zweite Schlacht bei Breitenfeld im November 1642 endet mit einem abermaligen Sieg der Schweden unter Torstenson. Acht Jahre lang, auch nach dem Waffenstillstand von 1645 über den Westfälischen Frieden von 1648 hinaus, bleibt die Messestadt von schwedischen Regimentern besetzt

● **1650:**
Erst jetzt wird die Stadt Leipzig an Kursachsen zurückgegeben. Anordnung des Kurfürsten zu Friedensfesten in ganz Sachsen

Der Dreißigjährige Krieg und das Leipziger Land

1618–1631

Zwischen 1618 und 1648 fand, vorwiegend auf deutschem Boden, das schrecklichste Ereignis in der frühen Geschichte der Neuzeit statt: Der Dreißigjährige Krieg. Die Kämpfe Frankreichs gegen habsburgische Umklammerung, Schwedens um die Vorherrschaft im Ostseeraum, Spaniens zur weiteren Beherrschung der Niederlande, der Niederlande wiederum zur Erringung ihrer Unabhängigkeit, vermischten sich in unheilvoller Weise. Nationalistische Bestrebungen (vorrangig der Tschechen) sowie tiefgreifende, hasserfüllte religiöse Gegensätze zwischen Katholiken, Protestanten und Calvinisten trugen zur Verschärfung der nicht enden wollenden Kampfhandlungen bei.

Währungs- und Liquiditätsverfall

Wenn vorerst der Krieg von Leipzig auch noch weit entfernt war, so machten sich doch bereits dessen erste Folgen bemerkbar – das Kipper- und Wipper-Unwesen in den Jahren zwischen 1619 und 1623. Münzverschlechterer und Verfälscher, nicht selten den neugeschaffenen kurfürstlichen Münzen entstammend, schadeten mit ihren Betrügereien dem Handel in erheblichem Maß. Wertloses Kupfergeld und Notmünzen lähmten die Wirtschaft und mussten einer Handelsstadt wie Leipzig großen Schaden zufügen. Auf Beschluss des Rates öffnete beim Ranstädter Tor eine Münze, die Kleinstücke wie Groschen, Achtpfenniger, Dreier und Pfennige prägte. Aber auch damit konnte man den Währungs- und Liquiditätsverfall nur verzögern. 1626 veranlasste die enorme Verschuldung der Stadt Kurfürst Johann Georg I. dazu, die Leipziger Finanzverwaltung unter landesherrliche Kontrolle zu stellen. Diese drastische Maßnahme sollte bis 1688 in Kraft bleiben! 1625 beschenkte der Kurfürst sei-

Kursächsischer Taler Johann Georg I. 1635

ne größte Stadt mit zwei jährlichen Ross- und Viehmärkten. Er bestätigte neue Innungsartikel der wichtigen Tuchmacher und erließ ganz in deren Sinne eine Kleider-Ordnung gegen übertriebenen Luxus. So waren unter anderem orientalische Seidenwaren und Brabanter Spitzen nicht mehr zulässig.
Ab dem ersten Viertel des 17. Jahrhunderts ist in Leipzig der „Breyhan“ nachweisbar. Ein bekömmliches obergäriges Weizenbier, das sich großer Beliebtheit erfreute und erst rund 150 Jahre später durch die Gose verdrängt wurde.
Die Bevölkerungszählung von 1626 ergibt 14 496 Personen in Leipzig. Von den 1 268 Verstorbenen des Jahres 1625 sind wieder 367 der Pest zum Opfer gefallen. Die Einführung einer Fleischsteuer zeigt, dass es Probleme bei der Versorgung gibt und man den Verzehr einschränken möchte.

Restidutionsedikt führt zu protestantischem Widerstand

Mit der Verurteilung des kaiserlichen „Restitutionsediktes“ bezieht die Universität klar Stellung. Mit diesem Papier, das der Wiedererstarkung des Katholizismus dienen soll, hat sich Kaiser Ferdinand II. endgültig die protestantischen Staaten zu Feinden gemacht. Furchtbar wütet sein Feldherr Tilly in Magdeburg. Er lässt die Stadt, die sich dem kaiserlichen Edikt nicht beugen will, im Mai 1630 durch Feuer vernichten.
Kurfürst Johann Georg I. versucht bei einer Versammlung der evangelischen Reichsstände zu Leipzig, einen Weg zu friedlicher Verständigung zu finden. Der „Leipziger Konvent“ (20. 2.–12. 4. 1631) bringt im Ergebnis lediglich die Bestätigung des protestantischen Verteidigungsbündnisses, der „Union“, und einen scharfen Protest gegen das Restitutionsedikt.

Die Stadt Leipzig im Dreißigjährigen Krieg

Leipzig kapituliert vor Tilly

Johann Georg verbündet sich mit den in Mitteldeutschland operierenden schwedischen Glaubensbrüdern und stellt König Gustav Adolf das 16 000 Mann starke sächsische Heer zur Verfügung. Ende August 1631 zeigen sich die Kaiserlichen vor Leipzig und beginnen mit der Belagerung. Vom Pfaffendorf aus werden bis zu 60 Pfund schwere Geschosse und stark erhitzte eiserne „Feuerkugeln“ in die Stadt geworfen. Die Leipziger, wohl noch Magdeburgs schreckliches Geschick vor Augen, kapitulieren rasch. So war die Stadt Mitte September in Tillys Hand, keineswegs aber die feste, hervorragend bewaffnete und verproviantierte Burg. Der mutlose Kommandant, Hauptmann Vopelius, öffnete jedoch ohne jede Not, nur drei Tage nach der Kapitulation der Stadt, den kaiserlichen Truppen die Burgtore.

Aber nur wenige Tage kann sich Graf von Tilly des Besitzes der Stadt erfreuen. Das schwedisch-sächsische Heer rückt an. Bei Breitenfeld, wenige Kilometer vor der Stadt, kommt es am 17. September zur denkwürdigen Schlacht.
Der glanzvolle Sieg Gustav Adolfs stellt eine Wende im Verlauf des Dreißigjährigen Krieges dar. Der erste große Sieg der Protestanten zerstört den Nimbus der Unbesiegbarkeit der katholischen „Liga“ und verstärkt den Widerstand gegen sie.
Tilly verliert bei Breitenfeld 19 000 Mann, darunter 7 000 Gefangene, sein gesamtes Geschütz, die Kriegskasse und fast alle Fahnen. General Pappenheim sammelt die Reste des kaiserlichen Heeres und will Leipzig verteidigen. Es ist mit seinen geringen Mitteln nicht machbar. Unmittelbar vor Gustav Adolfs Einmarsch muss er Leipzig räumen. Der König von Schweden wird triumphal in Leipzig empfangen und als Retter Sachsens und des evangelischen Glaubens hoch gepriesen.
Die Sachsen übernehmen wieder die Stadt. Unbegreiflicherweise kehrte auch der unfähige Kommandant Vopelius in die Pleißenburg zurück. Die Quittung dafür wird man ein Jahr später bekommen.

1632–1650

Im Oktober 1632 belagert der gefürchtete kaiserliche General Holk mit kleiner Streitmacht die Stadt. Leipzig wird eingenommen und muss 50 000 Taler Kontribution aufbringen. An eine Eroberung der Pleißenburg kann Holk mit seinen schwachen Kräften nicht ernsthaft denken. Immerhin lässt er Vopelius mitteilen, wenn er nicht sofort kapituliere, werde man ihn später verkehrt herum an der Burgmauer aufhängen, üblen Gesellen zur Lehre und den Raben zum Fraß. Da fiel dem Vopelius wiederum das Herz in die Hose und treu und brav schloss er auf. Wallenstein, der kaiserliche Oberbefehlshaber ist hocherfreut über die mühelose Einnahme von Stadt und Festung und beschließt, im westsächsischen Raum Winterquartier zu nehmen. Das reiche Leipzig wird als Zahlmeister auserkoren. Zu seiner Verblüffung schwenken jedoch die Schweden, von denen er meinte, sie würden um Naumburg überwintern, nach Norden ein und marschieren über Weißenfels auf Leipzig zu. Wallenstein zieht Holk aus Leipzig ab und befiehlt Pappenheim sofort von Halle heran. In Eilmärschen geht es den Schweden entgegen.

Gustav Adolfs Tod bei Lützen

Die Schlacht bei Lützen, das nach der Völkerschlacht wohl populärste Treffen im Leipziger Raum, sieht die Schweden als Sieger. Aber um welchen Preis. Zahlreiche Tote bleiben auf dem Schlachtfeld und unter ihnen – der König. Nur 38 Jahre alt fällt er am 16. November 1632. Sein Andenken ist in der kleinen Stadt vor den Toren Leipzigs noch heute lebendig. Auch die Kaiserlichen beklagen einen schweren Verlust. Der große Pappenheim ist tödlich verwundet. Er wird auf die Pleißenburg nach Leipzig gebracht und verstirbt dort gegen Mitternacht. Wallenstein lässt eine starke Besatzung in der Burg und zieht sich in Richtung Böhmen zurück. Die Sachsen müssen ihre eige-

Angriff auf die Pleißenburg unter General Holk

ne Festung in Leipzig belagern, richten aber gegen den tapferen Kommandanten wenig aus. Das war kein Vopelius. Erst durch Hunger wird er im Dezember zu ehrenvoller Übergabe gezwungen.
1634 haben Rat und Gemeinden offenbar wieder Geld in den Kassen. Der berühmte Rotgießer Jakob König aus Erfurt kann angeworben werden, um für die Stadt zu arbeiten. Unter seiner Leitung entsteht die 114 Zentner schwere große Glocke der Nikolai- und eine zweite, kleinere, die „Mönchsglocke", für die Thomaskirche. Am 30. Mai 1635 schließt Kursachsen zu Prag Frieden mit dem Kaiser. Das Geschenk der beiden, bereits als Pfand erworbenen Lausitzen war wohl zu verlockend. Und eine Reichs-Feldherrnstelle für den ehrgeizigen Kurfürsten obendrein! Diese Entwicklung freilich bedeutet den Bruch mit den schwedischen Glaubensbrüdern. Johann Georg I. steht in ihren Augen als Verräter da – man wird sich grausam zu rächen wissen.
Der Dreißigjährige Krieg tritt jetzt in seine für den sächsischen Raum verheerendste Phase. Die „Schwedennot" bringt namenloses Elend, auch für den Leipziger Raum, vorrangig für die kleinstädtische oder dörfliche Umgebung. Eine verrohte Soldateska, bar jeden Mitgefühls für die abtrünnigen ehemaligen Verbündeten, haust furchtbar im Land des nunmehrigen Feindes.

Belagerung durch General Baner wird abgebrochen

Am 2. Januar 1637 greift der schwedische General Baner Leipzig an. Trotz aller Mühen gelingt es ihm nicht, Stadt oder Festung zu erobern. Unverrichteter Dinge muss er am 6. Februar die Belagerung abbrechen. Die immer weniger werdenden Leipziger, die Stadt hat keine 12 000 Einwohner mehr, feiern ein Dankfest. Neben den kriegsbedingten Verlusten an Menschen waren innerhalb der vergangenen drei Monate wieder 2 500 Personen an der Pest verstorben. 1637 starben insgesamt 4 229 Einwohner, aber nur 687 Kinder wurden geboren. Auch 1638 kann man einem schwedischen Kontingent trotzen. Die Nordländer verwüsten dafür das Umland. Unsäglich leidet z. B. Wurzen. Die „Wurzner Marterwoche", in der mehr als ein Drittel der Bevölkerung umgebracht wurde, ist in die Geschichte des Dreißigjährigen Krieges eingegangen. Teuerung und Hungersnot sind besonders schlimm im Jahre 1639. Wegen großer wirtschaftlicher Probleme muss sogar die Ostermesse verschoben werden. Die Eröffnung kann erst am 9. Juni erfolgen. Trotz allem Kriegselend lässt Leipzig aber seinen Lebensnerv, die Messen, nicht abreißen.
1642 erscheint Linnard Graf Torstenson an der Spitze einer 20000-Mann-Armee vor Leipzig. Erneut wird die Stadt belagert. Und sie verteidigt sich tapfer. Aufatmend erfahren die Leipziger vom Anrücken eines großen kaiserlichen Heeres und können auf die Vertreibung der Schweden hoffen.

Schwedennot in Leipzig

Der hervorragende Militärstratege Torstenson zieht seine Truppen vorerst von Leipzig ab, und es gelingt ihm, die Kaiserlichen unter ihrem Feldherrn, dem Herzog Octavio Piccolomini, auf die blutgetränkte Erde um Breitenfeld zu dirigieren. Torstenson selbst hatte dort elf Jahre zuvor bereits als junger Offizier in der ersten Schlacht gekämpft. Auch diese zweite Schlacht bei Breitenfeld, am 2. November 1642, sieht die Schweden als Sieger. Die schwere Niederlage wirft die Kaiserlichen bis nach Böhmen zurück und Torstenson hat alle Zeit, sich dem unglücklichen Leipzig zu widmen. Von der Stadt aus sieht man mit Schrecken die Schweden zurückkommen. Schwerer Beschuss, der große Schäden an Befestigungswerken und städtischen Gebäuden verursacht sowie Androhung von Plünderung und Brandschatzung lassen die Leipziger resignieren. Am 6. Dezember geht Leipzig in schwedischen Besitz über. Das sächsische Militär erhält ehrenvollen freien Abzug. 130 000 Taler kostet es Leipzig, die Schweden von der Plünderung abzubringen. Wohl kein einziger Leipziger wird zu diesem Zeitpunkt geahnt haben, dass man die ungebetenen Gäste aus dem Norden erst acht Jahre später wieder los werden wird.

Schäden an der Burg durch schwedische Artillerie

Unter dem Stadtkommandanten, Generalmajor Axel Lilic, halten die Besatzer weitgehend Disziplin, auch ist man in eigenem Interesse bemüht, Stadtverwaltung und Gemeindeführungen unbehelligt arbeiten zu lassen. Die Paulinerkirche wird von den Schweden für ihre Gottesdienste bevorzugt. Sie drängen darauf, die Wasserversorgung in Ordnung zu bringen und helfen beim Neuaufbau des Postwesens. Handel und Verkehr werden nicht behindert, sondern nach Kräften gefördert. Weiß man doch, dass nur wenn Leipzig Geschäfte macht, auch die schwedische Versorgung gesichert ist.

1650 – die schwedische Besatzung zieht ab

Im August 1645 feiert man gemeinsam den Abschluss des Kursächsisch-Schwedischen Waffenstillstandes von Kötzschenbroda. Aber auch nach Abschluss des Westfälischen Friedens verbleibt die schwedische Besatzung im Land. Leipzig und Torgau werden als Pfand bis zur letzten Bezahlung der vereinbarten Reparationen besetzt gehalten. Die Auflistung aller Ausgaben des Leipziger Rates erbringt die unerhörte Summe von 1 075 280 Talern. So viel kostete Leipzig der Dreißigjährige Krieg. Am 1. Juli 1650 verlässt die schwedische Besatzung Leipzig. In die Pleißenburg zieht unter Hauptmann Basilius Tittel wieder sächsisches Militär ein.

- 1621 erlässt Bürgermeister Ernst Mossbach eine **Trinkstuben-Ordnung**. Glücksspiele und sich „daselbst mit liederlichen Weibspersonen gemein machen“ wurden ebenso verboten wie laut schreien und „unflätig Rede“ führen.
- In der Kipper- und Wipperzeit kam es auf Grund fehlender guter Silbermünzen zur Ausgabe **städtischen Notgeldes.** Blech- und Ledermünzen kamen in Umlauf.
- Um seiner **Zahlungsunfähigkeit** zu begegnen, muss der Rat zu drastischen Mitteln greifen. So verkauft er 1624 seine Badstube bei der Thomaskirche für 2 200 gute Taler an einen Leipziger Bürger, den Bader Friedrich Werner.
- 1627 erhält die **Paulinerkirche** eine große Orgel. Da die Universität die Kosten nicht voll begleichen kann, müssen auch Naturalien aus den Universitätsliegenschaften in Zahlung genommen werden. Dabei: Drei „recht fette Jungschweine“.
- Da sich Leipzig den Kaiserlichen unter Tilly nicht sofort ergibt, wird der Stadt ein **Exempel statuiert**. Tilly lässt alles, was von Leipzig aus eingesehen werden kann, in Brand stecken. So das Georgenhospital, die Wasserkünste, die Nonnenmühle usw.
- Nach der **zweiten Kapitulation des Hauptmanns der Pleißenburg**, Vopelius, ließ Kurfürst Johann Georg ihn ergreifen und nach Dresden bringen. In der Gerichtsverhandlung verteidigte er sich damit, er habe dem Strick entgehen wollen. Der Kurfürst befand, das solle er haben. Vopelius wurde enthauptet.
- Zum Weihnachtsfest 1631 befindet sich hoher Besuch in Leipzigs Mauern. **König Gustav Adolfs Gemahlin hält hier zwei Wochen Hof**. Dass die Königin ihrem Gemahl nachgereist war, weil ihr zu Ohren gekommen sein soll, er habe eine als Page verkleidete jugendliche Geliebte dabei, ist nicht bewiesen.
- Beim Auskleiden des schwer verwundeten kaiserlichen Feldmarschalls Graf Pappenheim am Abend nach der Schlacht von Lützen fand man in seinem Wams noch den blutdurchtränkten Marschbefehl Wallensteins, jenes bekannte Papier: **„Cito, cito, citissime cito!“** (Schnell, schnell, ja nur recht schnell).
- Als die Sachsen den kaiserlichen Kommandanten der Pleißenburg, Melchior Moser, im November 1632 zur Übergabe mit der Begründung auffordern, dass seine Lage aussichtslos sei, ließ er ausrichten, er habe jetzt gerade **keine Lust zu kapitulieren**, aber man könne möglicherweise zu Fastnacht wieder nachfragen.
- Am **24. Juni 1640** gibt es in der – trotz aller Kriegswirren – nach wie vor bedeutenden Buchstadt Leipzig eine Jubelfeier zum Gedenken des **200. Jahrestags der Erfindung der Buchdruckerkunst.**
- 1646 entsteht seit vielen Jahren erstmals wieder ein **ungefähres Gleichgewicht bei Todesfällen und Geburten** in der Messestadt. 1 021 Verstorbenen stehen 988 kleine Ankömmlinge gegenüber. Unter den Neugeborenen dieses Jahres befindet sich ein ganz großer Leipziger: Gottfried Wilhelm Leibniz.
- Die **kursächsischen Friedensfeste**, die sich im Jahre 2000 zum 350. Mal jähren, feierte das Land auf Weisung des Kurfürsten erst nach dem endgültigen Abzug der Schweden. Für Leipzig ist der große Festtag der 21. Juli 1650 gewesen.

Wiederaufbau in Leipzig und im Umland. Vom Dreißigjährigen Krieg bis zur Regierungsübernahme August des Starken (von 1651 bis 1694)

● **Nach 1650**:
Erstaunlich rasche Überwindung der schweren Kriegsschäden
● **1650:**
Die erste deutsche Tageszeitung erscheint zu Leipzig. Mit der Erbauung der städtischen Schlachthöfe beim Barfuß-Pförtchen wird begonnen
● **1661:**
Landesherrliche Verordnung über das Postwesen
● **1663:**
Die Stadt erwirbt das Rosental aus dem Besitz des Kurfürsten
● **1670:**
Neubau der Nonnenmühle und Überholung der Wasserkünste
● **1678:**
Erbauung der ersten sächsischen Handelsbörse am Naschmarkt
● **1680:**
Letzte schwere Pest-Epidemie in der Messestadt, nochmals 2 300 Tote
● **1686:**
Das erste deutsche Kaffeehaus wird in Leipzig eröffnet
● **1687:**
Eine Bücher-Commission (Zensurbehörde) wird gebildet
● **1691:**
Die Große Feuerkugel wird erbaut
● **1693:**
Die erste sächsische Post-Taxordnung erscheint zu Leipzig

1651–1678

Ausgebeutet, verarmt und entvölkert steht Kursachsen beim Friedensschluss da. Das Land hatte in diesem furchtbaren Krieg die Hauptlast zu tragen und prozentual den höchsten Verlust an Menschen hinzunehmen. Ganze Regionen sind menschenleer; in nicht wenigen Dörfern ist jedes Leben ausgelöscht. Die Ruinen der Häuser verfallen, überwuchern, und schließlich verbleibt eine sogenannte Wüste Mark. Um Leipzig sind solche, nach dem Dreißigjährigen Krieg aufgegebenen Siedlungen, nicht selten. Dörfliche Namen wie Triesen, Zölsdorf, Gröba, Dresemark, Mitisdorf oder Eppinhayn sagen uns nichts mehr. Und nur das erst viele Jahre später wiederbelebte Cospuden bildet da eine Ausnahme.

Jetzt aber geschieht das Überraschende, Unerwartete. Die Lebenskraft der Landbevölkerung, die sich retten konnte, aber auch die der städtischen Bürger, setzt sich durch. Handel und Wandel beleben sich in erstaunlich kurzer Zeit. Lebens- und Schaffensfreude kennzeichnen wohl immer die Jahre nach solchen Katastrophen. In Leipzig geht es besonders rasch voran. Zum einen war die Stadt noch einigermaßen glimpflich über die Kriegszeit hinweggekommen und zum anderen ist das Bedürfnis nach Konsum und Versorgung enorm groß. Das Lebenselixier des Leipziger Handels gewinnt schnell wieder große Bedeutung – das Messegeschehen. Ebenso kann man zu dieser Zeit ein gesteigertes Informationsbedürfnis feststellen. Auch davon profitiert die Buchstadt. Und 1650 gibt es eine ganz große Neuerung: In Leipzig erscheint die erste Tageszeitung.

Erste deutsche Tageszeitung erscheint in Leipzig

Die „Einkommenden Zeitungen“ erfreut sich bald ziemlicher Beliebtheit und erringt auch den Beifall des Kurfürsten, der an den Herausgeber Thimoteus Ritzsch schreibt, „dass solche Sachen ganz nötig und nützelich“ sind und er sich „künftighin noch mehr und eifericher befleißigen“ möge. Ein Ausdruck wiedergewonnener Lebensfreude ist auch die erneute Entfaltung städtischer Bautätigkeit. Die zerstörten Befestigungen und der Schlossturm werden erneuert und erhöht. Aber es gibt auch genügend Beispiele für Bauten zum Gemeinwohl: Erneuerung des Innenausbaus der Nikolaikirche, Erbauung des Georgenhauses am Kohlgartentor, Neubau der Anger-, der Nonnenmühle und der Wasserkunst sowie der städtischen Schlachthöfe.

1661 erlässt der Kurfürst eine verbindliche Ordnung des Postwesens. Dies insbesondere für seine namentlich genannte Stadt Leipzig, die mit Abstand am meisten postalisch frequentiert wird.
Im Jahre 1663 kann der Rat dem kunst-, aber auch prunkliebenden Landesherrn, der häufig in finanziellen Schwierigkeiten ist, das Rosental abkaufen. Johann Georg II. begnügt sich mit 15 000 Talern – ein bescheidener Preis für die schönen ausgedehnten Waldungen vor den Toren der Stadt. 1672 ergibt die Musterung der Bürgerschaft 1 801 waffenfähige Männer. Mit dieser Zählung geht eine neue Kleider- und auch Polizeiordnung einher. Die städtische Hauptwache befindet sich seit 1675 im Grimmaischen Tor. Ein für Leipzig bedeutendes Bauwerk wird am 30. Mai 1678 mit der Grundsteinlegung in Angriff genommen – der Bau der Alten Leipziger Börse beim Rathaus am Naschmarkt.

Erste Handelsbörse in Leipzig

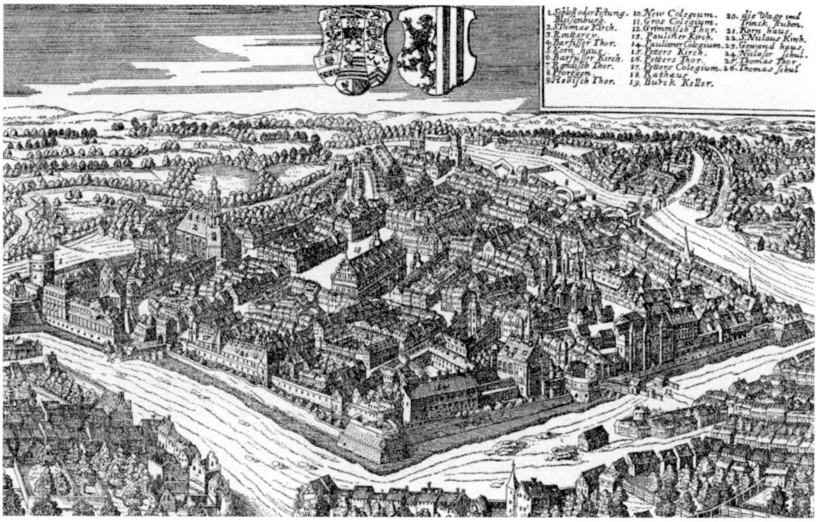

Stadtansicht von Südosten aus dem Jahr 1655

1679–1694

Am 13. Oktober des Jahres 1679 öffnet die erste sächsische Handelsbörse zu Leipzig. Insbesondere Messegeschäfte können nun auch bargeldlos durchgeführt werden. Die Volkszählung Ende des gleichen Jahres ergibt in Leipzig 19 936 Personen.

Die Handelsbörse am Naschmarkt mit Schöpfbrunnen

Die Stadt erreicht jetzt die letzte schwere Pestepidemie. Man kann von Dorf zu Dorf verfolgen, wie die Pest näher kommt und der Rat versucht, Gegenmaßnahmen zu treffen. Dennoch sind von den 3212 Todesfällen des Jahres 1680 wieder 2318 Verstorbene aus 288 Häusern, wie es heißt, dieser Seuche zum Opfer gefallen. Am 22. Juni 1681 bekommt Johann Georg III. seine Erbhuldigung zu Leipzig.
1682 erlässt er auf Drängen des Leipziger Handelsstandes eine „Judenordnung". Sie benachteiligt die immer mehr Geschäfte an sich ziehenden jüdischen Kaufleute, ohne aber grundsätzlich etwas ändern zu können. Es wird keineswegs so gewesen sein, dass die großen Leipziger Handelshäuser, wie die Gebrüder Bose, die Freges oder Apels sonderlich in Mitleidenschaft gezogen worden sind. Aber den kleinen und mittleren Händlern Leipzigs wird die jüdische Konkurrenz schon Sorgen bereitet haben.
Johann Georg III. regiert Kursachsen elf Jahre lang und geht als „Sächsischer Mars", als befähigter Feldherr im Kampf gegen die Türken in die Geschichte ein. Dank der Sachsen und seiner hervorragenden Heeresführung können die Türken vor Wien, das sie mit 200000 Mann belagerten, zurückgeschlagen werden. An der Schlacht am Kahlenberg, am 12. September 1683, waren neben Sachsen und Reichstruppen auch Polen und Bayern beteiligt.

1688 bekommt der Leipziger Naschmarkt einen Brunnen. Den Vorgänger des Löwenbrunnens, der sich heute dort befindet.
1691 beruft man an das Leipziger „Sächs. Ober-Post-Ambt" einen der fähigsten Beamten, der in kursächsischen Diensten stand, den weitgereisten Oberpostmeister Johann Jakob Kees, der unter anderem auch in Italien tätig war. Die Einrichtung von Schnellfahrposten und die erste sächsische Post-Tax-Ordnung von 1693 gehen auf ihn zurück. Feststehende Vorausgebühren und exakt umrissene Dienstleistungen, erstmalig in einem Zeitrahmen, machen das Postwesen durchschaubarer. Der vielseitige, hochintelligente Mann gab auch eine Zeitung heraus, wurde Ratsherr und kurfürstlich-königlicher Berater August des Starken.

August der Starke – Kurfürst von Sachsen und König in Polen

Auf Johann Georg III. folgt in der Landesregierung sein älterer Sohn Johann Georg IV. Am 29. Dezember 1691 huldigen ihm die Stände und der Rat zu Leipzig. Nicht einmal drei Jahre sind ihm vergönnt die Geschicke des Landes zu lenken. Am Krankenbett seiner Geliebten infiziert sich Johann Georg IV. mit den Blattern. Die junge Frau, die ihm ein Töchterchen geboren hatte, starb im Frühjahr 1694 an der tödlichen Krankheit und Johann Georg drei Wochen später. Er wurde nur 25 Jahre alt. Sein Bruder Friedrich August tritt in Nachfolge die Regentschaft in Kursachsen an. Am 27. April 1694 übernimmt er die Staatsführung in Sachsen. Zwei Jahre später gelingt es ihm, die Krone Polens zu erwerben. Das ist allerdings mit einem Glaubenswechsel verbunden. Das albertinisch-wettinische Herrscherhaus ist seither katholisch. Ein Anachronismus im Lande Luthers. Das Volk blieb davon unberührt und auch weiterhin zu über 95 % im evangelischen Glauben. König und Kurfürst Friedrich August I. sollte zum berühmtesten und glanzvollsten sächsischen Herrscher werden und kann sich als „August der Starke" auch heute noch großer Popularität erfreuen. Am 24. Juli 1694 bekommt er seine Erbhuldigung zu Leipzig.

August der Starke
Taler von 1697

- In seiner **Postordnung von 1661** weist Johann Georg II. aus, dass „ganz recht groß Paquete sollen denen Posten nicht uffgebürdet werden, weil dergleichen die Postpferde übermäßig beschweret".
- **Dr. Martin Geyer** ist zu dieser Zeit Superintendent an St. Thomas. Er wird später zum Ober-Hofprediger bestellt. Sein **Buch „Zeit und Ewigkeit"** kann man durchaus als **frühen Bestseller** bezeichnen. Es erreicht mehrere Auflagen und fehlt kaum in einem Hause der Gebildeten Leipzigs und Dresdens.
- 1666 kommt es zu einem **Vertrag zwischen dem Rat, dem Schöppenstuhl und der Universität** wegen der Lieferung von Hingerichteten zu anatomischen Zwecken.
- Der Leipziger Buchhändler Christian Kirchner führt im Jahre **1670 die erste Buchauktion** in Kursachsen durch.
- 1676 wird den Ärzten durch den Rat **verboten, Medikamente durch Possenreißer, Hanswürste oder Marktschreier an das Volk zu bringen.**
- 1680 stellt die Stadt mehrere **neue Bedienstete** ein, so vier „Schuttkärrner", welche die Straßen frei von Müll halten sollen und **Torwächter,** die für einen reibungslosen Verkehr an den engen Stadttoren zu sorgen haben. Mit gleicher Verordnung wird ein **Verbot für das Halten von Schweinen innerhalb der Stadt** erlassen.
- Der herannahenden **Pest** tritt die Stadt nicht unvorbereitet gegenüber. Ein Pestkollegium von Medizinern, Pestnotare und Pestpriester, Leichendiener und Fuhrknechte für Leichenwagen sowie Personal für Pestlazarette werden eingestellt.
- Nach mehreren blutigen Auseinandersetzungen, vorrangig mit Studenten, erlässt der Rat 1684 für die Handwerksgesellen ein **Verbot des Degentragens.**
  An die Studenten, welche weiter Waffen tragen dürfen, ergeht gleichzeitig das **Verbot des nächtlichen „Tumultierens,** so auch des gröblichen Schreyens".
- Als Johann Georg III. vom **erfolgreichen Feldzug gegen die Türken** heimkehrte, befanden sich in der Kriegsbeute auch einige Säcke mit dem bis dahin in Mitteleuropa völlig unbekannten Kaffee. Das wurde bei seinen Sachsen zur „Liebe auf den ersten Schluck". Die Verehrung war allgemein und gipfelte in Bachs „Kaffee-Kantate". 1686 öffnete in Leipzig das **erste deutsche Kaffeehaus:** „Zum Arabischen Coffeebaum" in der Kleinen Fleischergasse.
- 1687 ergeht die **Weisung an die Juden**, dass sie sich streng abzusondern haben und ein Verbot an die Leipziger, Juden zu beschimpfen oder zu misshandeln.
- Ganz Leipzig läuft im Juni 1689 zu Rosenfelds Garten an der Quergasse. Dort wird ein **Lilienstengel mit 95 Blüten** gezeigt.
- Aus der **Kees'schen Post-Tax-Ordnung:** Einfache Briefe in Sachsen = 1 Groschen, Güter bis 10 Pfund = 12 Groschen, bis 40 Pfund = 18 Groschen. Eine Person von Leipzig nach Dresden mit höchstens 50 Pfund Gepäck = 2 Taler 15 Groschen. Das war sehr teuer und entspricht nach heutiger Kaufkraft mindestens 200 Mark.

Leipzig zur Zeit August des Starken – die Messestadt zwischen 1695 und 1733

● **1695:**
Sammlung vor den Kirchentüren für hungernde Menschen im Erzgebirge
● **1696:**
Die Hugenotten in Leipzig, Begründung der Reformierten Kirche
● **1700:**
Einführung des Gregorianischen Kalenders (19. Februar = 1. März)
● **1701:**
Bürgermeister Dr. Franz Konrad Romanus. Das erste Einwohnerverzeichnis Leipzigs. Die Stadt erhält ihre früheste Straßenbeleuchtung
● **1703:**
Leipzigs erstes „Nahverkehrsmittel", die Sänftenträger
● **1705** und später:
Prachtvolle Barockgärten entstehen
● **1705:**
Bürgermeister Romanus lässt sein palastähnliches Wohnhaus bauen. Sein betrügerisches Verhalten. Verurteilung zu lebenslanger Haft
● **1706:**
Im Verlauf des Nordischen Krieges kommen die Schweden nach Leipzig
● **1709:**
300-jähriges Jubelfest der Universität wird festlich begangen
● **1710:**
Das erste europäische Porzellan aus Meißen auf der Leipziger Messe. Messebesuche August des Starken. Sein Wunsch nach einem Lustschloss
● **1714:**
Das „Fischerstechen" zu Ehren August des Starken wieder belebt
● **1717:**
200-jähriges Jubelfest der Reformation
● **1719:**
Der Rat kauft den Thonberg für 19000 Taler vom Ober-Schöppenschreiber
● **1723:**
Johann Sebastian Bach wird Kantor an der Thomasschule
● **1727:**
Die Neuberin und Gottscheds „Deutsche Gesellschaft"
● **1732:**
Die protestantischen Salzburger Emigranten kommen nach Leipzig
● **1733:**
Tod August des Starken in Warschau, seiner zweiten Residenz

Leipzig zur Zeit August des Starken **1695–1714**

Ab 1695 treffen immer wieder Glaubensflüchtlinge aus Frankreich ein. Die „Reformierten" (Refugies), in ihrer Heimat verfolgt, siedeln sich auch in Leipzig und im Leipziger Raum an. Französische Familiennamen, auf die man hin und wieder stößt und bedeutende Leipziger Familien, wie die Feronce, Thierot, Leclerc oder Dufour, haben ihren Ursprung zumeist in dieser Zeit. Die Hugenotten dürfen ihre eigene, die auf Zwingli und Calvin zurückgehende Reformierte Kirche begründen, waren aber, ebenso wie die wenigen katholisch Gläubigen, nicht gleichberechtigt.

Der Gregorianische Kalender wird eingeführt

Die Einwohnerzählung des Jahres 1700 ergibt 21696 Seelen im Stadtgebiet. In diesem Jahr führt auch Kursachsen den Gregorianischen Kalender ein. Viel Verwirrung erzeugt die notwendige Maßnahme, dass aus dem 19. Februar plötzlich der 1. März wird. Das folgende Jahr, 1701, ist ein recht ereignisreiches für Leipzig. Das neue Georgenhaus wird als Zucht- und Waisenhaus am Brühl eingeweiht und die völlig neu aufgebaute Angermühle in Betrieb genommen. Zwei Persönlichkeiten der Stadtgeschichte nehmen ihren Dienst auf: Bürgermeister Franz Conrad Romanus und Thomaskantor Johannes Kuhnau. Das erste Adressen- und Einwohnerverzeichnis, „Das iezt lebende Leiptzig", erscheint und erleichtert dem Postwesen die Arbeit sowie den Messfremden die Orientierung. In stets aktuellen Berichtigungen erscheinen von nun an ständig neue Verzeichnisse.

Berühmt war Leipzig für seine prachtvollen Gärten. Nach 1700 kommen zwei besonders attraktive hinzu: Der Kleinbosische und Apels Garten. Um 1730 existierten an die 40 Gärten mit Laubengängen, Kunstbauten, Wasseranlagen, Orangerien und Treibhäusern. Die meisten der traumhaft schönen Gärten waren für die Öffentlichkeit zu bestimmten Zeiten zugänglich. Der Landesherr,

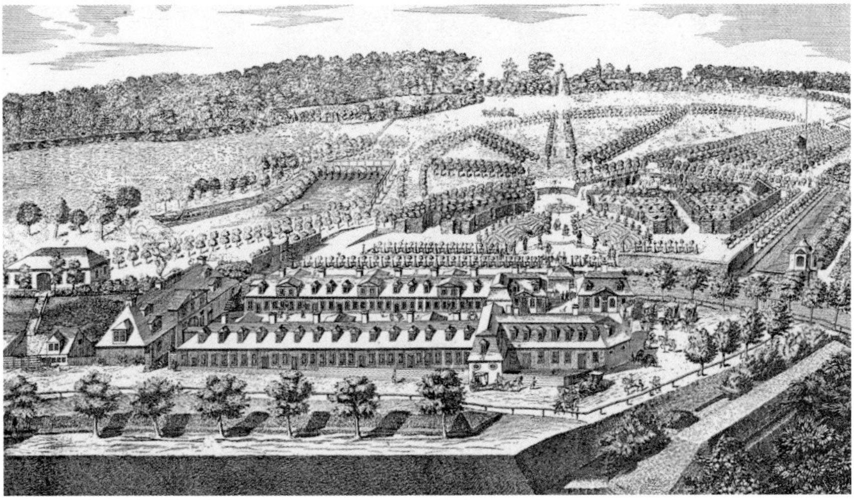

Apels Garten, Zeichnung aus dem Jahr 1714

Begründung der Sänftenträger-Compagnie

Kurfürst Friedrich August bestätigt 1701 alle Rechte der Stadt, einschließlich der freien Ratswahl, Besetzung des Schöppenstuhls, das Patronatsrecht, Freiheit von militärischer Besatzung, Münz- und Braurechte, die eigene Rechnungsführung usw. Und schließlich gibt es zu Weihnachten eine besondere Überraschung: Am Heiligabend werden 700 Öllampen zur Straßenbeleuchtung in Betrieb genommen. Das ist der Beginn der nunmehr seit 300 Jahren bestehenden Stadtbeleuchtung. Und nur wenig später wird die Grundlage – wenn man so will – zu Leipzigs Nahverkehr gelegt: 1703 erteilt der Rat die Konzession für eine „Leipziger Sänftenträger-Compagnie". Zwölf sogenannte „Portechaisen" werden angeschafft und 30 Träger dafür eingestellt. Die Neuerung erfreut sich bei Begüterten bald großer Beliebtheit. Aber auch Alte und Kranke profitieren davon. Sie werden für einen geringen Trägerlohn oder sogar umsonst zum Arzt oder zur Kirche getragen.

Zwei bedeutende Neuerungen: Sänftenträger und Straßenlaternen

Franz Conrad Romanus, Bürgermeister seit 1701, ließ sich Ecke Katharinenstraße und Brühl ein prachtvolles, schlossähnliches Palais erbauen, wie es noch kein Amtsträger vor ihm inne gehabt hatte. Leider verfügte er nicht über die notwendigen Mittel dazu. Dennoch gedachte er wie sein Freund und Gönner, August der Starke, als eine Art König von Leipzig zu residieren und zu leben. Er war jung, lebenslustig und leichtsinnig. Dem finanziellen Mangel begegnete er mit gefälschten Wechseln, Ratsschuldscheinen mit falschen Unterschriften und mehrmaligen Griffen in die Stadtkassen. Fehler mit schrecklichen Folgen. Am 16. Januar 1705 erfolgte seine Verhaftung. Er wurde zu lebenslangem Kerker auf dem Königstein verurteilt und verbrachte dort volle 41 Jahre bis zu seinem Tode. Obgleich Romanus sein Günstling gewesen ist: Für Betrügereien in Staatsfinanzen hatte August der Starke keinerlei Verständnis. Mit anderen prächtigen Bauten, die zu dieser Zeit entstehen, geht alles rechtens zu. Als wichtigstes sei das „Königshaus" am Markt genannt, das Ratsbaumeister Gregor Fuchs für den Kaufmann Andreas Dietrich Apel errichtete. Fürsten, Könige und Kaiser hat dieses Haus gesehen. Als erstes gekröntes Haupt logierte dort August der Starke bei seinen Messebesuchen.

Verlust und Rückgewinnung der polnischen Krone

Im Verlauf des unglücklichen, leichtfertig von Zar Peter und August dem Starken angezettelten Nordischen Krieg besetzen die Schweden Kursachsen. 1706 haben sie ihr Hauptquartier im Leipziger Raum. Erst in Taucha, dann in Altranstädt. Dort kommt es am 14. November zum Friedensschluss. August der Starke muss der Krone Polens entsagen und die schwedische Besatzung seines Landes hinnehmen. Erst 1709, nach der schweren Niederlage des schwedischen Königs Karl XII. gegen die Russen bei Poltawa, kann er Polens Krone zurückgewinnen.

Leipzig, stets eine Art „Nebenresidenz", wird zu dieser Zeit bedeutender als Dresden. Durch die Nähe zum schwedischen Hauptquartier Altranstädt und den monatelangen Aufenthalt des Königs geben sich zu Leipzig Fürstlichkeiten, Diplomaten, reiche Müßiggänger und hohe Offiziere ein Stelldichein.

In Jahre 1709 feierte Leipzigs Universität das dritte Jahrhundert ihres Bestehens. „Jubelrektor" Quirin Rivinus und der Theologe Gottfried Olearius hielten die Festansprache, beziehungsweise die Gedenkpredigt. Drei Tage dauerten die Feierlichkeiten. Sie fanden ihren Höhepunkt in einer Feier in der Paulinerkirche am 5. Dezember, wo zahlreiche Doktoren der Philosophie, der Rechte, der Medizin und der Theologie ihre Promotionen erhielten.

Sachsens Porzellan

1710 konnte Leipzig zur Ostermesse mit einer ganz besonderen Attraktion aufwarten. Das erste europäische Porzellan kam auf den Markt. Die Entdeckung Böttchers war eine Sensation, löste einen wahren Kaufrausch und umfangreiche Bestellungen aus. Außerdem half es der durch den Nordischen Krieg arg strapazierten Landeskasse Kursachsens sich wieder etwas zu erholen. Das „Weiße Gold", Sachsens Porzellan, erlangte weite Berühmtheit. Die gekreuzten Schwerter, dem Kurwappen entlehnt, sind bis heute ein Begriff besonderer Qualität in Design und Ausführung geblieben.

Dem bei Leipzigs Bürgern verbreiteten Bedürfnis nach Bildung und Information kommt man durch Begründung der Ratsbibliothek und der Öffnung der Universitätsbibliothek

August der Starke trifft zum Messebesuch ein

für die Allgemeinheit im Jahre 1711 entgegen. Den sogenannten Winkelschulen wird 1712 ein Lehrziel und eine Aufsichtsordnung vorgeschrieben.
1714 weilt der König und Kurfürst in der Stadt. Anlässlich seines Geburtstages belebt die Zunft der Fischer einen alten Brauch – das „Fischerstechen". Eine Art ritterliches Turnier auf Booten. Die Gegner versuchen einander mittels stumpfer Lanzen vom Boot zu stoßen. August soll sich sehr amüsiert haben; die Fischerstechen nahmen auf seinen persönlichen Wunsch hin von nun an wieder an jedem 12. Mai einen festen Platz im Reigen der jährlichen Volksbelustigungen ein.
August weilte häufig und sehr gern in Leipzig, vorrangig zu Messezeiten. Oft mischte er sich ins vergnügte Messetreiben, dort ein Gespräch führend, da etwas kaufend, mit einem schönen Harfenmädchen schäkernd oder einfach, die Tonpfeife schmauchend, das bunte Geschehen beobachtend. Er war sich der Werbewirksamkeit seiner Person wohl bewusst und „vergaß" auch mitunter die Aufwendungen der Stadt zu begleichen. Der Rat sah ihm das wohlwollend nach, wusste man doch, dass nicht wenige Messebesucher, darunter sehr bedeutende und recht betuchte, seinetwegen nach Leipzig kamen, um einmal den berühmtesten und galantesten Monarchen Europas zu sehen, vielleicht sogar einige Worte mit ihm zu wechseln.

Messe-Aufschwung durch Besuche August des Starken

Gern erfüllte der Rat Augusts besondere Wünsche und ging auf seine Vorlieben ein – wenn es nicht zu aufwendig wurde. So wusste man das Projekt eines gewünschten kostspieligen Lustschlosses im Rosental derart zu hintertreiben und hinauszuzögern, dass es schließlich überhaupt nicht mehr in Angriff genommen wurde.
Die ebenfalls von August gewünschte Reitbahn, ein geschmackvoller Zweckbau, wurde dagegen in der Nähe des Ranstädter Tores errichtet. Hier fanden Fahrzeuge und Pferde des Hofes Platz, und es konnte mit Reitpferden geübt werden. Um die hohen Baukosten etwas abzudecken, vermietete der Rat später auch Stallungen und Pferde und ließ dort Unterricht erteilen. 1714 begannen die Arbeiten an dem Haus.

1715–1733

Die kleine Hospitalkirche zu St. Jakob wird 1715 eingeweiht. Zu diesem Zeitpunkt gehören zu den größten baulichen Vorhaben der Gasthof „Zum Helm", das spätere Hotel „de Prusse" und der Neubau des Peterstores, das in beeindruckend schönem Barockstil 1722 vollendet wird. Die Entwürfe zu den ver-

Von Links: Kornhaus, Peterskirche, Peterstor (um 1720)

schieden gestalteten Innen- und Außenseiten fertigte der geniale Matthäus Daniel Pöppelmann. Jetzt entstehen auch zahlreiche repräsentative Wohn- und Geschäftsbauten sowie Durchgangs-Messehöfe, die eine Besonderheit in der Bautradition Leipzigs darstellen. Leipzigs bekannte Passagen sind oft darauf zurückzuführen.

Breitkopfverlag etabliert sich

1719 übernimmt Meister Breitkopf eine kleine Schriftsetzerei und Druckerei. Seine Erben, die sich mit der Familie Härtel zusammenschließen, führen Verlag und Druckerei „Breitkopf & Härtel" zur Weltgeltung. Mit dem „Goldenen Bären", den Bernhard Christoph Breitkopf erbauen lässt, entsteht eines der frühen Leipziger Wohn- und Geschäftshäuser. Dem Rat gelingt eine Neuverpflichtung für die Stelle des Kantors an der Thomasschule, deren Tragweite die Herren selbst wohl am wenigsten vermutet hätten.

Bachs Hauptwirkungsstätten: Thomaskirche und Thomasschule

Johann Sebastian Bach führt 1729 Matthäus-Passion auf

1723 kann Johann Sebastian Bach für Leipzig gewonnen werden. Im Kreis der großen Thomaskantoren nimmt er unangefochten die absolute Spitzenstellung ein. Das musikliebende Leipzig ist begeistert, als er am Karfreitag 1729 erstmals die Matthäus-Passion aufführt. Mit Johann Sebastian Bach wird Leipzigs Ruf als Stadt der Musik begründet. Die Wertschätzung freilich war nicht allgemein. Durch seine Knickrigkeit und Bevormundung hätte es der Rat fast zuwege gebracht, den großen Bach wieder zu verlieren. Bezeichnend, dass man nicht einmal wusste, wo er eigentlich nach seinem Tode beigesetzt worden ist. 1884, beim Umbau der Johanniskirche, fand man zufällig seine Gebeine. Seither ruhen sie in St. Thomas, seiner Hauptwirkungsstätte.

Die Neuberin in Leipzig

1727 gibt die Spielleiterin Friederike Caroline Neuber, genannt die Neuberin, mit ihrer Schauspieltruppe die erste Vorstellung in Leipzig, im Saal über den Fleischbänken. Es gelingt ihr, in Leipzig ein festes Theater zu bekommen, das freilich nur eine bessere Bude im Groß-Bosischen Garten ist. Dort zeigt sie ein neues, im Gegensatz zu dem herkömmlichen Klamauk und billigsten Ulk, ernsthaftes Schauspiel. Die Neuberin wird, lebhaft unterstützt von Professor Johann Christoph Gottsched und seiner „Deutsch-übenden poetischen Gesellschaft" (später „Deutsche Gesellschaft"), zur Begründerin des deutschen Nationaltheaters. Mit der berühmten Verbannung des Hanswurst 1737 wandelt sie derb-zotenhaftes oder primitiv-rührseliges Schmierentheater in Schauspielkunst. Die besonders fruchtbare schöngeistige Zeit bis zur Mitte des 18. Jahrhunderts wird in Leipzig auch von Christian Fürchtegott Gellert mitbestimmt. Seine Vorlesungen über Rhetorik, Literatur und Moral sowie sein eigenes literarisches Lebenswerk prägen das geistige Leben der Stadt. 1732 kommt der gewaltige Zug von 2 810 protestantischen Emigranten aus den kaiserlich-salzburgischen Landen durch Leipzig. Sie werden feierlich empfangen, gastfreundlich bewirtet und reich beschenkt. Auch ist es zu Ansiedlungen im Leipziger Raum gekommen. Mit dem Tod August des Starken am 1. Februar 1733 endete eine der wesentlichsten Epochen in der Geschichte Sachsens, aber auch Leipzigs. Neben-, mitunter schon fast Hauptresidenz, wie es Leipzig unter ihm war, ist die Stadt niemals wieder geworden. Die kraftvolle Herrscherpersönlichkeit Friedrich August I. und der Glanz seines rauschenden, sittenfreien Hofes finden bis heute das Interesse der Öffentlichkeit.

- Neidvoll sah man auf preußischer Seite die **Königskrone auf dem Haupt des benachbarten wettinischen Regenten**. 1701 gedachte der Kurfürst von Brandenburg, Friedrich III., dem nachzueifern und **ernannte sich selbst zum König**. Der schwache Kaiser, selbst in Händel verstrickt, musste diese Rangerhöhung, bar jeder Rechtsgrundlage, im Kontrakt von Wien anerkennen. Er schwächte sie aber dahingehend ab, dass Friedrich sich nur nach dem außerhalb des Reichsterritoriums liegenden Preußen benennen durfte: Friedrich I. König in Preußen.
- Wieder einmal gab es eine floristische Attraktion zu sehen. Kaspar Bose lud mittels Zeitungsannonce alle interessierten Leipziger in seinen Garten ein, um eine **amerikanische Aloe mit 6486 Blüten** bestaunen zu können. Man kann nur hoffen, dass sich an diesem Wunderwerk der Natur niemand verzählt hat.
- 1712 wird, zuerst in der Neukirche, der **Klingelbeutel** während der Gottesdienste in Leipzigs Kirchen eingeführt.
- Wegen eines nicht näher bezeichneten Anlasses gab es im September 1713 eine zweitägige **„gantz ernstigliche fehde"** zwischen Ratsdienern und Studenten.
- 1716 erhielt der Leipziger Bürger Johann Heinrich Lehmann die **Konzession zur Eröffnung eines Tee- und Kaffee-Ausschanks.** Als Neuerung, worauf sich die Gäste besonders gefreut hatten, bedienten vier junge Frauen. Aber nicht mit Leipzigs sittenstrengem Rat! **„Weibspersonen"** haben in solcherart Häuser generell **keinen Zutritt**, auch nicht als Personal, ließ man Herrn Lehmann mitteilen.
- Nach dem er sich lange der Verfolgung entziehen konnte, wurde 1721 endlich der berüchtigte Dieb David Wagner verhaftet. Der **„Mause-David"** schreckte selbst vor **Kirchenraub** nicht zurück. Das zog sein **Todesurteil** nach sich. Nach Vollstreckung beim Rabenstein mit dem Schwert, bat der Obervogt die anwesenden Rats- und Justizmitglieder zu einem festlich-fröhlichen Schmaus.
- 1723 kann dem staunenden Leipzig in Apels (später Reichels) Garten erstmalig ein **blühender Kaffeestrauch** vorgeführt werden.
- Der Leipziger Gelehrte und Privatdozent Johann Christian Philipp verfasste 1726 ein gewagtes Werk, in dem er die **„Dresdner Lotterie"** als das bezeichnete, was sie war – eine bequeme staatliche Einnahmequelle. Das bringt ihm ein Jahr Haft ein.
- 1732 wird ein gewaltiges, bis dahin noch nicht da gewesenes Vorhaben in der Buchstadt Leipzig in Angriff genommen. Johann Heinrich Zedler bringt in rund zwanzig-jähriger Arbeit **„Das große vollständige Universallexikon aller Wissenschaften und Künste"** in einem 60 Bände umfassenden Werk heraus.
- **August der Starke starb 1733** in seiner zweiten Hauptstadt, in Warschau. Er wurde in Polens alter Königsstadt Krakau beigesetzt. **Sein Herz aber kam in einer Silberkapsel nach Dresden** und befindet sich in der Gruft der katholischen Hofkirche. Und dort soll es immer dann, wenn ein hübsches Sachsenmädchen vorübergeht, wieder zu schlagen beginnen. Schade, dass einer der populärsten Frauenhelden überhaupt diese nette Geschichte nicht mehr zur Kenntnis nehmen konnte. Sie hätte ihm mit Sicherheit gefallen.

Kriegszeiten. Kursachsens und Leipzigs wirtschaftlicher und politischer Niedergang unter Friedrich August II. (von 1734 bis 1763)

• 1735:
Als erste Anlage der spätmittelalterlichen Stadtbefestigung wird die Hallische Bastei abgetragen. Beginn des Baus einer „Promenade“
• 1739:
Zweihundertjähriges Jubelfest der Kirchen-Reformation
• 1740:
1. Schlesischer Krieg. Kursachsen an der Seite Preußens
• 1742:
Die Freimaurerei gewinnt Anhang und Einfluss. Zwei Logen eröffnet
• 1743
erfolgt zu Leipzig die Stiftung des „Großen Konzerts“, dem Vorgänger der Gewandhauskonzerte
• 1744:
2. Schlesischer Krieg. Kursachsen auf der Seite Österreichs
• 1745:
Fürst Leopold von Anhalt-Dessau besetzt im November Leipzig
• 1746:
Klopstock und Lessing als Studenten in Leipzig
• 1747:
Das Projekt einer Abwasser-Ableitung wird in Angriff genommen
• 1755:
Breitkopf erfindet den Notendruck mit beweglichen Lettern
• 1756:
3. Schlesischer, der „Siebenjährige Krieg“. Kursachsen auf persönliches Betreiben des Grafen Brühl wieder auf österreichischer Seite. Besetzung Leipzigs, Schutz der Messen durch die preußische Besatzungsmacht garantiert
• 1759:
Kaiserliche und Reichstruppen lösen vorübergehend die Preußen ab
• 1761/62:
Friedrich der Große nimmt im Winter Quartier in Leipzig. Verfall vorrangig des Fernhandels durch minderwertiges, geringhaltiges Geld sowie betrügerische Gewinnsucht
• 1763:
Der Hubertusburger Friede beendet die langen Kriegsjahre. Kursachsen, politisch bedeutungslos, gerät in staatliche Zweitklassigkeit. Sachsens „Drei-Kurfürsten-Jahr“

1734–1755

Die Nachfolge August des Starken tritt sein ehelicher Sohn an. Die mehr als 350 Kinder, die man August unterstellt, gehören übrigens ebenso wie der ihm angedichtete Harem ins Reich der Fabel. Neben dem legitimen Sohn gab es noch acht weitere Nachkommen von fünf seiner Mätressen. Friedrich August II. ist neuer Kurfürst von Sachsen und wird wie sein Vater, allerdings erst nach ziemlichen Schwierigkeiten, als August III. auch König in Polen.

1735 trägt man auf Beschluss des Rates die verfallene Hallische Bastei ab. Auf dem gewonnenen Gelände wird mit der Anlage des ersten Teilstückes der später einmal die ganze Innenstadt umfassenden Promenade begonnen.

Im September 1736 weilt der König und Kurfürst erstmals in Leipzig. Die Stadt ist prächtig illuminiert. Wenn er auch in keiner Weise den Glanz und die Aura seines Vaters verbreiten kann, so ist vor allem die Kaufmannschaft – stets der wichtigste Stand in Leipzig – mit dem Landesherrn zufrieden. Denn die Geschäfte gehen gut. Ausdruck dessen ist eine anhaltende Baufreudigkeit. Der Kaufmann Romanus Koch lässt Koch's Hof erbauen, der aus Italien kommende Vignon sein Wohnhaus mit elegantem Weinausschank auf der Schlossgasse, Christian Gottlob Frege begründet das Handelshaus seines Namens, Gewand- und Lastropsches Haus werden neu erbaut, und Baumeister Richter erstellt für Bürgermeister Dr. Christian Ludwig Stieglitz ein richtiggehendes Palais.

Baubeginn an Leipzigs Promenade

1739 gedenkt man in würdiger Form dem 200. Jahrestag der Reformation in Kursachsen und 1740 dem 300. Jahrestag der Erfindung der Buchdruckerkunst. Zu dieser Zeit gewinnt die Freimaurerei in Sachsen und vorrangig in Leipzig Einfluss. 1741 begründet sich die erste Loge, die „Apollo“, welche wenig später in „Minerva zu den drei Palmen“ umbenannt wird.

1743 erfolgt ein bedeutender Vorgang zu Leipzig, dessen Tragweite sich erst weit später erweisen sollte, die Stiftung des „Grossen Concerts“ durch Bergrat Schwabe und Buchhändler Gleditsch. Die Liebhaberaufführungen sind Vorläufer der Leipziger Gewandhauskonzerte. In den „Drei Schwanen“ auf dem Brühl finden sich die Herren „Musici“ zum regelmäßigen „Concertiren“ ein.
Mit dem Ausbruch des 1. Schlesischen Krieges 1740 begann eine für Sachsen über 20 Jahre anhaltende, nur von einer längeren Friedenspause unterbrochene Zeit, die den Staat an den Rand des wirtschaftlichen Ruins und so gut wie in die politische Bedeutungslosigkeit bringt.
Sachsen kämpfte im ersten Ringen um die Vorherrschaft in Schlesien auf der Seite Friedrichs des Großen und erhofft sich eine direkte Landverbindung zu Polen. Wenn man hier auch einmal zu den Siegern in einem Krieg zählte (eine seltene Ausnahme für Sachsen), so sah man sich alsbald vom preußischen Partner geprellt und ging leer aus. Das bedeutete in der Schaukelpolitik Friedrich August II. und seines allmächtigen Premierministers Graf Brühl: Frontenwechsel!

Fürst Leopold von Anhalt-Dessau besetzt Leipzig

Im 2. Schlesischen Krieg (1744/45) findet sich Kursachsen somit an der Seite Maria Theresias von Österreich. Das von Brühl unverantwortlich verkleinerte und vernachlässigte Heer ist den zahlenmäßig sechs- bis siebenfach überlegenen Preußen in keiner Weise gewachsen. 1745 bekommt Leipzig direkt den Krieg zu spüren: Am 30. November besetzt Fürst Leopold von Anhalt-Dessau, der „Alte Dessauer“, die Stadt.
Das städtische Magazin im Kornhaus wird geplündert und unter Repressalien die gestellte Kontribution eingetrieben. Das freilich ist verhältnismäßig harmlos, verglichen damit, was die Stadt in Kürze unter Friedrich II. zu leiden haben wird, zumal die Preußen nach Friedensschluss am 1. Januar 1746 Leipzig bereits wieder verlassen.
Die zehn Friedensjahre, die Leipzig jetzt vergönnt sind, kennzeichnet florierende Handelstätigkeit und ein reges schöngeistiges Leben. Caroline Neuber spielt im Großen Blumenberg am Brühl, später auch in May's Kaffeegarten am Peterstor. Schauspieldirektor Schönemann gibt Theatervorstellungen, und 1750 begründet Heinrich Gottfried Koch eine dritte Schauspielgruppe. Die Konzerte erfreuen sich in den kommenden Jahren großer Beliebtheit, auch dadurch un-

Garnisons-Standort Schloß Pleißenburg, um 1750

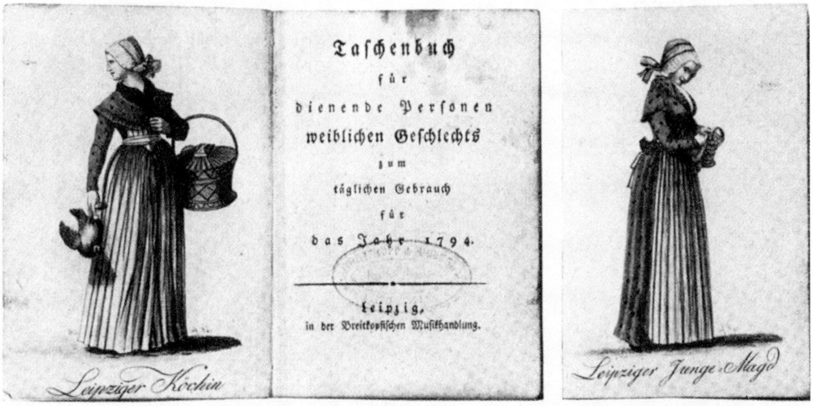

Bei Breitkopf erschienenes Domestikenbüchlein, 1794

Breitkopf erfindet Notendruck mit beweglichen Lettern

terstützt, dass wohlfeile Partituren erworben werden können. 1755 hat Gottlob Immanuel Breitkopf als Weltneuheit den Notendruck mit beweglichen Lettern erfunden. Die Gärten können sich liebevoller Pflege erfreuen; besonders prächtig entwickelt sich Richters Garten. Ein Naturalien- und ein Münzkabinett werden eröffnet und im Rosental sogar eine Sternwarte.

Jetzt ist man auch deutlich um die Straßen bemüht. Bei den Ausbesserungen und Neupflasterungen wird ab 1746 ein erstes bescheidenes Schleusensystem eingebaut. Die Stadt vergrößert sich. 1748 ergibt die Volkszählung 29 760 Einwohner.

Motiv aus Löhrs Garten, Aquarell um 1780

Der Tod J. S. Bachs

Obwohl seine Musik durchaus populär ist, seine Kantaten aus Leipzigs Kirchenmusik gar nicht mehr wegzudenken sind, nimmt man vom Tod Johann Sebastian Bachs kaum Kenntnis. Am 28. Juli 1750 stirbt der bedeutendste der Thomaskantoren.

1752 kann die staatliche Münzprägung in Leipzig wieder aufgenommen werden. Das Bankhaus Frege wird damit beauftragt. 1754 gibt es mit dem „Kurprinz“ am Rossplatz einen letzten großartigen Neubau vor dem verheerenden Siebenjährigen Krieg.

1756 brechen die Kämpfe aus, und rasch bekommt Leipzig den Krieg zu spü-

Verhaftete Leipziger Ratsherren und Kaufleute

Siebenjähriger Krieg: Die Preußen besetzen Leipzig

ren. Am 29. August besetzen die Preußen unter Herzog Ferdinand von Braunschweig die Stadt. Eine jahrelange Leidenszeit nimmt ihren Anfang. Einquartierungen, Beschlagnahme von privatem Besitz, Demütigungen, Gewalttätigkeiten, Verbot freier Rede und Versammlungsverbot, Pressezensur und Kontrolle der ein- und ausgehenden Post sind nun an der Tagesordnung. Zur Erpressung maßloser Reparationen werden Ratsherren und Handelsleute inhaftiert und solange bei Wasser und Brot gehalten, bis die Stadt das Geld hinterlegt hat. Sächsische Soldaten werden in die preußische Armee gepresst, Bürger und Studenten müssen die Waffen abgeben. Der Hass auf alles Preußische, der lange Zeit im sächsischen Volk verwurzelt war und dem man unsinnigerweise mitunter noch heute begegnet, hat zu dieser Zeit seinen Anfang genommen.

1759 hatte man bereits die angesehensten Männer Leipzigs in Haft genommen, um wieder eine neue enorme Geldsumme zu erpressen. Als die Zahlung dennoch nicht rasch genug in Gang kam, drohten die Preußen mit der Einäscherung der Stadt. Epidemisch auftretende Krankheiten, wohl von den zahlreichen Lazaretten ausgehend, fordern auch unter der Zivilbevölkerung Opfer. Leipzigs Einwohnerzahl sank wieder unter die 30 000 ab.

Friedrich der Große plündert Leipzig aus

1760/61, von Dezember bis März, nimmt Friedrich II. Winterquartier in Leipzig. Dieser „Auszeichnung“ wegen hat die Stadt eine Million Taler aufzubringen. Ein Ding der Unmöglichkeit. Und ein Preuße ist es, der Leipzig zu Hilfe kommt: Johann Ernst Gotzkowsky, Kaufmann und Bankier aus Berlin, ein Berater des Königs. Er kann die Summe auf 800 000 Taler drücken und leistet uneigennützig Bürgschaft.

Der Verfall der Sitten, in Kriegszeiten wohl allgegenwärtig, macht auch vor den Geschäften nicht halt. Betrügerische Transaktionen und üble Gewinnsucht gefährden Leipzigs Ruf als Ort ehrlich-gewissenhaften Handels. Schlimm wirkte sich auch der Verfall des Geldes aus. Friedrich II. hatte Leipzigs Münze an das jüdische Bankhaus Ephraim, Itzig & Co. verpachtet. Diese überschwemmten den Markt mit geringhaltigen Achtgroschenstücken, den „Ephraimiten“, auch „Blechkappen“ genannt. 1762 hat die Stadt Leipzig abermals das zweifelhafte Glück, den großen Friedrich in ihren Mauern zu sehen. Dieses Mal will er gleich drei Millionen Taler haben und droht mit neuen Repressalien. Unvergessen ist sein böses Wort, Sachsen sei einem Mehlsack gleich, der immer wieder stäube, wenn man nur recht kräftig draufklopft.

Abermals gelingt es Gotzkowsky die maßlose Forderung abzuschwächen. Er macht Friedrich klar, wenn er Leipzig vernichte, verliert er auch seine wichtigste Versorgungsbasis. 1 100 000 Taler müssen schließlich erbracht werden. Am 15. Februar 1763 wird endlich auf Schloss Hubertusburg der Friede unterzeichnet. Kriege sind immer unsinnig. Der Siebenjährige war es in gesteigerter Form. Im Wesentlichen werden die Vorkriegszustände bestätigt, es ging somit – um nichts. Schlesien verbleibt bei Preußen, eine Entscheidung zwischen den in Mitteleuropa rivalisierenden Großmächten Österreich und Preußen ist nicht gefallen.

Leipziger Messe bleibt unangefochten

Kursachsen hatte sich dank Brühlscher Misswirtschaft, unter tatenloser Mithilfe eines schwachen Regenten, von der politischen Bühne verabschiedet und trat den Weg in die staatliche Zweitklassigkeit an. Von dem wirtschaftlichen Debakel, resultierend aus der militärischen Niederlage, konnte sich Sachsen wieder erholen, von der politischen Niederlage niemals wieder. Ein preußisches Diktat, der Vertrag von Halle 1764, stellte die Messen von Frankfurt/Oder und Naumburg der Leipziger gleich. Das verfehlte vollkommen seine Wirkung. Leipzigs Messe erholte sich in kurzer Zeit, stieg zu neuer Blüte empor und ließ die Konkurrenten weit hinter sich.

Sächsische Silbermedaille auf den Hubertusburger Frieden

Kursachsen hatte im Siebenjährigen Krieg 140 000 Todesopfer zu beklagen und wurde nach preußischen Angaben um 46 Millionen Taler erleichtert. Die Dimension dieser Summe wird klar, wenn man sich vergegenwärtigt, dass die jährliche Steuereinnahme des Vorkriegssachsens bei etwa sieben Millionen Talern lag.

Kurprinz Friedrich Christian besteigt Sachsens Thron

Am Zustandekommen des Hubertusburger Friedens hatte auch Kurprinz Friedrich Christian bedeutenden Anteil. Noch im Jahr des Friedens stirbt Friedrich August II. Mit seinem Tod endet auch die Personalunion mit Polen. Friedrich Christian gelangt auf den Thron Sachsens und erarbeitet sofort Pläne zur Konsolidierung der Staatsfinanzen und zum wirtschaftlichen Wiederaufbau des Landes. Die von ihm eingeleiteten „Retablissements" begründeten die wirtschaftliche Wiederbelebung des Staates und seines wichtigsten Handelsplatzes Leipzig.

Graf Brühl wird sofort des Amtes enthoben und unter Anklage gestellt. Zu einem Prozess kam es jedoch nicht mehr, der Ex-Premier verstarb wenig später. Der größte Teil seines zusammengeschacherten Riesenvermögens wurde zu Gunsten der Staatskasse eingezogen. Dem viel versprechenden Friedrich Christian war leider nur eine sehr kurze Regierungszeit vergönnt. Er starb noch im Jahre 1763 an den Blattern. Sein Sohn wird als Kurfürst Friedrich August III. ausgerufen, aber unter Vormundschaft seines Onkels, Prinz Xaver, gestellt, da er erst 13 Jahre alt ist. Das Deutsche Reich hatte 1888 sein Drei-Kaiser-Jahr, Sachsen 1763 sein Drei-Kurfürsten-Jahr.

- Um über ein einheitliches Längenmaß zu verfügen, wird ab 1735 die **Leipziger Elle** als verbindlich im gesamtem Kurfürstentum eingeführt.
- 1740 fasst der Rat den Entschluss, die **reichhaltige Stadtbibliothek** würdig unterzubringen. Man baut zu diesem Zweck das **Gewandhaus** um, bricht den obersten Tuchboden heraus und will binnen Jahresfrist fertig sein. Das Vorhaben stagniert immer wieder, vorrangig durch konträre Meinungen und wird zu einer Endlos-Baustelle. Ganz im Gegensatz zum Bautempo in früherer Zeit werden es dieses Mal 15 Jahre! Erst 1755 zieht die Bibliothek ein.
- Dem 1742 eröffneten **„Kunst- und Naturalienkabinett"** Johann Christoph Richters wird hohe Ehre zuteil. Der König und Kurfürst, der zur Messe in Leipzig weilt, besichtigt seine, von Zeitgenossen als großartig gepriesenen Sammlungen.
- 1744 gab es einen **Entwurf, das Rathaus zu „symetrieren"**. Das sollte durch einen zweiten Turm erreicht werden. Der im Stadtarchiv noch vorhandene Bauplan des Röhrmeisters bei der Wasserkunst Johann Gottfried Huhn kam glücklicherweise nicht zur Ausführung.
- 1745 sind die Preußen unter Fürst Leopold von Anhalt-Dessau in Leipzig. Davon halten die Leipziger gar nichts. Aber der „Alte Dessauer" bringt sein Leibgetränk mit – die Gose. Und davon sind sie begeistert. Das **säuerliche, obergärige Bier** wird zu einer Art **„Nationalgetränk"** der Leipziger.
- **1747 brennt das Amtshaus.** Ein Teil des Archivs wird vernichtet, die wertvollsten Dinge können durch großen Einsatz der Ratsdiener gerettet werden. Im gleichen Jahr gibt es zur Michaelis-Messe eine Sensation: **Ein lebendes Nashorn kann gezeigt werden!** „Hohe Standes-Persohnen geben nach Belieben, andere einen halben Gulden". Auch ein beschreibendes Blatt mit Abbildung des „Behemot" war zu bekommen, „bey den Thier vor 1 Groschen". Besonders gepriesen wurde, das Tier könne mit seinem Horn viel schneller umgraben, als ein Bauer mit dem Pflug.
- Die **Volkszählung von 1753 musste wiederholt werden**. Es hatte sich herausgestellt, dass ein Zähler mit den meisten Einwohnern seines Zählbezirks glänzen wollte. Das berichtigte Ergebnis: 32 384 Personen leben in diesem Jahr in Leipzig.
- Da denkt man, bei soviel Wasser kann nichts passieren – Irrtum: **1758 brennt die Schwarze Wasserkunst.** Bergrat Gellert leitet die Reparaturarbeiten.
- Mitte des 18. Jahrhunderts war das **Amt des Vogtes von großer Bedeutung**. Nach dem Bürgermeister und den (meist) zwei Ratsbaumeistern war der Vogt die wichtigste Person des Rates. Die Rolle des Vogtes hatte sich vom helfenden Unterbaumeister zur führenden technisch-organisatorischen Kraft entwickelt. „Untervögte" wurden benötigt, und er selbst erhielt den Titel „Obervogt". Daraus wurde im Jahre 1781 ein „Baudirektor".
- Als der Herzog von Braunschweig 1756 Leipzig besetzt, lässt er in echt preußischer Bürokratie an Hand der Einwohnerlisten die Höhe der **Kontribution** errechnen. Auch der Säugling zahlt. So kommt man auf die **stolze Summe von 587 167 Taler, 17 Groschen und 6 Pfennige.**
- **„Bürger" zu werden war nicht so leicht.** Ortsansässigkeit oder Leipziger Bürgen, ein guter Leumund, „ehrsames Gewerbe" oder Eigenkapital, Schulden- und Straffreiheit waren notwendig. Das Wichtigste aber war Gottesfürchtigkeit. Natürlich evangelische! Reformierte, Katholiken und Juden konnten noch um 1760 keine Bürger werden.
- **Kurfürst Friedrich Christian regierte Sachsen ganze 73 Tage.** Er ist damit der Wettiner in der 800 Jahre währenden Regierungsgeschichte seines Hauses mit der **kürzesten Amtszeit.**

Leipzig auf dem Weg zur Königlich Sächsischen Messestadt (von 1764 bis 1806)

- **1764:** Prof. Oeser begründet Leipzigs Mal- und Zeichenakademie
- **1766:** Erbauung des Schauspielhauses, dem späteren „Alten Theater“
- **1770:** Die Niederreißung der Schanzen und Basteien beginnt
- **1776:** Der geniale Verleger Breitkopf erfindet den typisierten Landkartendruck
- **1778:** Begründung der Taubstummenanstalt durch Samuel Heinicke
- **1781:** Der Saal für das „Große Concert“ wird im Gewandhaus ausgebaut
- **1784:** Abtragung der Schanze, der sogenannten „Katze“, an der Hallischen Bastei. Die Parkanlagen mit Schwanenteich und Schneckenberg werden angelegt
- **1787:** Der Schlossturm der Pleißenburg wird zu einer Sternwarte umfunktioniert
- **1792:** Einweihung der Rats-Freischule
- **1793:** Leipzigs Häuser werden mit einem Nummernsystem versehen
- **1797:** Vollendung der Promenaden-Parkanlagen
- **1799:** Errichtung eines „Klinischen Institutes“ im Jacobshospital
- **1800:** „Braunkohlengräberei“ in der Sandgrube an der Ostvorstadt unter Leitung des Rats-Baumeisters Friedrich Ludolph Hansen
- **1803:** Leipzig erhält eine Armenanstalt und eine Gesinde-Expedition
- **1806:** Die Preußen wieder in Leipzig. Errichtung einer Bürgerwehr. Die Franzosen in der Stadt. Einquartierungen unter freundlicher Begegnung. Kursachsen wird Königreich

Leipzig zählte nach dem Friedensschluss von 1763 noch 28352 Einwohner. Mit einer Lotterie und Besteuerung von Importwaren sucht man der ausgeraubten Stadt zu helfen, Geld in die leeren Kassen zu bekommen.
Der erste „Große“ in der Geschichte von Leipzigs Gewandhauskonzerten leitet ab 1763 das „Große Konzert“: Johann Adam Hiller. Ein Jahr darauf wird die Zeichen- und Malakademie begründet. Der erste Leiter war Professor Adam Friedrich Oeser, dessen berühmtester Schüler der Student Johann Wolfgang von Goethe gewesen ist. Drei Jahre, von 1765 bis 1768, studierte der junge Mann aus Frankfurt/Main an der Alma mater Lipsiensis. Sehr bekannt ist seine Romanze mit der kleinen Leipzigerin Käthchen Schönkopf. Ihre Grabstelle findet man auch heute noch auf dem Alten Johannisfriedhof.

Leipzigs erstes Schauspielhaus wird eröffnet

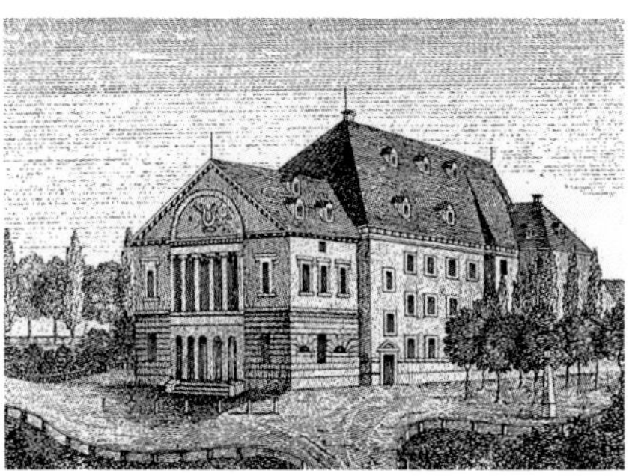

Leipzigs erstes Schauspielhaus (1766)

1766 öffnet Leipzigs erstes Schauspielhaus seine Pforten. Der Kaufmann Zehmisch durfte es auf der nicht mehr benötigten Ranstädter Bastei errichten lassen. Die Eröffnung, am 18. Oktober, wird zu einem großen Tag. Schlegels „Hermann“ möchten viel mehr Menschen sehen, als das Haus fassen kann. Den Vorhang schuf Prof. Oeser. Nach Umbauten im Jahre 1817 diente es den Leipzigern, bis zu seiner Vernichtung 1943 durch Bombentreffer, als das beliebte und gern besuchte „Alte Theater“. Ab 1770 geht es der Stadtbefestigung zu Leibe. Die Schanzen und Basteien, auch der Wassergraben, hatten sich im Siebenjährigen Krieg als vollkommen nutzlos erwiesen.

Spaziergang auf der Promenade, rechts der Reitweg

Das Gewandhaus am Neumarkt um 1780

Dauthe wird erster „Baudirektor“

Geburt der „Gewandhauskonzerte“

Noch Kurfürst Friedrich Christian hatte der Stadt die landeseigenen Befestigungen geschenkt, mit der Maßgabe, sie gemeinnützigen Zwecken zuzuführen. Die Umgestaltung der ehemaligen Befestigungsanlagen zu einer stadtumspannenden Promenade findet in Friedrich Karl Dauthe einen hervorragenden Fachmann. Er war als Lehrer für Architektur an Oesers Mal- und Zeichenschule und als Baumeister tätig. 1781 wurde er der erste „Baudirektor“ der Stadt. Neben der Promenade, Löhrs Haus und der Modernisierung der Nikolaikirche war wohl eines seiner bedeutendsten Werke die schwierige Umgestaltung eines weiteren Tuchbodens im städtischen Gewandhaus zu einem Konzertsaal. Das gelang ihm in hervorragender Weise. Die ausgezeichnete Akustik des Hauses war freilich Zufall. Von nun an spricht man in Leipzig nicht mehr vom „Großen Konzert“, sondern vom „Gewandhauskonzert“. Ein Name, der sich bis auf den heutigen Tag erhalten hat, bei Musikfreunden in der ganzen Welt etwas gilt und für Leipzig Verpflichtung ist.
1773 lässt die Universität das Collegium Juridicum an der Schlossgasse erbauen. Dort, wo sich gegenwärtig eine Großbaustelle befindet und die im II. Weltkrieg vernichtete Juridicum-Passage nach viel versprechenden Plänen neu er-

stehen wird. 1776 gelingt dem findigen Immanuel Breitkopf eine weitere drucktechnische Meisterleistung – er erfindet den Landkartendruck mit austauschbaren, beweglichen Typen.

In einer Zeit, wo behinderte Menschen verspottet oder zumindest ignoriert wurden, nimmt sich ein Mann einer solchen Randgruppe an und begründet ein Institut für Taubstumme. Die auch heute noch existierende Schule an der Prager Straße trägt seinen Namen: Samuel Heinicke. 1780 erhält Leipzig sein erstes Denkmal. Auf der Esplanade, dem späteren Königsplatz, wird der Landesherr, Kurfürst Friedrich August III., feierlich enthüllt. Vom Umbau des alten Tuchbodens zu einem Konzertsaal durch Dauthe war schon die Rede. Oeser schmückt die Decke des Raumes mit einem attraktiven Gemälde. Am 25. November 1781 findet die Eröffnung von Leipzigs erstem „Gewandhaus“ statt.

Eröffnung von Leipzigs erstem Gewandhaus

Fiedrich August III. Ausbeute-Taler 1781

1784 sind bereits die meisten der alten Stadtbefestigungen abgetragen. Auch die große Schanze „Katze“, zwischen Grimmaischem und Hallischem Tor. Jetzt werden die Parkanlagen mit dem Schwanenteich, dem Schneckenberg, gotischem Tor und so weiter in Angriff genommen. Bürgermeister Dr. Karl Wilhelm Müller hatte die Anregung dazu gegeben und alle Probleme aus dem Weg geräumt. 1819 bekam der verdienstvolle Mann, mit dem keineswegs nur diese Einrichtung in Verbindung steht, eine Ehrung in Form des Denkmals im nördlichen Promenadenteil (heute gegenüber des Hauptbahnhofs). Das Medaillonbildnis fertigte der berühmte Gottfried Schadow.

Bürgermeister Müller erhält ein Denkmal

Die kleine Sternbeobachtungsanlage im Rosental genügte weder modernen Anforderungen noch war ihr Standort günstig. 1787 gestaltete man den Turm der Pleißenburg um, und die Sternwarte konnte dort einziehen. Eine private Spende von Literatur und Instrumenten komplettierte die Ausrüstung. Im gleichen Jahr stiftet der Buchhändler Johann Wendler eine Freischule mit 60 Plätzen. Dort können Kinder wenig bemittelter Leute kostenlos unterrichtet werden. Die Schule, vor dem Grimmaischen Tor gelegen, dürfen auch Mäd-

Die Bürgerschule auf der Moritzbastei

chen besuchen. Am 10. März 1788 ist die Eröffnung. Der Umstand, dass eine Freischule in der reichen Stadt Leipzig durch eine Privatperson eingerichtet werden musste, hat den Rat wohl doch beschämt: 1792, am 16. April, wird die Rats-Freischule eröffnet. 171 Freiplätze bietet das Haus, der Standort ist unweit der Thomaskirche. Die verdienstvollen ersten Direktoren, Plato und Dolz, werden 1894 mit einem Denkmal am Thomasring, ausgangs der Schulstraße, geehrt. Und noch ergänzend zum Schulwesen: 1804 werden sowohl eine Armenschule als auch die erste allgemeine Bürgerschule eröffnet.
Die Volkszählung von 1789 ergibt 32144 Einwohner in Leipzig. Ein erfreulicher Zuwachs. Andererseits ist bedenklich, dass die Anzahl der Verstorbenen kontinuierlich über der Geburtenzahl liegt; Leipzig bedarf des Zuzuges von außerhalb. Während bislang die Häuser nach ihrer Lage, meist aber nach ihren Besitzern bezeichnet wurden, erfolgt 1793 eine durchgehende Nummerierung, und bereits ein Jahr später werden die ersten Straßenschilder angebracht. Bemerkenswertes geschieht im Zeitungswesen. Zwar sind politische Tagesereignisse hoch im Kurs und die Tageszeitungen voll davon – man denke nur an die Revolution in Frankreich. Zunehmend macht sich jetzt aber auch ein gesteigertes Unterhaltungsbedürfnis bemerkbar. So wird 1789 neben der „Handelszeitung“ auch das „Modemagazin“ begründet, 1798 erscheint die „Allgemeine musikalische Zeitung“, 1801 die „Zeitung für die elegante Welt“ und 1805 „Der europäische Aufseher“.
Zwei bedeutende Leipziger wirken um 1800 auf ganz unterschiedlichen Gebieten: Friedrich August Tischbein als Direktor der Kunstakademie und Dr. Christian Karl Braune, der im neu eingerichteten Klinischen Institut des Jacobhospitals die ersten Kuhpocken-Impfungen durchführt. Auf dem Gebiet der Wissenschaften wäre weiterhin zu bemerken, dass Dr. Joseph Gall seine Ansichten über die Hirn- und Schädellehre darlegt und Professor Dr. Schwägrischen 1805 einen Botanischen Garten auf dem Gelände des ehemaligen Trier'schen Gartens einrichtet.

Franzosen halten Einzug in Leipzig

Das Jahr 1806 war herangekommen. In Überschätzung ihrer militärischen Macht, noch vom Ruhm Friedrichs des Großen zehrend, hatten die Preußen den Franzosen den Krieg erklärt. Und Sachsen war mit ihnen verbündet! Das konnte doch gar nicht gut gehen. Und so kam es auch. In die vernichtende Niederlage des preußischen Heeres in der Doppelschacht bei Jena und Auerstedt am 14. Oktober werden auch die sächsischen Truppen hineingezogen. Am 18. Oktober 1806 rücken die Franzosen unter Marschall Davoust in Leipzig ein. Kaiser Napoleon beabsichtigt jedoch keineswegs die Zerschlagung Sachsens. Zum einen wollte er den Rücken frei haben gegen Rest-Preu-

Blick aus Richters Garten zum Fleischerplatz, 1804

ßen und die drohenden Russen und zum anderen sein Rheinbund-Staatengebilde verstärken.
So wird aus dem sofortigen Waffenstillstand der alsbaldige Frieden zwischen dem Kaiserreich Frankreich und – Sachsen. Die fehlende Bezeichnung der Staatsform erklärt sich daraus, dass es einen Kurstaat nicht mehr gab. Das Heilige Römische Reich Deutscher Nation hatte sich mit dem Rücktritt Kaiser Franz II. sang- und klanglos aufgelöst. Kaiser Napoleon wusste Rat und erhob Sachsen kurzerhand zum Königreich. Mit dem Friedensschluss vom 11. Dezember 1806 regierte Kurfürst Friedrich August III. nunmehr als König Friedrich August I. von Sachsen.

Sächsische Linien-Infanterie und Garde du Corps

Kaiser Napoleon erhebt Sachsen zum Königreich

Für Leipzig begann die „Franzosenzeit". Wenn auch später gern geleugnet – die Mehrheit der Bürger war Pro-Französisch eingestellt.
Die Demütigung Preußens, die Erhebung Sachsens zum Königreich, die Verbundenheit der Höfe zu Paris und Dresden, das Ausschalten der lästigen englischen Handelskonkurrenz und das Gefühl, „dazu zu gehören", lässt das verständlich erscheinen. Man war stolz auf seinen einquartierten Franzosen, die Gebildeten sprachen französisch und die Kinder bekamen französische Vornamen. Keine leichte Zeit brach für Leipzigs junge Männer an. Das konnte einen schon wurmen, wenn die Angebetete die Augen nach einem Chasseur der Kaisergarde verdrehte.
Noch 1806, Ende November, werden alle in Leipzig befindlichen Engländer registriert und ihre Handelsware beschlagnahmt. Die zu Berlin verkündete Kontinentalsperre, mit deren Hilfe Napoleon England in die Knie zwingen will, zeigte erste Auswirkungen.

- **1769 starb** zu Leipzig der allgemeine Verehrung genießende **Christian Fürchtegott Gellert**. Er wurde auf dem Johannisfriedhof beigesetzt. Nach dem Neubau der Johanniskirche (1894–97) kamen seine Gebeine in die Gruft dieses Gotteshauses. Die Kirche wurde im zweiten Weltkrieg weitgehend zerstört und Gellerts Gebeine überführte man in die Paulinerkirche. Der brutal-sinnlosen Zerstörung dieser Kirche ging im Jahre 1968 eine weitere Exhumierung Gellerts voraus. Nunmehr hat er eine letzte (?) Ruhestätte auf dem Leipziger Südfriedhof gefunden.
- Obwohl die **Perückenmode** ihren Höhepunkt überschritten hatte, werden 1779, bei der Zählung der Handwerker in Leipzig, noch **94 Perückenmacher** registriert.
- Kaum zu glauben, dennoch wahr: Am 24. Juni 1781 öffnet am Eingang zum Rosental eine **Eisbude.** Die im Winter eingelagerten Eisblöcke hielt man in „Eiskellern" bis weit in den Sommer hinein frisch und konnte so Speiseeis herstellen.
- Um 1785 kommt es für das begüterte Leipzig in Mode, im Sommer **„auf's Land"** zu gehen. Sehr beliebt war Gohlis, dessen Entwicklung zum eleganten Villenvorort beginnt. Der (später) berühmteste Einwohner ist zu dieser Zeit Friedrich Schiller. Die **Ode „An die Freude" entstand in diesem Dörfchen** vor den Toren Leipzigs.
- 1786 wird vom Rat die **alljährliche Ausstellung des „Johannismännchens"**, einer auf heidnischen Ursprung zurückgehenden im einfachen Volk sehr beliebten kleinen hölzernen Kultfigur, verboten. Der Brauch war nie ganz auszulöschen und heute, in einer Zeit des Erinnerns an alte Bräuche, versucht man auch ihn wieder zu beleben.
- 1790 stiftet sich zu **Leipzig die Gesellschaft „Ressource"**. Man will mittelalterliche Tugenden wieder aufleben lassen und der schnöden Moderne den Rücken kehren. „Aussteiger" gab es wohl zu allen Zeiten...
- Eine weitere **Gesellschaft „Place de repos"** wird 1793 durch Georg Wilhelm Richter gestiftet, die ihr gleichnamiges Vereinslokal erbauen ließ. Das architektonisch schöne Haus war teilweise auch der Öffentlichkeit zugängig, und die Gaststätte erfreute sich guten Besuches. Mit dem schwierigen Namen kam die sächsische Zunge der Leipziger allerdings nicht zurecht. Und so wurde ganz schnell aus „Place de repos" – **„Pflasterdepot"**.
- 1799: Als **Geheimtipp** und unter den Ladentafeln der Buchhandlungen gibt es **„Leipzig im Taumel"**. Das pikante Werk schildert unter anderem sehr lebhaft die **Arbeitsweise** der zu Messezeiten zahlreichen **Liebesdienerinnen.** Natürlich wurde das Werk verboten. 304 der 600 gedruckten Bände konnten beschlagnahmt werden. Der Autor Georg Maurer, der unter einem Pseudonym veröffentlicht hatte, konnte untertauchen, den armen Verleger Johann Wilhelm Cramer ging es aber an den Kragen: Er wurde zu einer hohen Geldstrafe und einem Jahr Gefängnis verurteilt.
- 1804 wurde die **letzte Volkszählung vor der Franzosenzeit** durchgeführt: 32 492 Personen werden registriert. Bei den erfassten Berufen tauchen auch Braunkohlen-Schürfer auf. Diese Erwähnung könnte den Beginn der Tagebau-Kohlegewinnung im Leipziger Raum darstellen.
- Als die Franzosen im Oktober 1806 Leipzig besetzten, machte sich der Rat auf eine gehörige **Kontributionszahlung** gefasst. Weit gefehlt. 345 000 Stab Uniformtuch und 150 000 Paar Schuhe wurden verlangt – was nun auch nicht gerade ganz billig gewesen sein dürfte.

In Leipzig zwischen Tilsiter Frieden und Wiener Kongress (von 1807 bis 1815)

- **1807:**
Beschlagnahme und Ankauf englischer Waren durch den Leipziger Rat
- **1809:**
Krieg gegen Österreich; der Herzog von Braunschweig-Oels besetzt Leipzig
- **1810:**
Öffentliche Verbrennung englischer Manufakturwaren
- **1812:**
Durchzug französischer und alliierter Truppen. Zahlreiche Einquartierungen. Illumination der Stadt zur Feier der französischen Siege in Russland. Der Leipziger Verleger Friedrich Arnold Brockhaus veröffentlicht sein Lexikon
- **1813:**
Die Reste der geschlagenen „Großen Armee" kommen wieder durch Leipzig. Die ersten Kosaken erreichen das Leipziger Land. Die Stadt wird Hauptquartier des russischen Generals Graf Wittgenstein. Nach Niederlagen der Verbündeten besetzt Marschall Ney Leipzig. General Bertrand, später General Arrighi französische Platzkommandanten. Leipzigs schwerste Woche 14.–20. Oktober. Kaiser Napoleon und König Friedrich August in Leipzig, Beginn der Völkerschlacht. Schwere Kämpfe um Wachau und Liebertwolkwitz, um Mockau und Eutritzsch. Not und Verwundetenelend in der überfüllten Stadt. Obrist Prendel, der fähige Stadtkommandant
- **1814:**
Siegesfeier zur Einnahme von Paris. Zar Alexander in Leipzig. Gedenkfeier und Begründung der „Gesellschaft des neunzehnten Oktober"
- **1815:**
Errichtung des Leipziger Börsenvereins. Zu Wien wird der Landraub an Sachsen zugunsten Preußens beschlossen. Rückkehr des Königs Friedrich August von Sachsen in sein klein gewordenes Land

1807–1812

Das neue Jahr 1807 beginnt in Leipzig mit einer glänzenden Illumination der Stadt und einer Glückwunschfeier zur Annahme der sächsischen Königswürde. Die im November des Vorjahres beschlagnahmten englischen Waren kauft der Rat zur eigenen Verwendung für sieben Millionen Francs an.

Das wichtigste Ereignis des Jahres 1807 ist ohne Zweifel der Französisch-Preußische Friedensschluss zu Tilsit am 7. Juli. Dieser Friede hat auch für Sachsen weitreichende Folgen. König Friedrich August erhält – übrigens ohne sein Zutun oder gar Drängen – den Cottbusser Kreis und wird von Napoleon

Der Leipziger Markt zur Franzosenzeit

zusätzlich mit den Gebieten bedacht, die Preußen von Polen 1793 und 1795 annektiert hatte. Der Kaiser bildet daraus das Herzogtum Warschau und ernennt Friedrich August, in Anlehnung an alte sächsisch-polnische Landesverbundenheit, zu dessen Regenten. Die sächsischen Landgewinne verschärfen die Widersprüche zwischen den einstigen Verbündeten Sachsen und den jetzt verbitterten Preußen. Man wird sich zu rächen wissen...

Zu günstigem Zeitpunkt, am 1. Juli 1807, war in der Messestadt die Nr. 1 des Leipziger Tageblatts erschienen. So konnte man gleich über die großen Ereignisse im fernen Tilsit berichten und sicherte sich von Anfang an einen guten Absatz.

Die Stadt hat zu dieser Zeit große finanzielle Probleme. Die Kriegsvorbereitungen und französische Kontributionen (nun freilich aufgehoben) hatten die Stadtkassen erschöpft. Mittels eines „Wiegegeldes" für durchgehende Wagen, Ausschreibung einer Stadtschulden-Tilgungssteuer, Errichtung einer „Service-Cassa" und zweier gewaltiger Anleihen (insgesamt 4 225 000 Thaler) kann man die Zahlungsunfähigkeit abwenden.

Das Jahr 1809 bringt bereits wieder kriegerische Ereignisse. Sachsens König Friedrich August war vom 16. April bis 13. Juni in Leipzig anwesend. Von hier aus verabschiedete er seine Truppen, die an französischer Seite gegen Österreich kämpften und auch am Sieg bei Wagram, am 5./6. Juli, beteiligt waren.

Am 14. Juni war eine Bürgerwache gebildet worden, und am 22. Juni erschien die marodierende „Schwarze Schar" des Herzogs von Braunschweig-Oels vor Leipzig. Im Gefecht bei Stötteritz konnte man sie nicht aufhalten, der Herzog rückte in Leipzig ein. Hier hielt er sich aber nur wenige Tage. König Hieronymus von Westphalen, ein Bruder Napoleons, vertrieb rasch die Schwarzen, die sich durch Totenköpfe an den Mützen ein martialisches Aussehen geben wollten. Im Frieden von Preßburg, unterzeichnet am 14. Oktober 1809, verliert Österreich Neu-Galizien an das Herzogtum Warschau.

König Friedrich August I. wird auch Großherzog von Warschau

Napoleon ernennt nunmehr das Staatsgebilde zum Großherzogtum. König und Großherzog Friedrich August, mit Beinamen „der Gerechte", ist, wenn man so will, auf dem Höhepunkt seiner Macht. Der bescheidene konservative Monarch ist jedoch keineswegs machtbesessen. Er wird einfach von der kraftvoll-dämonischen Persönlichkeit Napoleons mitgerissen.

In staunender Bewunderung spricht er nur von „unserem großen Alliierten" und hält dem Franzosenkaiser, zum Unglück seines Landes, noch bis „5 nach 12" die Treue. Die Friedensfeier zu Leipzig nimmt sich bescheiden aus gegenüber der, die nur wenige Wochen später stattfindet: Das vierhundertjährige Universitätsjubiläum. Erstmals gibt es im großen Festzug Bilder zur Stadtgeschichte.

Das Jahr geht zu Ende mit einer makabren Schau, mit der man seitens der Stadt wohl glaubt, Eindruck in Paris zu machen. Noch vorhandene englische Manufakturwaren werden an fünf Tagen, zwischen dem 12. und 22. Dezember, verbrannt. 1811 ergibt die Stadtzählung 36 694 Einwohner. Im Zeitraum von 1801 bis 1810 wurden 14 607 Personen beerdigt und 12 544 Kinder getauft.

21 000 Sachsen in der „Großen Armee"

Das Jahr 1812 war herangekommen. Im Grund bereits das erste Jahr des Niedergangs Sachsens in der napoleonischen Zeit. Danach sah es freilich vorerst gar nicht aus. Der Kaiser schickte sich an, den größten Kriegszug der Weltgeschichte zu unternehmen, den Angriff seiner „Großen Armee" auf Russland. Als getreuer Vasall und Rheinbundmitglied stellt das Königreich Sachsen Napoleon 21 000 Mann, davon 7 000 beritten und vier Batterien mit 48 Geschützen zur Verfügung. Von den 21 000 Bedauernswerten sollten keine 5 000 zurückkehren...

Auf Grund der zahlreichen Siege und des unaufhaltsamen Vormarsches der

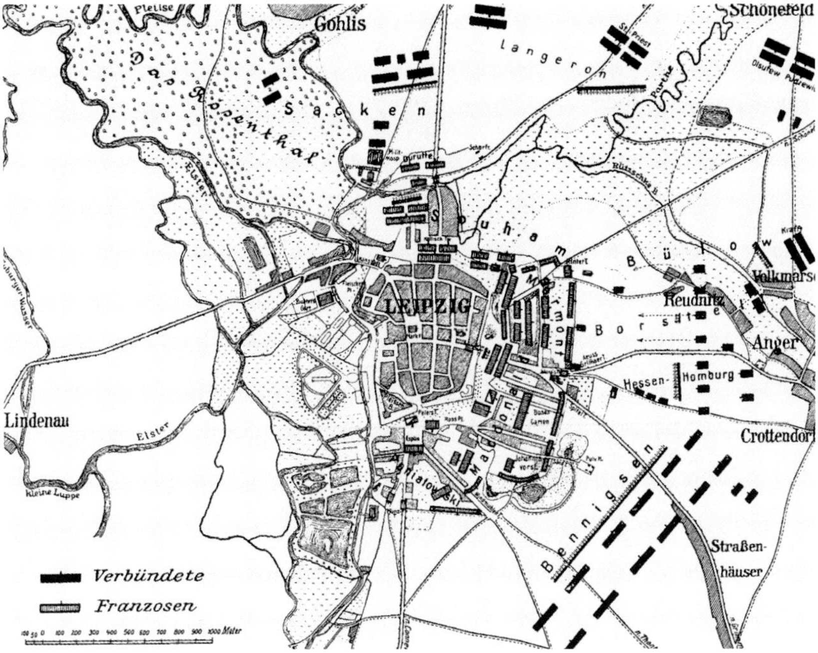

Truppenstellung am Morgen des 19. Oktober 1813

Großen Armee wies der Rat an, am 27. September ganz Leipzig prächtig zu illuminieren.
Einer der Großen aus Leipzigs bedeutender Verleger-Gilde, der aus Altenburg gekommene Friedrich Arnold Brockhaus, beginnt jetzt mit einer neuen Herausgabe seines Lexikons. Diese Leipziger Erstauflage begründet den Siegeslauf des Konversationslexikons um die Welt. Zwischen 1812 und 1819 erscheinen die zehn Bände, welche ständig weiter ergänzt und verbessert werden.

1813–1815

In den Wintermonaten wurde es merkwürdig still um Napoleons Riesenheer, und nur langsam sickerte die Wahrheit durch: Die Große Armee gab es nicht mehr! Die Trümmer des größten Heeres der Weltgeschichte erreichten Anfang März 1813 Leipzig. Prinz Eugen Napoleon, Vizekönig von Italien, errichtete hier sein Hauptquartier. Drei Wochen später verschwand er vorsichtshalber; die ersten Kosakenpatrouillen hatten sich vor Leipzig blicken lassen.
Am 1. April besetzten die Russen die Stadt. General Graf Wittgenstein, der russische Stadtkommandant, verbietet den Handel mit französischen Waren.

Marschall Ney besetzt die Stadt

Am 2. Mai 1813 kommt es zur ersten großen Schlacht des Frühjahrsfeldzuges. Die Verbündeten werden bei Großgörschen und Lützen geschlagen und müssen auch Leipzig räumen. Marschall Ney, Fürst von der Moskwa, der „Tapferste der Tapferen“ besetzt die Stadt.
Leipzig blieb von nun an fest in französischer Hand, unter Befehlsgewalt Johann Arrighis, Graf von Padua und des Platzkommandanten, General Bertrand.

Richard Wagner wird in Leipzig geboren

Nicht vergessen wollen wir, dass in dieser kriegerischen Zeit zu Leipzig ein Knabe das Licht der Welt erblickte, der alles andere als ein Krieger werden sollte, aber der Menschheit in einem weit segensreicheren Metier diente, in dem der Musik. Richard Wagner wurde am 22. Mai 1813 in Leipzig geboren. Das Elternhaus befand sich am Brühl, dort wo heute das Kaufhaus steht.
Am 10. August 1813 gab es letztmalig in Leipzig ein pro-französisches Freu-

denfest: Napoleons 44. Geburtstag wird festlich begangen. Nachdem der Waffenstillstand und die Verhandlungen im Sommer 1813 nichts erbracht haben, sprechen im Herbstfeldzug wieder die Waffen. Napoleons letzter großer Sieg auf deutschem Boden, am 26./27. August bei Dresden, ist zwar ein herber Rückschlag für die Verbündeten, ändert aber nichts an der Tatsache, dass die Zeit für sie arbeitet und ihre Überlegenheit immer drückender wird.

Napoleon kann die von ihm zur Verteidigung ausersehene Elbe-Linie nicht halten. Durch Niederlagen seiner Marschälle wird er zurückgedrängt. Noch in Sachsen stehend, sucht er die Entscheidung. In der Tiefebene um Leipzig kommt es zur bis dahin größten Schlacht der Weltgeschichte. Eine halbe Million Krieger aus rund einem Dutzend von Nationen steht sich hier vom 14. bis 19. Oktober gegenüber, in noch nie dagewesenem Ringen; in wahrlich einer „Völkerschlacht".

16. Oktober: Erster Haupttag der Völkerschlacht

Bereits am 14. Oktober entwickelte sich aus einem anfangs unbedeutenden Aufklärungsgefecht bei Liebertwolkwitz die größte Reiterschlacht dieser blutigen Tage. Der entscheidende Tag wurde jedoch der 16. Oktober. Im südlichen Leipziger Vorland, um Wachau und Güldengossa, kommandierte Napoleon selbst den Hauptangriff. Seinem massierten Ansturm scheinen die Verbündeten nicht widerstehen zu können. Und eine gewaltige Reiterattacke des unerschrockenen Marschalls Murat muss die Entscheidung zu Napoleons Gunsten bringen.

Als der große Korse nun auch noch erfährt, dass die Österreicher bei Connewitz geschlagen sind und ihr kommandierender General gefangen ist, gibt er Weisung, den in Leipzig weilenden König von Sachsen vom guten Verlauf der Schlacht zu unterrichten und in der Stadt selbst alle Glocken zum Zeichen des Sieges zu läuten.

Durch gerade noch rechtzeitigen Einsatz der Reserven können die Verbündeten jedoch das Durchbrechen ihres Zentrums verhindern. Wenn sie auch schwere Verluste hinnehmen müssen, so kann man sich doch halten, und mit den beständig eintreffenden weiteren Verbänden der Nordarmee verbessert sich ihre Lage ebenso, wie sich die Napoleons verschlechtert.

Im Norden Leipzigs konnte zur gleichen Zeit Blücher mit der Schlesischen Armee unter größtem Einsatz Marmont zurückdrängen, der von Möckern und Eutritzsch unter Verlust der Hälfte seines Geschützes auf Gohlis weichen musste.

Keinerlei Erfolg hatten die Verbündeten in der wichtigen Elster-, Pleißenaue. Bei einem Durchbruch an dieser Stelle konnte den Franzosen der Rückzug abgeschnitten und der Ring um Leipzig geschlossen werden. Der polnische General Poniatowski verteidigte diesen kritischen Punkt mit geringen Kräften

Sturm der Königsberger Landwehr auf das Grimmaische Tor

so hervorragend, dass ihn Napoleon als ersten und einzigen Nichtfranzosen noch am Abend der Schlacht zum Marschall von Frankreich ernannte.
Insgesamt hatte der 16. Oktober keine Entscheidung gebracht. Aber dadurch, dass Napoleon nicht siegen konnte, hatte er die Schlacht bereits verloren. Zu ungleich wurde das Kräfteverhältnis. Der große Schlachtenmeister hoffte dennoch...
Den gefangenen General Merveldt sandte er zu seinem Schwiegervater, den Kaiser von Österreich, um Verhandlungen einzuleiten. Vergebliche Mühe. Denn jetzt erkannte selbst der wenig talentierte Oberbefehlshaber der Verbündeten, der Österreicher Fürst Schwarzenberg, dass der Gefürchtete in der Falle saß und man den Sack nur zubinden brauchte. Am 17., einem regnerischen Sonntag, gab es auf Grund allgemeiner Erschöpfung keine Kämpfe. Geringe französische und enorme Verstärkungen der Verbündeten treffen an diesem Tag ein. Die schweren Kämpfe am Montag, dem 18., kennzeichnen zwei Dinge.

18. Oktober: Zweiter Haupttag der Völkerschlacht

Einmal gelingt es den überlegenen Verbündeten zwar den Franzosen Gelände abzunehmen, aber nirgendwo bricht deren Front zusammen. Und zum zweiten können die im Südraum verstärkten Angreifer wiederum keine Fortschritte in der Elster-, Pleißeniederung erzielen. Marschall Poniatowski und seine Polen sind unüberwindlich. Der Rückzugsweg bleibt frei.
Einen sehr betrüblichen Umstand musste König Friedrich August an diesem Tag hinnehmen. Seine Sachsen, kaum noch 3 000 Mann stark, gingen zu den Verbündeten über. Allein das Leibgrenadierbataillon sowie General Zeschau mit seinem Stab verblieben in den französischen Reihen. Wenn auch national verständlich, stellt dieser Frontwechsel keine Ehrentat in der sächsischen Militärgeschichte dar. Man muss wissen, dass es den Sachsen freigestellt worden war, den Dienst zu quittieren. Und dass ein Teil von ihnen die mitgeführten Geschütze nach dem Überlaufen gleich gegen die Kameraden von eben noch richtete, ist kein Ruhmesblatt. Noch heute spricht ein Franzose, dem man in den Rücken gefallen ist, davon, er sei „saxoniert“ worden.

Napoleon erteilt Rückzugsbefehl

In der Nacht vom 18. auf den 19. Oktober erteilt Napoleon den Rückzugsbefehl. Erstaunlicherweise vom Gegner unbemerkt, räumen die Franzosen ihre Stellungen und gehen auf Leipzig zurück. Die Stadt, an den Toren verbarrikadiert, sollte noch für einige Stunden gehalten werden und den Rückzug decken. Das gelingt auch einigermaßen. Bei dem Sturm auf die Stadt gibt es nochmals zahlreiche Opfer, in der Hauptsache bei den oft deckungslos stürmenden Angreifern. Napoleons Generäle hatten vorgeschlagen, Leipzig oder zumindest die Vorstädte niederzubrennen, um so die Verfolgung zu erschweren. Napoleon lehnte das in Rücksichtnahme auf den König von Sachsen ab. Auch die Verbündeten setzten beim Sturm auf die Stadt nur vereinzelt Geschütze ein.

Kaiser Napoleon verabschiedet sich von Sachsens König Friedrich August I.

Am Morgen des 19. Oktober, gegen 9 Uhr, wird König Friedrich August, der im Apelschen Haus am Markt logiert, der Besuch des Kaisers gemeldet. Napoleon bietet an, ihn zu begleiten. Das lehnt der König ab. Er will in der zu erwartenden schweren Zeit bei seinen Sachsen bleiben. Die Monarchen umarmen sich, der Kaiser wünscht Friedrich August alles Gute und verabschiedet sich von den in

Tränen aufgelösten Damen – der Königin Maria Amalie und der Prinzessin Augusta. Dann begibt er sich zu seiner vor dem Haus wartenden Suite. Dort ist auch das königliche Leibgrenadierbataillon angetreten. Im Wegreiten ruft Napoleon den Grenadieren ein „Adieu, braves Saxons“ zu.

Napoleon verlässt die Stadt

Durch die vorzeitige Sprengung der Elsterbrücke geraten viele Franzosen in Gefangenschaft. Manch einem gelingt die Flucht in letzter Minute durch den Hochwasser führenden Fluss. Nicht so dem bereits verwundeten Marschall Poniatowski. Er ertrinkt, „beweint von Freund und Feind“, wie es auf seinem Denkstein heißt. Ganze drei Tage war es diesem bedeutenden und von seinen Landsleuten noch heute verehrten Fürsten beschieden, die Marschallwürde Frankreichs zu tragen.
Von seinen etwa 190000 Mann kann Napoleon nur noch 80000 über Linde- nau in Richtung Weißenfels führen. Durch militärisches Unvermögen der Verbündeten bleibt sein Rückzug ungestört.
Am Nachmittag findet auf dem Leipziger Markt eine Siegesparade vor den verbündeten Monarchen, Kaiser Franz I., Zar Alexander und König Friedrich Wilhelm III. statt. Zur gleichen Zeit wird der König von Sachsen für kriegsgefangen erklärt.

Sachsen wird russischer Verwaltung unterstellt

Wenige Tage später bringt man den unglücklichen Monarchen mit Kosakeneskorte nach Friedrichsfelde bei Berlin. Sein Land geht einer ungewissen Zukunft entgegen. Vorerst wird es russischer Verwaltung unter Fürst Repnin-Wolkonski als „Generalgouverneur des Königreiches Sachsen“ unterstellt.
Katastrophal ist die Lage in Leipzig. 30000 Verwundete und Kranke sollen sich in der Stadt aufhalten, fast eben so viele wie Einwohner. Alle öffentlichen Gebäude und Kirchen, ausgenommen nur St. Nikolai, sind mit ihnen belegt. Viele aber können keine Aufnahme finden und liegen schutz- und hilflos auf den Straßen. Jeden Morgen sammeln Ratsdiener die Toten der Nacht auf Karren.
Hinzu kommt die enorme Anzahl der Gefangenen. Allein 6000 von ihnen, viele davon verwundet, müssen auf dem Johannisfriedhof kampieren. Ihre Versorgung ist jämmerlich. Rasch war die Stadt bar aller Lebensmittel und der Gefahr von Seuchen preisgegeben. Hilfe konnte nur sehr langsam anlaufen. Es ist gewiss nicht übertrieben, wenn man annimmt, dass von den Verwundeten zwei Drittel, aber auch Hunderte Gefangene gestorben sind.

Tausende Tote und Verwundete im überfüllten Leipzig

Riesige Gruben musste man vor der Stadt und bei den umkämpften Dörfern anlegen, um die Gefallenen zu beerdigen. Allein aus Probstheida wurden mehr als 3000 Tote hinaus geschafft. Pferdekadaver und „vergessene“ menschliche Leichen fand man noch im Frühjahr, von Krähenschwärmen umkreist.
Der rührige, etwas bärbeißige Österreicher Viktor Anton Franz von Prendel, als

Der 20. Oktober, Blick zur Johanniskirche

Oberst in russischen Diensten stehend, war Stadtkommandant der Verbündeten. Seinem sinnvoll-segensreichen Wirken hatte Leipzig manche Erleichterung und hilfreiche Maßnahmen zu verdanken. Bei seinem Scheiden von Leipzig ernannte ihn die dankbare Stadt zum Ehrenbürger. Die Kommandant-Prendel-Allee im Südosten der Stadt erinnert noch heute an ihn.

Das Jahr 1814 steht ganz im Zeichen der Bemühungen, die schlimmsten Folgen der Völkerschlacht zu beheben. Am 29. Januar gibt es ein Dankfest zur Befreiung Sachsens. Die Ansichten sind geteilt. Von Fremdherrschaft und französischer Arroganz war man befreit, was sich jedoch die Preußen einfallen lassen würden, dem sah man mit großer Besorgnis entgegen. So gab es durchaus Jubel in der Bevölkerung zum Besuch des Zaren am 16. Juli. Aber die von der Obrigkeit befohlene Illumination zum Geburtstag des Königs Friedrich Wilhelm III. wurde weitgehend ignoriert.

Der König kehrt aus der Gefangenschaft zurück

Im Oktober konstituiert sich in Leipzig das erste Gremium zum Gedenken der Völkerschlacht, die „Gesellschaft des neunzehnten Oktober". Ein besonderes Gedenken gilt dem in der Gefangenschaft weilenden verehrten König. Ein Jahr später, im Sommer 1815, ist dessen Leidenszeit zu Ende. Er kommt frei. Allerdings muss man sagen, dass er zu Friedrichsfelde keineswegs drangsaliert oder unzumutbar behandelt worden wäre. Der Preis für seine Rückkehr ist dafür enorm. 58 Prozent des Landes mit fast der Hälfte der Einwohner verliert er, zumeist an Preußen. Ältestes Sachsen, wie Eilenburg, Torgau und der Wittenberger Kurkreis werden preußisch. Schweren Herzens muss Friedrich August auf dem Wiener Kongress die Abtretungsurkunde unterzeichnen.

Mehr als die Hälfte von Sachsen wird preußisch

Preußenkönig Friedrich Wilhelm hatte das gesamte Land des „Verräters" für sich gefordert. Dass er gleichermaßen Napoleons Verbündeter gewesen ist, der sich zum Jahresbeginn 1813 noch von einem Yorck distanzierte, gestattete er sich zu übersehen. Worauf das schlitzohrige diplomatische Genie Talleyrand bemerkte, Verrat sei offenbar eine Datumsfrage. Dem Zaren und den Österreichern, denen nicht an einem allzu starken Preußen gelegen war, ist es zu verdanken, dass Sachsen überhaupt existent blieb.

Skizze zu Sachsens Landverlusten im Jahre 1815

Am 18. Juni 1815 feiert Leipzig das Dankfest auf die Rückkehr des Königs. Man war glücklich darüber, im Königreich Sachsen verbleiben zu können. Zum Jahresende erfolgt wieder eine Volkszählung. Leipzig hat 34 035 Einwohner.

- Im April 1807 war **Generalleutnant von Nostitz Stadtkommandant** geworden. Ein geschworener Nichtraucher. Einer seiner ersten Erlasse ist am 5. Mai das **Verbot des öffentlichen Tabakrauchens** in ganz Leipzig gewesen.
- Die **Lobhudelei für Kaiser Napoleon** nimmt in sächsischen Landen rasch groteske Züge an. Die Universitätssternwarte zu Leipzig entdeckte 1807 eine bisher unbekannte Sternengruppe im Sternbild Orion. Man interpretierte in ihre Lage ein N hinein und benannte sie **„Napoleonsterne".**
- 1810 kam es zu einer begrüßenswerten **medizinischen Neueinrichtung**, dem **Hebammeninstitut** des Professors Dr. Jörg. Die Geburtshelferinnen erhielten hier eine gründliche medizinische Ausbildung. Eine Maßnahme, die auch schon vor Semmelweis zu einer Senkung der erschreckend hohen Mütter-/Säuglingssterblichkeit geführt haben wird.
- Da wir gerade bei der Medizin verweilen: Eine allseits **beliebte Dienstleistung** erbrachten zusätzlich zu ihrer Aufgabe die **Sänftenträger.** Sie verkauften das von ihnen nach streng geheim gehaltener Rezeptur hergestellte „Chaisenträgerpflaster". Gegen allerlei Gebrechen, wie Leib- und Gliederschmerzen, Hexenschuss, Gicht und Kreuzschmerzen, soll es vorzüglich geholfen haben.
- In der großen Reiterschlacht am 14. Oktober wäre um ein Haar der König von Neapel, Joachim Murat, Napoleons Schwager und Marschall der Reiterei, gefangen genommen worden. Da er **papageienbunte Phantasie-Uniformen** liebte, sich mit Schärpen und Federn schmückte, aber auch stets in den ersten Reihen kämpfte, fiel er ungemein auf. Man machte regelrecht Jagd auf ihn. Mut und Glück verließen ihn jedoch auf dem Schlachtfeld nie. Auch er endete wie der große Michel Ney 1815 durch standrechtliches Erschießen wegen Unterstützung Napoleons während der „100 Tage".
- Hußel, ein **Chronist der Völkerschlacht,** schreibt, dass er zwei Wochen nach der Schlacht eine halb zerstörte Scheune bei Meusdorf betreten habe. 70 verwundete Franzosen waren dort untergekommen. Jetzt lebte keiner mehr von ihnen. Ohne Beistand und Hilfe waren sie **allesamt verdurstet, verhungert, ihren Wunden erlegen.** Das einzige lebende Wesen, das er traf, war eine junge Katze.
- Ein anderer Chronist, **Friedrich Rochlitz**, berichtet, er sei zugegen gewesen, wie sich der russische General Bennigsen von seinen Quartiersleuten verabschiedet habe. Bennigsen überreichte der Dame des Hauses ein **nobles Geschenk**, ein großes weißes Brötchen. Eins, das man sonst um einen halben Groschen, jetzt aber nicht für ein Goldstück bekam.
- Bitter ist es für die meisten Menschen in den von Preußen annektierten, vormals sächsischen Gebieten. Mit dem **Herzen bleiben sie Sachsen**, bezeichnen sich als **„Muss-Preußen"** und beschließen schlechte Preußen zu werden, **„Mus-Preußen"**.
- Wie rasch sich auch in der **Stadtpolitik** alles ändern kann: Eben hatte der Rat noch angewiesen, den Geburtstag des Kaisers Napoleon festlich zu begehen, nun wiesen die gleichen Herren für den 12. Februar 1814 an, würdig des Geburtstages Kaiser Franz I. zu gedenken. Und alte Lächerlichkeit kehrte zurück, als man am 11. September glaubt, das orthodoxe Namensgebungsfest des Zaren in Leipzig mitfeiern zu müssen.
- Stadtkommandant Prendel war um **drastische Maßnahmen** nicht verlegen, wenn es um **Hilfe für die Ärmsten** ging. Ab 1814 führte er zu ihren Gunsten eine **Besteuerung der Luxushunde** ein.

Reifrock, Vatermörder und Dampfwagen. Leipzig in der Biedermeierzeit (von 1816 bis 1839)

- **1817:** Wiederherstellung der Paulinerkirche nach den Verwüstungen von 1813/14. Der Altenburger Verleger F. A. Brockhaus siedelt nach Leipzig über
- **1818:** Professor Schwägrichens „Naturforschende Gesellschaft" begründet
- **1819:** Das Müller-Denkmal errichtet. Verbot der Burschenschaften
- **1822:** 600 Jahre Bildung in Leipzig; Jubiläum der Thomasschule
- **1824:** Begründung des „Verein für Erforschung vaterländischer Altertümer". Aufhebung des Torgroschens. Hinrichtung des Mörders Woyzeck
- **1825:** „Börsenverein Deutscher Buchhändler" in Leipzig begründet
- **1827:** Tod des Königs Friedrich August I., Thronfolger sein Bruder Anton
- **1830:** Schwere Straßenunruhen, Bildung einer „Communalgarde". Prinz Friedrich August wird zum Königlichen Mitregenten ernannt. Abtragung des Grimmaischen Tores
- **1831:** Die „Leipziger Zeitung" erscheint. Die erste deutsche Handels-Lehranstalt eröffnet. Grundsteinlegung zum Geutebrückschen Augusteum. Die neue sächsische Landesverfassung tritt in Kraft
- **1833:** Einweihung des nach Plänen Stadtrat Seeburgs umgestalteten Johannisthals. Friedrich List wirbt für die Erbauung einer Eisenbahn von Leipzig nach Dresden. Das Königreich Sachsen wird Mitglied im Deutschen Zollverein
- **1835:** Felix Mendelssohn-Bartholdy Direktor der Gewandhauskonzerte. Vorbereitungen zum Eisenbahnbau
- **1836:** Tod König Antons; Friedrich August II. wird König von Sachsen. Einweihung des Augusteums. Deutsche Buchhändlerbörse. Grundsteinlegung zum Postgebäude und Baubeginn an der Leipzig–Dresdner Eisenbahn
- **1837:** Eröffnung des ersten Teilstücks der Bahn. Die „Leipziger Allgemeine Zeitung" erscheint. Errichtung der Leipziger Gasanstalt
- **1838:** Gasbeleuchtung in der Stadt. Einweihung der Königlichen Hauptpostanstalt
- **1839:** Eröffnung der Gesamtstrecke der Leipzig-Dresdner Eisenbahn. Dreihundertjähriges Jubelfest zur Verkündigung der Reformation

Leipzig in der Biedermeierzeit

1816–1827

Auch im Jahre 1816 war man in der Stadt weiterhin mit der Beseitigung der Kriegsschäden beschäftigt. Vor allem wurden die Kirchen restauriert und die vernichteten Einbauten erneuert. Matthäi- und Peterskirche wurden wiedereröffnet. An der sehr in Mitleidenschaft gezogenen Paulinerkirche dauerten die Arbeiten noch länger an. Sie erstrahlte zum 300. Jubelfest der Reformation (31. Oktober 1817) in neuem Glanz. Am 26. August 1817 war mit Schillers „Braut von Messina" das erneuerte Schauspielhaus wieder eröffnet worden, Petersschießgraben und Hallisches Tor waren wieder hergestellt.

Graf Einsiedels reaktionäre Politik

Ein bedeutungsvolles Ereignis für die Buchstadt Leipzig ist in diesem Jahr die Übersiedlung der Familie des erfolgreichen Verlegers Friedrich Arnold Brockhaus von Altenburg nach Leipzig.

Im Jahre 1818 begründet Professor Dr. Christian Friedrich Schwägrichen die „Naturforschende Gesellschaft". Auf Schwägrichen geht auch die Anlage von Leipzigs erstem botanischen Garten in der inneren Westvorstadt zurück. Dafür stiftete er Gelände aus seinem Privatbesitz. In gleicher Weise gab er die Anregung zur ersten Versammlung der von Oken und Carus begründeten „Gesellschaft Deutscher Naturforscher und Ärzte", in Leipzig 1822.

Die radikal-konservative Linie des Kabinetts unter Graf Einsiedel erzwingt 1819 die Einführung der Beschlüsse des Frankfurter Bundestages zur Überwachung studentisch-nationaler Bestrebungen. Das bringt die staatliche Aufsicht

über Sachsens Landesuniversität mit sich. In Leipzig werden die Burschenschaften verboten und die Lehr- und Vorlesungszensur eingeführt.
Aber es gibt 1819 auch Erfreuliches: So wird am Niederen Park das geschmackvolle Denkmal für den Schöpfer der Promenade, Bürgermeister Dr. Karl Wilhelm Müller, enthüllt. Auf dem Neumarkt, im Haus „Zur hohen Lilie", kommt ein kleines Mädchen zur Welt, das aus Leipzigs Musikgeschichte nicht wegzudenken ist und deren hübsches Konterfei uns auf dem 100-DM-Schein erfreut: Clara Wieck, die bereits mit zehn Jahren als gefeierte Pianistin im Gewandhaus konzertierte und an ihrem 21. Geburtstag die Gattin Robert Schumanns geworden ist.

Der Torgroschen wird abgeschafft

Im Jahre 1822 wird als erstes der großen Stadttore das Ranstädter abgebrochen. Dennoch kassiert man den sogenannten Torgroschen auch dort weiter. Die äußerst unbeliebte Abgabe war zu entrichten, wenn man außerhalb der Toröffnungszeiten die Stadt betreten oder verlassen wollte. 1824 wurde dann, unter freudiger Anteilnahme der Bevölkerung, der Torgroschen abgeschafft.
In diesem Jahr findet letztmalig auf Leipzigs Markt eine makabre Zeremonie statt: Eine öffentliche Hinrichtung. Der des Mordes überführte Johann Christian Woyzeck wird, unter riesigem Publikumszulauf, mit dem Schwert enthauptet. Die Todesstrafen wurden später außerhalb der Stadt vollzogen, noch immer öffentlich, letztmalig im Jahre 1854. Die Exekution des Raubmörders Carl August Ebert, mittels Fallbeil auf den Gerberwiesen, gestaltete sich zu einer Art Volksfest mit Würstchenbuden und Kinderbelustigungen und verfehlte den angestrebten erzieherisch-abschreckenden Effekt vollkommen. Ab sofort fanden Hinrichtungen in Justizanstalten statt. Mit der weitsichtigen Begründung des „Börsenverein des Deutschen Buchhandels" im Jahre 1825 geht

Am Hallischen Tor, nach 1825

Leipzig einen weiteren wichtigen Schritt auf dem Weg zur ersten Buchstadt Deutschlands und gefördertem Standort des Druckgewerbes.

Die schulgeldfreie Armenschule wird eröffnet

Am 30. Mai wird in der Johannisvorstadt die schulgeldfreie Armenschule eröffnet. Auf der Holzgasse können bis zu 70 Kinder unterrichtet werden.
Auf Anregung des greisen Königs Friedrich August wird ein „Königlich Sächsischer Verein zur Erforschung und Erhaltung vaterländischer Altertümer" begründet, der sich auch in Leipzig etabliert.
Eigenwillig ist die Mode dieser als Biedermeierzeit bekannten Epoche. Hochgezogene lange Kragen erschweren den Männern das Atmen. Diese „Vatermörder", nur unwesentlich variiert, sollten sich beinahe das ganze weitere Jahrhundert hindurch behaupten. Bunte Überröcke der Herren mit flatternden Schößen und karierte Beinkleider, z. B. in leuchtendem Gelb oder Lindgrün,

lassen doch etwas an einen Papagei denken. Unterwegs trug man darüber einen Mantel mit mehreren lamellenartig übereinander liegenden Kragen und führte die unvermeidliche große Reisetasche aus Stoff mit sich, von zarter Hand mit „Au revoir“ oder „Bon voyage“ bestickt.
Die Damenwelt trug den weiten, mit Fischbein stabilisierten Reifrock, die Krinoline, elegante Stiefelchen und knappe figurbetonte Oberteile. Dazu große eigenwillige unter dem Kinn zu bindende Schutenhüte, unter denen sich aparte Schlangenlocken hervorzuringeln hatten.
Im Jahre 1827, am 5. Mai, stirbt hochbetagt König Friedrich August I. Da er keinen erbberechtigten Sohn hinterlässt, folgt ihm per Sekundogenitur auf dem Thron Sachsens sein bereits im 72. Lebensjahr stehender Bruder nach.

Friedrich August I., Taler von 1827: Auf seinen Tod

1828–1839

Der vollkommen regierungsunerfahrene König Anton belässt alles beim Alten. Graf Einsiedel, der im Volk verhasste Kabinettschef, behält seine unumschränkte Machtfülle. Das Königreich verbleibt in konservativer Rückständigkeit, in einem Berg von Vorschriften, Bestimmungen, Verboten, Presse- und weiteren Zensuren. Gängelei und Drangsalierung des aufstrebenden Bürgertums erzeugen dessen heftigen Widerstand. Die Unruhen in Sachsen, ausgelöst durch die Julirevolution in Frankreich, greifen auch auf Leipzig über. Bei den schweren Straßenkrawallen im September 1830 werden Wohnungen unbeliebter Polizeibeamter und mehrere öffentliche Einrichtungen zerstört.

Sachsen wird durch Verfassungsänderung zur konstitutionellen Monarchie

Bürger und Studenten bilden eine „Communalgarde“. Die Regierung verspricht eine Untersuchung und Abstellung missliebiger Zustände. Der beliebte Prinz Friedrich August wird zum Königlichen Mitregenten ernannt, Graf Einsiedel zum Rücktritt gezwungen und die Erarbeitung einer heftig geforderten neuen Verfassung ab sofort in Angriff genommen. Das Gesetzeswerk liegt mit dem 4. September 1831 vor; Sachsen wird zur konstitutionellen Monarchie. Auf Grundlage dieser Verfassung kommt es zu epochemachenden Reformen (Abschaffung des Feudalsystems, Steuerreform, Gewerbefreiheit, städtische Selbstverwaltung usw.). Sachsens Entwicklung zum modernen Industriestaat wird damit eingeleitet. Leipzig wählt seine ersten Stadtverordneten.
Die politische „Leipziger Zeitung“, eine Art Moniteur für Sachsen, erscheint auf Kosten des Staates.
Direktor August Schiebe begründet seine Handels-Lehranstalt, und die „Polytechnische Gesellschaft“ eröffnet ihre erste Ausstellung in Leipzig. Ebenfalls noch 1831 (4. Dezember) erfolgt, nach Abbruch der bisher noch vorhandenen alten Klosteranlagen, die Grundsteinlegung zum neuen Universitätshauptgebäude, dem Geutebrückschen Augusteum.
1832 gibt es wieder einmal eine Volkszählung: 43189 Personen leben in Leipzig. Durch besonderen Einsatz

Leipziger Communal-Gardisten

Taler auf die neue Verfassung vom Jahre 1831

des rührigen Stadtrates Moritz Seeburg werden an Stelle der verwilderten Sandgrube südöstlich der Johanniskirche Gärten angelegt. Diese zahlreichen kleinen, für die Allgemeinheit gedachten Gartenanlagen entstanden lange vor den Schreber-Hauschildschen Gärten und stellen eine absolute Neuerung im Bild des Aufbaus einer Stadt dar.
Im nachfolgenden Jahr 1833 tritt Sachsen dem Deutschen Zollverein bei. Diese fortschrittliche, den Handel fördernde Maßnahme, ist gerade für Leipzig wichtig.

Leipzigs kühnstes Bauprojekt: Die erste deutsche Fernbahn

Für den Handel in ganz anderer Weise förderlich kann ein kühnes Projekt des Schwaben Friedrich List werden, der 1833 in Leipzig eine Diplomatenstelle antritt. Noch im Jahre seiner Übersiedlung erscheint eine wohl fundierte Denkschrift zum Bau einer Eisenbahn von Leipzig nach Dresden. Da es ihm gelingt, einflussreiche Männer zu interessieren, kann die sich etablierende Gesellschaft am 6. Mai 1835 die königliche Genehmigung zum Bahnbau erlangen. Mitregent Friedrich August wird zum Förderer des Vorhabens. Der Bankier Wilhelm Seyfferth, der Handelsrichter Gustav Harkort und der Bankier Dufour-Feronce werden die federführenden Gesellschafter. Friedrich List, den „Ausländer", drängt man an den Rand und findet ihn mit einem Geldgeschenk ab, das nicht einmal seine bisherigen Auslagen deckt. Die Behandlung des menschlich sicher nicht ganz einfachen List war beschämend für das Direktorium.
Zwar gab es bereits eine erste deutsche Eisenbahn, aber die trug eher den Charakter eines technischen Spielzeugs. Der 6000-Meter-Katzensprung von Nürnberg nach Fürth war in keiner Weise vergleichbar mit dem kühnen, viele Kunstbauten erfordernden 130-Kilometer-Projekt der Leipzig–Dresdner Eisenbahn. Der Einschnitt bei Machern, der Tunnel bei Oberau, der Viadukt in der Nähe von Oschatz, die Muldenbrücke bei Wurzen und die Elbbrücke bei Riesa stellen technische Meisterleistungen dar, die auch heute noch unsere Bewunderung verdienen.

Der Grundstein zur Deutschen Buchhändlerbörse wird gelegt

1834 wird das Schützenhaus, der spätere Krystallpalast, eröffnet und der Grundstein zur Deutschen Buchhändlerbörse gelegt. Die „Neue Zeitschrift für Musik" unter maßgeblicher Mitwirkung Robert Schumanns erscheint, und mit dem neuen Volksschulgesetz (achtjährige Schulpflicht) wird auch eine Realschule, das spätere Realgymnasium, begründet. Nach dem Abbruch des Grimmaischen Tores hatte der geschäftstüchtige Zuckerbäcker Wilhelm Felsche aus Gohlis das Gelände gekauft und ein repräsentatives Haus erbaut, das er am 3. Oktober 1835 als „Café francais" eröffnete.
In diesem Jahr übernimmt Felix Mendelssohn-Bartholdy die Leitung der Gewandhauskonzerte. 1843 begründete er das Leipziger Konservatorium der Musik. Er machte sich um die Pflege des Bachschen Erbes in besonderer Weise verdient und stiftete das erste Bachdenkmal an der Promenade. Mendelssohn wurde zum Leipziger Ehrenbürger ernannt.
Am 6. Juni 1836 stirbt König Anton, und Friedrich August II. ist nunmehr allein regierender Landesherr. Sein Interesse für den Eisenbahnbau wird noch von dem des Prinzen Johann übertroffen. Dessen Baustellenbesuche bringen Nörgler zum Verstummen und sind dem Projekt äußerst förderlich.
Zwei bedeutende Eröffnungen gibt es 1836: Die der Buchhändlerbörse an der Ritterstraße (26. April) und auf dem Augustusplatz die des neuen Hauptgebäudes der Universität (3. August). Nach dem verehrten ersten sächsischen

König erhält es den Namen Augusteum. Zur gleichen Zeit bricht man am östlichen Augustusplatz das Hotel „Zum weißen Schwan" ab und legt dort Anfang Oktober den Grundstein zu einem Postgebäude. Der talentierte Albert Geutebrück ist wiederum Baumeister.

Der 24. April 1837 wird zu einem großen Tag für die Leipziger: Der erste Streckenabschnitt der Eisenbahn von Leipzig nach Althen wird in Betrieb genommen. Natürlich mit englischen Maschinen. Dem einheimischen Maschinenbau traut man nicht viel zu. Und nur allmählich kann Professor Schubert in Dresden-Übigau davon überzeugen, dass er gleichwertige und bes-

Das neu erbaute Augusteum am Augustusplatz

sere Lokomotiven als die Engländer zu bauen in der Lage ist. Der geniale Schubert baute auch die ersten Elbedampfschiffe und berechnete die komplizierte Statik zum Bau der Göltzschtalbrücke.

Dresdner Münzkonvention vereinfacht Wirtschaftsleben

Leipzigs „Gasbereitungs-Anstalt" wird 1837 eröffnet. Der Verleger F. A. Brockhaus gibt im gleichen Jahr die „Leipziger Allgemeine Zeitung" heraus. Bei der Volkszählung zum Jahresende registriert man 47514 Einwohner in Leipzig.

Der Einbau von Kasernenanlagen im Pleißenburggelände erregt 1838 den Unwillen der wenig militärischen Leipziger. Dagegen trifft die erste Gasbeleuchtung (4. September), die Kunst- und Industrieausstellung der Polytechnischen Gesellschaft und besonders die Eröffnung des prächtigen Hauptpostgebäudes (15. Oktober) durchaus den Beifall der Messestädter.

1838 wird die Leipziger Bank gegründet, Sachsens erste Notenbank auf Aktienbasis. Im grenzüberschreitenden Finanzwesen kommt es in diesem Jahr zum Abschluss der Dresdner Münzkonvention, die Erleichterungen im Wirtschaftsleben mit sich bringt.

Erste deutsche Lokomotive: Saxonia

Das bedeutendste Ereignis des folgenden Jahres ist ohne Zweifel die Eröffnung der Gesamtstrecke der ersten deutschen Ferneisenbahn. Am 7. April 1839 ist die Strecke Leipzig–Dresden durchgängig befahrbar. Die Königliche Familie und viele Ehrengäste nehmen an den Eröffnungsfahrten von Dresden nach Leipzig und zurück teil. Einer war nicht eingeladen worden: Friedrich List. Professor Schubert durfte mit seiner Maschine, der von ihm für das große Ereignis gebauten Saxonia, nur hinter den Festzügen herfahren. Durch Sabotage verhinderte man sogar sein pünktliches Eintreffen bei der Rückfahrt in Dresden. Die Begeisterung der Menschen war grenzenlos. Man hatte ein Gespür, ein Ahnen, dass nun eine neue Zeit begonnen hat.

Auch durch die Streckenführung der Bahn bedingt, entwickelt sich jetzt sehr

rasch die Ostvorstadt. So kommt es in der Marienstadt zur Anlage der Tauchaer-, der Eisenbahn-, der Mittel- und der Reudnitzer Straße. In der Friedrichstadt werden Anton-, Insel-, Kreuz- und Lange Straße sowie die Blumengasse angelegt bzw. ausgebaut.
Zu Pfingsten feierte man unter großer Anteilnahme der Bevölkerung das dreihundertjährige Jubelfest der Reformation. Selten ist einer vom Rat angewiesenen „Erleuchtung der Stadt" mit freudigerem Eifer nachgekommen worden.

Leipzig in der Biedermeierzeit **1816–1839**

- Bald schon belebte sich **Leipzigs Messegeschäft** nach Krieg und Wiener Kongress erneut. Dass Leipzig nun fast Grenzstadt geworden war, behinderte zwar den Binnenhandel, tat den Messen aber keinen Abbruch. 1820, **zur Ostermesse, reisten so viele Aussteller, Käufer und Händler an wie nie zuvor**. Weshalb man das so genau wusste? – Jeder Ankommende wurde an den Toren registriert, hatte anzugeben, woher er kam, den Grund der ihn nach Leipzig führte und wo er in der Stadt logierte.

- Eine **Reise zur Messe war nicht gerade ein Vergnügen.** Die teure Extrapost konnten sich nur sehr Begüterte leisten. Ansonsten reiste man mit der gewöhnlichen Fahrpost. Das waren schwerfällige, mit vier bis sechs Pferden bespannte Fahrzeuge, unbequem, hartsitzig und schlecht gefedert. Vollgepfropft bis auf den letzten Platz, mit gewaltigen Gepäckaufbauten auf dem Dach. Reichten die Plätze nicht aus, wurden „Bei-Chaisen" gestellt. Die waren meist noch schlechter, nicht selten waren das eigentlich schon außer Dienst gestellte Fahrzeuge. Geschäftstüchtige „Schwager", die Rosselenker, vermieteten sogar an arme, zur Messe reisende polnische Juden für einige Groschen die Trittbretter, die außen am Wagen angebracht waren. Und wer gar kein Geld hatte, der kam eben zu Fuß nach Leipzig, wie die beliebten erzgebirgischen Mess-Musikanten.

- Das **Biedermeier** bekam seinen Namen nach einer **zeittypischen erfundenen Figur**, dem treuherzigen, schwatzhaft-neugierigen und **etwas beschränkten Schulmeister Gottlieb Biedermeier**.

- Die nach außen kontaktarme, nach innen alles überwachende Politik des sächsischen Kabinett-Chefs Graf Einsiedel veranlasste den Botschafter Frankreichs zu dem Bonmot: **„Ganz Sachsen ist eine einzige Einsiedel-ei".**

- Die Menschen der Biedermeierzeit plagte eine ganz besondere Sorge. Weit verbreitet war die **Furcht vor dem „Scheintod"**, die Angst, dass man lebendig begraben werden könne. Man mag es glauben oder nicht, es gab **Särge mit Klingelanlage.** 1835 wurde in Leipzig ein Leichenhaus zur Überwachung des Scheintodes errichtet. Dort konnte man sich „gegen mäßige Gebühr" noch einige Tage lang vor der Beisetzung beobachten lassen.

- Mit der **Dresdner Münzkonvention** wird der preußische Münzfuß durch Festlegung des Wertverhältnisses des Thalers zum Gulden für den mittel- und norddeutschen Raum verbindlich. Es wertet die feine Mark Silber (ca. 234 Gramm) = 14 Reichsthaler = 20 Rheinische Gulden.

Leipzig und das Königreich Sachsen auf dem Weg zur nationalen Einigung (von 1840 bis 1870)

- **1840:**
Eröffnung der Eisenbahnstrecke von Leipzig nach Magdeburg
- **1842:**
Eröffnung der „Sächsisch Bayrischen Staats-Eisenbahn"
- **1843:**
Entlassung des liberalen „Reformministers" Bernhard von Lindenau. Das Gesamtministerium übernimmt der konservative Traugott von Könneritz.
- **1845:**
Blutiger Zwischenfall bei einer Inspektion von Prinz Johann in Leipzig
- **1846:**
Die „Lichtfreunde" und Robert Blum. Begründung der „Königlich Sächsischen Gesellschaft der Wissenschaften zu Leipzig"
- **1847:**
Schwere Wirtschaftskrise in Sachsen
- **1848/49:**
Revolutionäre Ereignisse in Sachsen und Leipzig. Blutiges Strafgericht der Landesregierung. Gottfried Semper und Richard Wagner gehen außer Landes. Berüchtigt wird das Zuchthaus Waldheim
- **1850:**
Der „Elektrische Telegraf" und die Einführung der Briefmarken
- **1853:**
Die „Gartenlaube", Deutschlands beliebtestes Unterhaltungsblatt erscheint
- **1854:**
Tödlicher Unfall des Königs Friedrich August II., Thronfolger Prinz Johann
- **1856:**
Neues Strafgesetzbuch. Beseitigung der letzten Reste der Feudalordnung. Königliches Bezirksgericht in Leipzig
- **1858:**
Eröffnung der Anhaltinischen Bahn nach Bitterfeld
- **1861:**
Aufnahme der Omnibusfahrten. Erscheinen der „Leipziger Nachrichten"
- **1863:**
Allgemeines Deutsches Turnfest in Leipzig. Fünfzigjähriges Gedenken der Völkerschlacht. Grundsteinlegung zu einem Denkmal bei Stötteritz. Gründung des Allgemeinen Deutschen Arbeitervereins in Leipzig
- **1864:**
Gründung des Schrebervereins. Sachsens Politik unter Staatsminister von Beust. Das Königreich in den Deutsch-Dänischen Krieg hineingezogen
- **1865:**
Aufschwung der Universität durch besonderes Engagement des Königs. Erster deutscher Frauenkongress (Louise Otto-Peters) in Leipzig
- **1866:**
Deutscher Krieg. Sachsen auf Seiten Österreichs. Die Preußen in Leipzig. Sachsen muss dem Norddeutschen Bund beitreten. Aufgabe der Eigenstaatlichkeit
- **1867:**
Militärkonvention zwischen Preußen und Sachsen. Gründung des Vereins für die Geschichte Leipzigs
- **1868:**
Eröffnung des Neuen Theaters auf dem Augustusplatz. August Bebel wird in Leipzig Präsident des Verbandes deutscher Arbeitervereine
- **1870:**
Sachsen besitzt das dichteste Eisenbahnnetz unter den deutschen Staaten. Französische Kriegserklärung

Im Jahre 1840 feiert man den vierhundertsten Jahrestag der Entdeckung der Buchdruckerkunst. In der Buchstadt Leipzig mit besonderer Festlichkeit. Auf dem Augustusplatz gab es ein riesiges Festzelt, eine Meisterleistung des Zimmerermeisters Karl Stephan Richter. Alles, was mit Druck und Buch zu tun hatte, war völlig aus dem Häuschen. Die Stadt wurde vom 24. bis 26. Juni illuminiert.

Ein weiteres großes Ereignis stellte 1840 die Eröffnung der zweiten von Leipzig ausgehenden Bahnlinie nach Magdeburg am 18. August dar. Große Bedeutung maß man dem Umstand bei, dass nunmehr eine Eisenbahn die Landesgrenze überschritt.

Und die nächste Verbindung ließ nicht allzu lange auf sich warten: Am 19. September 1842 konnte das erste Teilstück der „Sächsisch-Bayerschen Staatseisenbahn" in Betrieb genommen werden, die Strecke bis Altenburg. Die

Am Augustusplatz um 1840, links das neue Postgebäude

glücklicherweise in wesentlichen Teilen erhaltenen Anlagen des Bayrischen Bahnhofs repräsentieren nichts weniger als den ältesten Kopfbahnhof der Welt. Leipzigs Stadtväter waren sich dessen selten bewusst, und richtig einschätzen können sie die Bedeutung dieses Kleinods frühester Eisenbahngeschichte wohl noch immer nicht.

1841 hatte Leipzig sein zweites öffentliches Verkehrsmittel bekommen – die Fiaker. Für zwei Groschen konnte man in der Stadt, für den doppelten Preis auf die Dörfer hinausfahren. Ganz Leipzig freute sich über diese Errungenschaft, die Sänftenträger – aus verständlichen Gründen – freilich überhaupt nicht.

Neue Münzordnung trifft auf Widerstand

Da wir gerade von Groschen sprechen: 1841 wurde das „Neugeld" in Sachsen eingeführt. Man rechnete jetzt den Taler zu 30 Neugroschen à 10 Pfennige, statt wie bisher zu 24 Gute Groschen à 12 $^1/_2$ Pfennige. Die doch mit Sicherheit den Geldverkehr vereinfachende Regelung traf auf wenig Gegenliebe in der Bevölkerung. Weit verbreitet wurde noch jahrelang nach der alten Münzordnung gerechnet.

Begründung des Leipziger Konservatoriums

Ein kunstsinniges Jahr ist 1843. Die Kunstakademie in der Pleißenburg öffnet ihre Pforten, im Brockhausverlag erscheint die erste Nummer der „Deutschen Allgemeinen Zeitung", und mit der Begründung der ersten deutschen Musikhochschule, dem Leipziger Konservatorium, hat Mendelssohn der Stadt und der Musikwelt einen großen Dienst erwiesen. Das von ihm gestiftete erste Bachdenkmal wird an der Promenade, unweit der Thomaskirche enthüllt. Zum Jahresausklang beschert er den Leipziger Musikfreunden einen Höhepunkt seines Schaffens: Am 30. Dezember wird der „Sommernachtstraum" aufgeführt.

Das 1843 eröffnete Konservatorium am Neumarkt

Mit seiner Landesregierung ist das Volk immer weniger einverstanden. Nach der Entlassung des beliebten liberal denkenden Barons von Lindenau, dessen freiheitliche Politik an der Spitze des Gesamtministeriums der Restauration ein Dorn im Auge war, hat der fähige, aber stockkonservative von Könneritz die Leitung des Ministeriums übernommen. 1845

inspiziert Prinz Johann die Leipziger Kommunalgarde. Bei seinem Besuch kommt es zu begründeten Protesten. In völlig überzogener Reaktion schießt das Militär in die Menge. Es gibt acht Tote. Das feierliche Leichenbegängnis sieht halb Leipzig auf den Beinen. Vor den kreisförmig aufgestellten Särgen hält Superintendent Großmann eine ergreifende Grabrede.
Das sächsische Volk hatte zu seinem Herrscherhaus ohnehin ein zwiespältiges Verhältnis. Einmal war man durchaus monarchistisch gesonnen und verehrte die meisten wettinischen Regenten, andererseits aber wurden die Aktivitäten des Hofes in Glaubensdingen scharf und missbilligend beobachtet. Bis zum Ende der Monarchie hat sich das evangelische Sachsenvolk (1895 bekannten sich 96,1 Prozent zur lutherischen Kirche) nie ganz damit abfinden können, dass sein Königshaus katholisch war.

Mendelssohn-Bartholdy stirbt

1846 wird der Neue Johannisfriedhof in Dienst gestellt und ein Jahr später die katholische Kirche an der Weststraße. Ein schmerzliches Ereignis stellt der Tod des allgemein verehrten Felix Mendelssohn-Bartholdy für die Leipziger dar. Er wird in der Paulinerkirche aufgebahrt, wo die Bevölkerung von ihm Abschied nehmen kann. Kurze Zeit zuvor hatte in dieser Kirche die Einweihung der neuen hervorragenden Orgel von Johann Gottlob Mende stattgefunden.
Zur Frankfurter Nationalversammlung 1848 entsendet Leipzig zwei Abgeordnete:

Leipzigs alte Ratswage, Darstellung um 1855

Den Buchhändler Robert Blum, den früheren Theaterdiener und jetzigen liberalen Politiker und Herausgeber des „Allgemeinen Theaterlexikon“ sowie den Universitätsprofessor Heinrich Wuttke. Wie allgemein bekannt, schlug der Versuch einer demokratischen deutschen Einigung fehl. Der redegewandte, intelligente Robert Blum wurde mit einer zweiten Mission betraut: Er hatte gemeinsam mit Carl Ferdinand Julius Fröbel eine Grußadresse an die Wiener Aufständischen in ihrem Kampf gegen die habsburgische Regierung zu überbringen. Nach der Einnahme Wiens durch Feldmarschall Fürst Windischgrätz wurden Fröbel und Blum verhaftet und obwohl sie nicht an Kampfhandlungen beteiligt waren, zum Tode verurteilt. Während Windischgrätz den national denkenden Fröbel begnadigte, wurde der links stehende Blum am 9. November 1848 erschossen.

Der Tod Blums löst in Leipzig Empörung aus

Der siegreichen Reaktion lag an einer Demonstration ihrer Macht gegenüber der Nationalversammlung. Sein Tod löste in den deutschen Ländern große Empörung aus, ganz besonders natürlich in Leipzig. An dem Trauerzug ihm zu Ehren nahmen alle Innungen, die Studentenschaft, vaterländische und Bildungsvereine sowie eine Vielzahl der Leipziger teil.
Die Missstimmung im Volk, bedingt durch eine Teuerung nach den schlechten Ernten 1845/46 und der Wirtschaftskrise von 1847, nimmt zu. 60000 Arbeitslose registriert man in diesem Jahr in Sachsen. Die aufrüttelnden Nachrichten von der Revolution in Frankreich bringen auch in den sächsischen Landen einen revolutionären Prozess in Gang. In Leipzig wirken besonders die verbotenen „Lichtfreunde“, der 1846 begründete Arbeiterverein, und der „Redeübungsverein“ auf ein demokratisch-soziales Programm hin. Die Regierung

entspricht teilweise den Forderungen, zum Beispiel durch Umbildung des Ministeriums und die Ablösung des konservativen von Könneritz, durch Amnestie für politische Vergehen und Gewährung der Pressefreiheit. Auch das Verbot der Burschenschaften wird aufgehoben. So kann 1848 noch das Schlimmste vermieden werden. In Leipzig gibt es keine schweren Unruhen. Anders sieht das 1849 aus. Die Verweigerung der Annahme der zu Frankfurt ausgearbeiteten gemäßigten liberalen Reichsverfassung durch den sächsischen Staatsminister Freiherrn von Beust löst den Maiaufstand in Dresden aus. Der auf den Königstein geflohene Friedrich August II. ruft preußische Truppen ins Land. Mit deren Hilfe wird unter großer Grausamkeit der Aufstand niedergeschlagen. Mindestens fünfzig Revolutionäre werden sofort erschossen, andere erhalten langjährige Zuchthausstrafen. Berüchtigt wird das Zuchthaus Waldheim. Viele Sachsen gehen außer Landes. Dabei so bedeutende Personen wie Gottfried Semper oder Richard Wagner. Wenn Beust auch als Hauptverantwortlicher für den Ausbruch des Maiaufstandes angesehen werden muss und als Symbolgestalt der Restauration in der sächsischen Geschichte gilt, so war sein weiteres Wirken doch zum Vorteil. Er bestimmte bis 1866 in verschiedenen Ministerämtern maßgeblich Sachsens Geschichte. Nicht zuletzt seiner Politik ist Sachsens Wirtschaftsaufschwung zu verdanken. Interessant ist auch, dass er als entschiedener Gegner Preußens versuchte, gegen die beiden Machtzentren Preußen und Österreich einen Block der deutschen Klein- und Mittelstaaten zu bilden.

Maiaufstand 1849: Semper und Wagner verlassen Sachsen

Ein romantischer Winkel: Das Münztor am Floßgraben (1862)

Auch in Leipzig kam es am 6. und 7. Mai 1849, allerdings in viel kleinerem Rahmen, zu Kämpfen. Barrikaden gab es am Thomasgässchen, am Neumarkt und auf der Grimmaischen Straße beim „Café francais“. Sechs Tote, darunter ein völlig unbeteiligtes Dienstmädchen, forderten die zwei kriegerischen Tage.

Die berühmte „Sachsendreier“

Am 30. Juni 1849 erfolgte die Amtseinführung des neuen Bürgermeisters: Dr. Otto Koch, ein ungemein fähiger Mann. Er wird dieses höchste Amt der Stadt über 27 Jahre, bis zum Jahre 1876, innehaben

1850–1870

Das Jahr 1850 kann, so erstaunlich das klingen mag, als das erste der elektronischen Datenübertragung in Sachsen angesehen werden. Zwischen Leipzig und Dresden wurde der elektrische Telegraph in Betrieb genommen. Und eine weitere wichtige Neuerung gab es in diesem Jahr bei den Königlichen Postanstalten: Die erste sächsische Briefmarke wurde verausgabt. Es handelte sich hierbei um die berühmteste deutsche Marke überhaupt, die rote „Sachsendreier“.

„Sachsendreier“ wird verausgabt

In Leipzig wird 1851 das Denkmal für Albrecht Daniel Thaer (1752–1828), dem Begründer der Landbauwissenschaften, enthüllt. Ein Jahr darauf das für Samuel Hahnemann (1755–1843), dem Begründer der Homöopathie.
1852 gibt es auch wieder eine Volkszählung: 66 682 Leipziger werden regis-

triert. Und zum Jahresende erscheint eine unterhaltende Zeitschrift, die zur beliebtesten in den deutschen Ländern werden sollte und die 1861 die Abonnentenzahl von 100 000 überschritt, die von dem Leipziger Verleger Ernst Keil herausgegebene „Gartenlaube“. Das bemerkenswerteste Ereignis des Jahres 1853 ist zweifellos eine Stiftung. Der in Paris verstorbene Leipziger Kaufmann und Kunstsammler Adolf Heinrich Schletter vermachte der Stadt testamentarisch seine Sammlung von 89 Gemälden und acht Skulpturen sowie eine bedeutende Summe, die in den Bau eines Kunstmuseums einfließen soll.

Sächsischer König verunglückt tödlich

Am 9. August 1854 verunglückt bei Brennbüchl in Tirol der sächsische König tödlich. Friedrich August II. war bei einem Ausflug aus dem auf schlechtem Weg umstürzenden offenen Wagen herausgeschleudert worden und hatte vom Pferd einen Huftritt an den Kopf bekommen. Dem kinderlosen König folgt sein Bruder Johann auf dem Thron Sachsens nach. Johann ist ein Schöngeist und Wissenschaftler und, obwohl in seine Regierungszeit mehrere Kriege fallen, vollkommen unmilitärisch.

Mit dem Jahre 1857 verzichtet die Stadt Leipzig auf ihre eigenständige Gerichtsbarkeit und übergibt diese an den Staat. Das Königliche Bezirksgericht und die Gerichtsämter Leipzig I und II werden eingerichtet.

Die Eisenbahn nimmt den Betrieb auf der Thüringer Strecke auf, vorerst bis Corbetha (heute Großkorbetha), der Thüringer Bahnhof in Leipzig wird eröffnet.

1858 gründet sich der Kaufmännische Verein, der Stenographenverein und der

Der im Jahr 1856 eröffnete Thüringer Bahnhof

Leipziger Künstlerverein. Der kulturelle Höhepunkt des Jahres ist die Eröffnung des Museums auf dem Augustusplatz im Dezember.

Geradezu rasant geht es mit dem Bahnbau weiter. 1859 wird der Berliner Bahnhof, der nördlich, etwas außerhalb der Stadt liegt, eröffnet. Die Berliner Strecke ist vorerst aber nur bis Bitterfeld zu befahren.

Festtage zu Ehren Friedrich Schillers

Im November gibt es in ganz Deutschland anlässlich seines 100. Geburtstages die Schiller-Feste. Leipzig richtet seine Festtage (9.–11. November) besonders glanzvoll aus. Immerhin hat sich der verehrte Dichter längere Zeit in der Stadt und im benachbarten Dörfchen Gohlis aufgehalten. Sein dort erhaltenes Domizil besuchen noch in diesen Tagen Hunderte von nah und fern.

Nach der dreitägigen Schillerfeier ging die zum 450. Gründungsjubiläum der Universität etwas unter. Immerhin war am 2. Dezember zur Festveranstaltung im Schützenhaus, dem späteren Krystallpalast, König Johann mit beiden Prinzen anwesend.

Mehrmals schon war von Leipzigs Stadtverkehr die Rede. Sänftenträger und Fiaker hatten möglicherweise diese Bezeichnung nicht ganz verdient, nun aber gibt es ein richtiges Stadtverkehrsmittel mit Linienplänen und festen Fahrzeiten.

Am 12. August 1860 nimmt die Omnibus-Gesellschaft Heuer den Fahrbetrieb auf. Doppelstöckige Pferdefuhrwerke versehen einen Liniendienst, zuerst auf der Strecke Reudnitz (Grüne Schänke) nach Lindenau und Plagwitz. Das Geschäft wurde rasch ausgebaut, bald gab es auch ein Konkurrenzunternehmen. Bis zur Einführung der Pferdebahn sind die Omnibusse auf zahlreichen Strecken, auch hinaus auf die Dörfer, unterwegs. Die weitesten Fahrten führen bis Merseburg und Lützen. Im gleichen Monat geht über Leipzig ein furchtbares Hagelunwetter nieder. Sehr viele Glasscheiben wurden zertrümmert, Dächer beschädigt. Die Hagelstücke sollen die Größe von Hühnereiern erreicht haben. Auf den Feldern fand man eine Unmenge erschlagener Lerchen. Das bedeutete das Ende eines beliebten Leipziger Gerichtes – des Lerchenspießes. Statt dessen wurde die „Leipziger Lerche“ erfunden, das bekannte Gebäck. 1861 tritt in Sachsen eines der fortschrittlichsten deutschen Gesetze in Kraft, das der Gewerbefreiheit. Handwerks- und Industriebetriebe sind nun nicht mehr den Zunftfesseln unterworfen, Lehrlingswesen, Krankenkasse und Arbeitsschutz werden geregelt, und im ersten deutschen Land wird die abscheuliche Kinderarbeit verboten.

Gesetz der Gewerbefreiheit tritt in Kraft

Die Volkszählung mit Stichtag 3. Dezember 1861 ergibt 78 495 Einwohner. 1863 kommt es in Leipzig zu einem machtvollen Bekenntnis zum deutschen Einheitsgedanken. Vom 2. bis 5. August findet in der Messestadt das Allgemeine Deutsche Turnfest statt. Der Rahmen der sportlichen Veranstaltungen erweist sich als viel zu klein. Im Zuge des Völkerschlachtgedenkens (50. Jahrestag) manifestiert sich der Vereinigungswille mehrerer tausend Teilnehmer aus den zahlreichen deutschen Ländern zu einem vereinten deutschen Nationalstaat. Noch ist der Weg weit.

Herrn Heuers Pferdeomnibus 1860

„Mittelstaatspolitik“ von Beusts scheitert

1864 muss Sachsen seiner Pflicht im Deutschen Bund nachkommen und besetzt gemeinsam mit Österreich das widerrechtlich von Dänemark beanspruchte Holstein. Nach seiner militärischen Niederlage tritt Dänemark im Frieden von Wien die Herzogtümer Holstein, Schleswig und Lauenburg an Preußen und Österreich ab. Sachsen geht leer aus. Obgleich es sich hier um eine Bundesangelegenheit handelte, ist den kleineren Bundesstaaten keinerlei Mitentscheidung eingeräumt worden. Das zeigt auch das Scheitern der „Mittelstaatspolitik“ des sächsischen Premiers von Beust.

In Leipzig wird in diesem Jahr der Schreberverein begründet, die Wiege der deutschlandweiten Kleingartenbewegung. Die sogenannten Wuchergesetze werden abgeschafft, wodurch der Geld- und Kreditverkehr größeren Spielraum erhält, ebenso der Bundesratsbeschluss von 1856 gegen die Tätigkeit der Arbeitervereine.

Die Leipziger Universität als wettinische Landesuniversität erfährt durch besondere Förderung König Johanns und des Kultusministers von Falkenstein einen neuen Aufschwung. In den Fakultäten Medizin, Rechtswissenschaften und Philologie kann Leipzig eine führende Position unter den deutschen Universitäten einnehmen. 1865 erfolgt in Dresden die Eröffnung der Sächsischen Staatsbank. In Leipzig tagt in diesem Jahr der erste deutsche Frauenkongress, der die Begründung eines Allgemeinen Deutschen Frauenvereins beschließt. In den Connewitzer Bauernwiesen wird die neue Wasserleitung in Betrieb gesetzt, und die Stadt bestellt Berufsfeuerwehrleute.

Die Badeanstalt an der Elster. Aufgenommen im Jahr 1865

Preußen erklärt Sachsen den Krieg

Das Jahr 1866 bringt die Entscheidung in dem lange schwelenden Konflikt der beiden Großmächte Österreich und Preußen um die Vormachtstellung in Deutschland. Der „Deutsche Krieg" sieht natürlich Sachsen auf Grund der Anti-Preußen-Politik Beusts an der Seite Österreichs. Am 15. Juni erklärt Preußen dem Königreich Sachsen den Krieg und besetzt binnen vier Tagen kampflos das Land. Die 23 000 Mann starke sächsische Armee unter Befehl des Kronprinzen Albert war nach Böhmen ausgewichen und hatte sich mit den Österreichern vereinigt. Am 19. Juni wird Leipzig von den Preußen besetzt. Bereits am 3. Juli fällt die Entscheidung in der Schlacht bei Königgrätz zu Gunsten Preußens. Österreich scheidet aus dem Deutschen Bund aus und Sachsen bleibt nur bestehen unter Anerkennung preußischer Oberhoheit und durch Beitritt zu dem von Bismarck diktierten Norddeutschen Bund. Sachsen gibt damit seine Eigenstaatlichkeit auf und fügt sich in der Folgezeit der preußisch-bismarckschen „Blut und Eisen"-Politik. Dennoch gelingt es wirtschaftliche, kulturelle und regionale Eigenständigkeiten zu bewahren. Von Beust muss auf Bismarcks Verlangen von König Johann entlassen werden. Kaiser Franz Josef von Österreich-Ungarn nimmt ihn sofort als Außenminister in Dienst. Das Königreich Sachsen hat an Preußen die enorme Summe von 10 Millionen Taler Kontribution zu zahlen. Leipzig hatte unter der preußischen Besatzung nicht zu leiden. Aber, wie in Kriegszeiten nicht selten, bricht eine Epidemie aus, die Cholera. Von August bis Oktober 1866 starben in Leipzig an der Seuche mehr als 2 000 Menschen.

Eröffnung des Neuen Theaters

1867 stirbt der allgemein geachtete Dr. Theodor Apel. Ihm ist es zu verdanken, dass die markanten Gefechtsorte der Völkerschlacht bezeichnet wurden. Die auf seine Kosten gefertigten Apelsteine zeigen uns auch heute noch die Standorte der 1813 beteiligten Truppenformationen.

Nach dem das Theater für die aufstrebende Stadt einfach zu klein geworden war, ging man an die Planung eines Neubaus. Bürgermeister Koch gelang es, dass die Stadt den Baugrund und neben den Stiftungen die notwendigen Gelder bereitstellte. So konnte nach Abtragung des Schneckenberges am Augustusplatz das Neue Theater erbaut werden. Durch den Krieg und die Cholera bedingt, ziehen sich die Bauarbeiten hin. Aber am 28. Januar 1868 konnte mit Goethes Schauspiel „Iphigenie" die Eröffnung des Hauses erfolgen.

Wir hatten den Eisenbahnbau etwas vernachlässigt und müssen erwähnen, dass Sachsen inzwischen über das dichteste Bahnnetz unter den deutschen Ländern verfügte. Ein Umstand, welcher der sächsischen Wirtschaft sehr zugute kam. So wie man heute in den verantwortlichen Kreisen überlegt, was für Strecken noch totgemacht werden können, überlegte man damals, welche Territorien noch zu erschließen wären. 1870 wird die vertraute alte Kommunalgarde aufgelöst. Auch diese Institution hatte sich inzwischen überlebt. Und als die Leipziger für die Sommerferien planen, werden sie von der allgemeinen Mobilmachung überrascht. Am 19. Juli 1870 erfolgte die französische Kriegserklärung.

- 1840 begründet der unbekannte **„Theater-Secretair“** Robert Blum in Verehrung des großen Meisters den Leipziger Schillerverein.
- Am 29. August 1846 kommt es zu einem **Großbrand in der Hainstraße**. Durch Unachtsamkeit eines Angestellten, der ein offenes Licht unbeaufsichtigt ließ, brennt das elegante **„Hotel de Pologne“** vollkommen nieder.
- Das kämpferische Jahr 1848 hat selbst auf die Dienstmädchen Auswirkungen. In einer mutigen Aktion begründen sie am 16. April eine **eigene Interessenvertretung**, den **„Leipziger Dienstmädchenverein“**. Die jungen Mädchen wurden damals mit Jungfer oder Demoiselle angesprochen. Mit Fräulein nur adlige Mädchen, allenfalls noch Töchter hoher Beamter oder von Professoren.
- Um das Umladen von Gütern und das Umsteigen von Personen zu sparen, hatte man eine **Verbindungsbahn zwischen Bayrischem und Dresdner Bahnhof** gebaut. Bei Zugverkehr gingen so zum Beispiel an der Hospital- und an der Dresdner Straße die Schranken nieder. Man stelle sich vor, diese Strecke gäbe es heute noch, Prager- und Dresdner Straße in beiden Fahrtrichtungen gesperrt...
- Der **großherzige Stifter Schletter** hatte in sein **Testament** folgende Klausel eingefügt: Seine Zuwendungen für den Bau eines Museums gehen der Stadt verlustig und werden gemeinnützigen Zwecken zugeführt, wenn nicht binnen fünf Jahre nach seinem Tod das vorgesehene Museum eröffnet wird. Da hatte sich aber der Rat zu bewegen; das schöne Geld wollte man sich keinesfalls entgehen lassen! Schletters Todestag: 19. Dezember 1853, Museumseröffnung: 18. Dezember 1858. Geschafft in letzter Minute!
- Obwohl sich **Friedrich August II.** wegen der Niederschlagung des Aufstandes in Dresden mit Hilfe preußischer Bajonette die Sympathien des Volkes gründlich verscherzt hatte, erweist man ihm nach seinem tragischen Unfall doch die letzte Ehre. Die Leiche des Königs kam am 15. August unter Glockengeläut und unter großer Anteilnahme der Bevölkerung durch Leipzig.
- **1860 schaffte der Rat zum Bedauern vieler Leipziger eine heute vollkommen vergessene Einrichtung ab, den Eckensteher.** Das waren kleine städtische Bedienstete, zuständig für Dienstleistungen aller Art. Sie hatten ihren festen Standort, ihre „Ecke“, und bekamen dort für geringen Lohn ihre Aufträge.
- In den sechziger Jahren gab es im **Restaurant „Gute Quelle“**, Brühl 42, beim beliebten Vater Grun, eine stadtbekannte Institution: Den Verbrechertisch. **Dort trafen sich unregelmäßig – aber nicht selten – größtenteils Zuchthäusler**. Wohl die besten Männer, mit denen Leipzig damals aufwarten konnte.
- Im März 1866 war es zu einem **Brand im Bereich des Brandvorwerks** gekommen. Nur dem bedauernswerten **Familienvater Quellmalz gelang die Flucht aus dem in Flammen** stehenden hölzernen Gebäude. Seine Frau und die vier Kinder im Alter von einem bis zu zehn Jahren kamen alle ums Leben.
- Leipzigs **Vize-Bürgermeister Dr. Eduard Stephani**, der sich sehr verdient um den **Bau des Neuen Johannishospitals** gemacht hat, wird in der Legislaturperiode 1867/68 nationalliberaler Abgeordneter im Norddeutschen Bundestag.

Von der Reichsgründung bis zur Jahrhundertwende. Leipzig – eine der wirtschaftsstärksten deutschen Städte. Die Messestadt zwischen 1871 und 1899

- **1870/71:** Der Deutsch-Französische Krieg. Gefangene Franzosen in der Pleißenburg
- **1872:** Aufnahme des Leipziger Pferdebahn-Stadtverkehrs. Einführung der neuen Reichswährung. Hochverratsprozess in Leipzig gegen Liebknecht, Hepner und Bebel
- **1873:** Tod des Königs Johann. Thronfolger wird sein ältester Sohn Prinz Albert. Die letzte Postkutsche verlässt Leipzig
- **1874:** Als letzter Leipziger Kopfbahnhof wird der Eilenburger eröffnet
- **1876:** Der erste Oberbürgermeister der Messestadt wird Dr. Otto Robert Georgi
- **1879:** Eröffnung des höchsten deutschen Gerichtshofes in Leipzig. Hugo Licht wird als Baudirektor nach Leipzig berufen
- **1880/81:** Mehrere große Vermächtnisse an die Stadt (Grassi, Seyfferth, Mende)
- **1883:** Einweihung des Reformations- und des Leibnizdenkmals
- **1884:** Als Neues Gewandhaus wird das Leipziger Konzerthaus eingeweiht. Der Buchdrucker Karl Christian Tauchnitz vermacht der Stadt vier Millionen
- **1886:** Die Neue Börse, das erweiterte Museum und der Mendebrunnen eingeweiht
- **1887:** Eröffnung der Reichsbank. Leipziger Unternehmen von Weltgeltung. Das von Hugo Licht erbaute Königliche Konservatorium wird eröffnet
- **1888:** Das „Dreikaiserjahr". Enthüllung des Siegesdenkmals auf dem Markt
- **1889:** Mit Reudnitz beginnen die in Folge zahlreichen Eingemeindungen
- **1891:** Universitätsbibliothek eröffnet. Städtische Markthalle in Betrieb genommen
- **1892:** Das Mendelssohndenkmal vor dem Neuen Gewandhaus aufgestellt
- **1895:** Die erste elektrische Beleuchtung in der Stadt
- **1896:** Der Rosentalhügel ist zu besteigen
- **1897:** Sächsisch-Thüringische Industrie- und Gewerbeausstellung
- **1898/99:** Arwed Roßbach gestaltet Augusteum und Paulinerkirche um

1871–1888

Kaiser Napoleon III. glaubte, wirtschaftliche Probleme und wachsende Unzufriedenheit im französischen Volk mit einem gewonnenen Krieg kompensieren zu können. Vom Kanzler des Norddeutschen Reichstages, Graf Bismarck, geschickt brüskiert („Emser Depeche"), erklärte er Preußen und damit dem Norddeutschen Bund den Krieg. Aber auch die süddeutschen Staaten schlossen sich dem Kampf gegen das Zweite Französische Kaiserreich an. Die Sachsen zogen unter Kronprinz Albert ins Feld. Auch Alberts Bruder, Prinz Georg, nahm in kommandierender Stellung an dem Feldzug teil. Bei Gravelotte und St. Privat konnten sich die Sachsen auszeichnen. Alberts größter Erfolg war der Sieg bei Beaumont über den Marschall Mac Mahon. Damit schlossen die Sachsen den Ring um die gesamte französische Armee. Am 2. September 1870 kam es zur denkwürdigen Umfassungsschlacht bei Sedan. Sie endete mit der französischen Kapitulation und der Gefangennahme Napoleons. Monatelang zogen sich jedoch die Kämpfe noch mit der ausgerufenen Republik hin. Bei Brie und Villiers konnten die Sachsen unter schweren Verlusten Ausfälle aus dem eingeschlossenen Paris abwehren. Am 18. Januar 1871 vollendete Bismarck sein Lebenswerk. In der glänzenden Versammlung der deutschen Fürsten nahm König Wilhelm von Preußen die Würde eines Deutschen Kaisers an. Im Spiegelsaal des Schlosses zu Versailles wohnten dem Festakt auch Kronprinz Albert und Prinz Georg von Sachsen bei.

Sachsen wird Bundesstaat des Deutschen Kaiserreiches

Die Pferdebahn, Linie Gohlis-Kaiser-Wilhelm-Straße, an der Pleißenburg

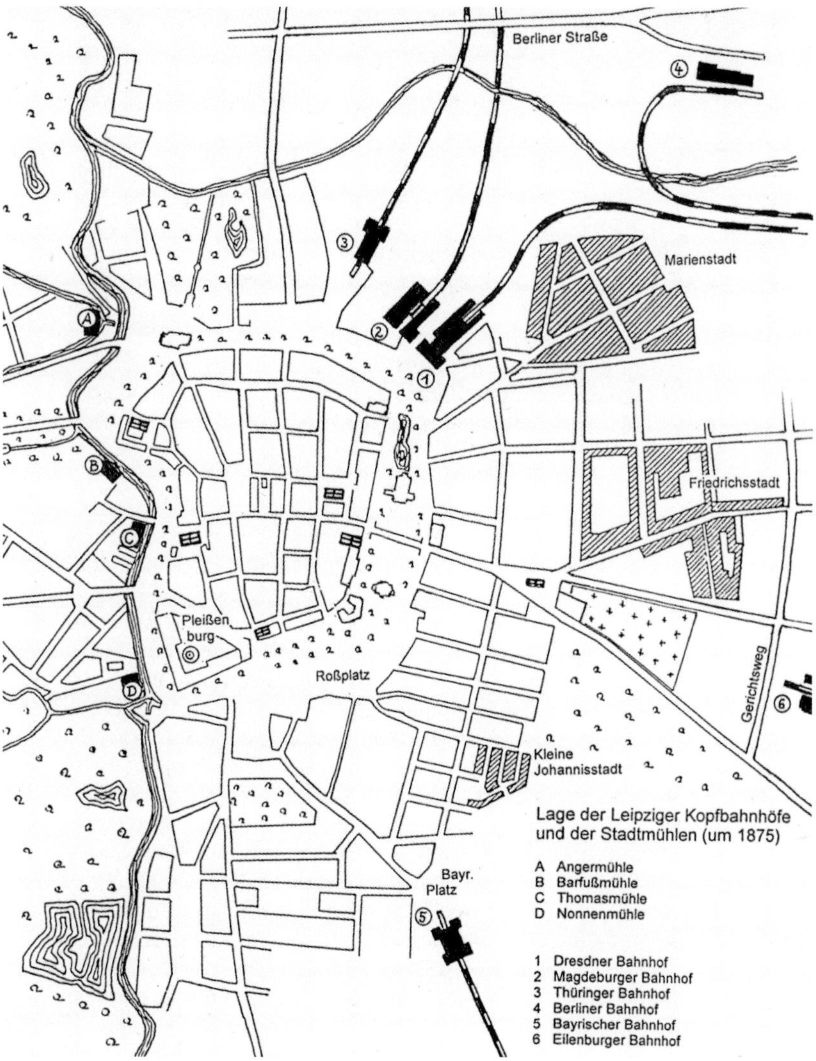

Innenstadt und östliche Vorstädte um 1900

Wie überall in Deutschland hatte man die Ereignisse auch in Leipzig mit Spannung und sich steigernder Begeisterung zur Kenntnis genommen. Besonders nachdem in Schloss Pleißenburg am 17. September 500 bei Sedan in Gefangenschaft geratene Franzosen eingezogen waren.
Nach der Kapitulation von Paris am 28. Januar 1871 wurden von der Stadt Leipzig Reichskanzler Bismarck und Graf Moltke zu Ehrenbürgern ernannt. Gemäß der Zählung vom Mai 1871 ging die Messestadt mit 106 925 Einwohnern ins Deutsche Reich. Mit dem Jahre 1872 beginnt die Umstellung der Staaten im deutschen Reichsverband auf eine einheitliche Währung.

Reichs-Währungssystem

Rechnungseinheit wird die Goldmark zu 0,358 Gramm Feingold (nicht ausgeprägt). Die Länder erhalten eine längere Übergangsfrist, und erst ab 1. Januar 1876 ist die neue gemeinsame Währung verbindlich. Die ersten Reichsmünzen werden jedoch bereits 1872 ausgeprägt. In Sachsen ist es das 20-Mark-Stück, im Gewicht von 8 Gramm (Feingoldanteil 900), mit dem Bildnis König Johanns. Im Jahre 1872 konstituiert sich die Leipziger Immobiliengesellschaft, die neue Nikolaischule wie auch das neue Johannishospital werden eingeweiht. Das herausragende Ereignis ist aber die Eröffnung der Leipziger Pferdeeisenbahn (LPE). Am 18. Mai nimmt diese Straßenbahn ihren Dienst auf. Zunächst auf drei Linien. Vom Augustusplatz aus kann man auf insgesamt knapp 10 km Streckenlänge nach Reudnitz, nach Connewitz oder um die Promenade fahren. 1895, im letzten Jahr des Pferdebahnbetriebes, gab es dann acht Linien mit bereits 46 km Strecke. 1873, am 29. Oktober, stirbt König Johann von Sachsen, und sein ältester Sohn, Prinz Albert, übernimmt die Landesregierung. König Albert hatte ein sehr gutes Verhältnis zu Preußen. Er war in Anerkennung seiner hohen militärischen Verdienste von Kaiser Wilhelm I. zum Generalfeldmarschall befördert worden, war Großkomtur des Hohenzollerschen Hausordens, trug den Pour le Mérite und das Großkreuz des Roten Adlerordens. Unter Albert wurde Sachsen zu einem führenden deutschen Wirtschaftsstaat und erlebte eine Zeit ungeheuren Aufschwungs. Im Jahr 1873 findet auch in Leipzig eine jahrhundertealte Einrichtung ihr Ende. Die letzte Postkutsche verlässt am 19. Oktober die Messestadt in Richtung Pegau. 1874 nimmt die Leipzig-Eilenburger Bahn ihren Betrieb auf. Der große elegante Bahnhof am Leipziger Gerichtsweg schien etwas überdimensioniert.

Sachsen entwickelt sich zu führendem Wirtschaftsstaat

Geld war aber gar kein Thema – und warum nicht großzügig und vornehm bauen, wenn man es sich doch leisten konnte.
Das Jahr 1876 sieht erstmalig das Reichsoberhaupt in Leipzig. Kaiser Wilhelm besucht die Messestadt. Der Rat, unter dem erst einige Tage im Amt befindlichen Bürgermeister Dr. Georgi, benennt ihm zu Ehren eine große neu angelegte Straße im Süden Leipzigs in Kaiser-Wilhelm-Straße.

20 Reichsmark Gold, König Johann von Sachsen

Ein Jahr später wurde Dr. Georgi im Rahmen einer Änderung der städtischen Verwaltungsstruktur der erste Oberbürgermeister der Messestadt. Ein Unternehmen besonderer Art begründet 1878 Ernst Pinkert. Auf dem Gelände des alten Vorwerks Pfaffendorf eröffnet er eine Menagerie. Aus den bescheidenen Anfängen entwickelt sich in zwei Jahrzehnten Leipzigs Zoologischer Garten. 1899/1900 entstand das Gesellschaftshaus, die Kongresshalle.
1879 wird der talentierte Baumeister Hugo Licht von Berlin „abgeworben" und nach Leipzig berufen. Eine sehr gute Entscheidung im Sinne des Baugeschehens in der Messestadt. In Leipzig, Stadt der Rechtspflege, wird der

höchste deutsche Gerichtshof, das Reichsgericht, angesiedelt.
1880 ist das Jahr der Begründung des Sächsischen Staatsgymnasiums zu Leipzig, des König-Albert-Gymnasiums. Zahlreiche, später bedeutende Söhne der Messestadt haben dieses Schulhaus besucht. Gegen Ende des Jahres kommt es zu einer großzügigen Spende, die ein Leipziger seiner Heimatstadt zukommen lässt. 2 300 000 Reichsmark vermacht der Rentner Franz Dominik Grassi dem Rat mit der Auflage, das Geld zur Verschönerung der Stadt auszugeben. Dem Grassimuseum am Königsplatz und dem neuen Gewandhaus an der Grassistraße kommen die Gelder zugute. Den Großteil der Mittel für das neue Gewandhaus stellt aber 1884 der Verleger Karl Tauchnitz mit seinem 4-Millionen-Legat zur Verfügung. Überhaupt muss man sagen, dass sich damals die Menschen mit ihrer Stadt identifizierten. Ihr Wohl, ihr Aussehen, ihre Repräsentanz lag ihnen am Herzen. Heute gibt es mit Gewissheit in Leipzig vergleichbar vermögende Leute. An seine Heimatstadt aber denkt inzwischen kaum einer mehr. 1881 schenkte der Bankier Wilhelm Seyfferth der Stadt den Johannapark, und die ehrsame Kaufmannswitwe Marianne Pauline Mende (und nicht wie bei Egon Erwin Kisch zu lesen, die Hausmutter des lockeren Gewerbes) vermachte der Stadt die Mittel für den Bau des Brunnens gleichen Namens.

Ernst Pinkerts Tierschau am Rosental

Eröffnung von Grassimuseum und neuem Gewandhaus

1883 enthüllt man anlässlich des 400. Geburtstages Luthers das Reformationsdenkmal an der Johanniskirche. Das aufwendig gestaltete Denkmal von Johannes Schilling fiel den Nationalsozialisten zum Opfer, „kriegswichtiger“ Bronze wegen. Im gleichen Jahr erhielt die Stadt das von einem Dresdner modellierte und in Nürnberg gegossene Leibniz-Denkmal. Auf dem Thomaskirchhof fand es seine Aufstellung.
1886 wird der künstlerisch-schöne Mendebrunnen eingeweiht, außerdem die Neue Börse. Ein Jahr zuvor wurde bereits die neue Peterskirche am Schletterplatz eröffnet. 1887 nimmt das Neue Konservatorium der Musik an der Grassistraße den Lehrbetrieb auf. Hugo Licht schuf hier ein eben so schönes wie zweckmäßiges Bauwerk. 1888 wurde im nationalen Sinne ein besonderes Jahr. Natürlich nicht wegen der Inbetriebnahme der neuen Schlachthöfe im Süden der Stadt, weniger auch wegen der Eröffnung des Buchhändlerhauses an der Hospitalstraße. Mehr schon wegen der Enthüllung des Siegesdenkmals von Rudolf Siemering an der Nordseite des Marktes oder der Grundsteinlegung zum Reichsgericht

Das Reformationsdenkmal vor der Johanniskirche

Peterskirche am Schletterplatz wird eröffnet

Die Enthüllung des Siegesdenkmals auf dem Markt am 18. August 1888

Das „Drei-Kaiser-Jahr"

in Gegenwart des Kaisers und des sächsischen Königs. Aber die großen Ereignisse im Reich waren der Tod des Kaisers Wilhelm I., die Thronübernahme seines Sohnes Friedrichs III. – bereits als Sterbenskranker – seine nur 100 Tage währende Regentschaft und nach seinem Ableben die abermalige Thronfolge durch Wilhelm II. 1888, das „Drei-Kaiser-Jahr". Die Regentschaft war vom Großvater auf den Enkel übergegangen und das nicht zum Segen des Reiches. Wilhelm II. zwang Bismarck zum Rücktritt, ohne selbst in der Lage zu sein, das Reich konsequent zu führen. Seine aggressive Außenpolitik und der forcierte Flottenbau führten zum Bruch mit England und zur Begründung der gegen Deutschland gerichteten Entente cordiale (England, Frankreich, Russland). Wilhelm II. war maßgeblich am Ausbruch des I. Weltkriegs beteiligt.

Die Grundsteinlegung zum Reichsgericht am 31. Oktober 1888

Aus Mey & Edlichs Versandkatalog Sommer 1894

Mit dem Jahr 1889 beginnen die Eingemeindungen von Vororten, die Leipzigs Einwohnerzahlen sprunghaft anwachsen lassen. 1885 zählte Leipzig noch 170 000 Einwohner, 1890 dagegen bereits 357 000. Die ersten Gemeinden, deren Eigenständigkeit aufgehoben wurde, waren Reudnitz, Anger-Crottendorf und Thonberg. Die Stadt entwickelte in den Gründerjahren ein gewaltiges Wirtschaftspotential und galt als eine der reichsten Deutschlands. Firmen von Weltgeltung hatten sich etabliert, wie Rudolf Sack – Landmaschinen, Karl Krause – Buchbindereimaschinen, Adolf Bleichert – Förderanlagen, Julius Blüthner – Konzertflügel oder das in die Modegeschichte eingegangene Versandunternehmen Mey & Edlich.

Carl Heine – Leipzigs bedeutendster Unternehmer

Der bedeutendste Leipziger Unternehmer dieser Zeit aber war der Stadtverordnete Carl Heine. Er erschloss den Leipziger Westen, vorrangig Plagwitz, ließ Straßen und Häuserzüge bauen sowie Brücken über die Weiße Elster. Er setzte durch, dass die Bahn nach Zeitz zur Anbindung des entstehenden Industriegebietes durch Lindenau und Plagwitz geführt wurde. Die Gründung seines Elster-Saale-Kanal-Vereins (1881) erbrachte Leipzig sogar einen fahrplanmäßigen Dampfschiffsverkehr.
Sein wohlverdientes, 1896 errichtetes Denkmal wurde leider im II. Weltkrieg eingeschmolzen. Nur der steinerne Sockel am Klingerweg blieb erhalten und kündet noch heute, wenn auch in bescheidenster Weise, vom „Pionier des Westens", Carl Heine. Aber nicht nur die Wirtschaft und damit verbunden der Handel und die Messen blühten auf, auch Bildung, Kunst und Kultur erlebten eine große Zeit.

Blick in die Petersstraße, Richtung Markt, um 1895

Arthur Nikisch – neuer Gewandhauskapellmeister

Die Universität entwickelte sich zu einer der größten, am meisten besuchten und bei Ausländern beliebten deutschen Hochschule. Zahlreiche Bürger- und höhere Schulen wurden eröffnet. Die Kunst- und die Musikhochschule erfreuten sich großen Zuspruchs. Die Gewandhauskonzerte erlangten unter Arthur Nikisch (Kapellmeister von 1895 bis 1922) Weltgeltung. Nikisch hatte von 1878 bis 1889 bereits als Kapellmeister am Stadttheater gewirkt und war später auch noch Chefdirigent der

Berliner Philharmonie. In der bildenden Kunst begann die große Schaffensperiode Max Klingers, die einen Höhepunkt 1902 mit der Beethovenplastik fand.

Großes wurde im Baugeschehen der Stadt geleistet. Das betraf keineswegs nur die attraktiven öffentlichen Gebäude, zum Beispiel die Peterskirche (geweiht 1885), die Reichsbank (Eröffnung 1887), die Markthallen (1891), das Reichsgericht (1895) oder die großartige Umgestaltung des Augustusplatzes. Hier leisteten Architekten wie Lipsius oder Hasack, Licht oder Roßbach Hervorragendes. Auch private Wohnhäuser, Villen, oft mit attraktiven Vorgärten und auch kommerziell genutzte Gebäude wurden nicht selten künstlerisch gestaltet. Vieles davon ist durch den II. Weltkrieg oder unter vierzig Jahren DDR zerstört worden oder irreparabel verfallen. Einiges vom Glanz der Jugendstilepoche und großzügig-repräsentativem Bauen können wir aber heute noch bewundern. Oder, nach liebevollen Restaurierungen, heute erst wieder.

Mehr und mehr machte jetzt die neue Energieform von sich reden – die Elektrizität. Nachdem es bereits seit längerer Zeit private Stromanschlüsse gab, vorrangig zum Betreiben von Maschinen im Transmissionsbetrieb, nutzte die Stadt ab 1895 die Elektrizität auch zur öffentlichen Beleuchtung. Bereits seit 1881 hatte man in Sachsen Erfahrung mit elektrisch betriebenen Schienenfahrzeugen (Elektrolok in der Grube Freital, geliefert von Siemens & Halske). Nun war die Zeit gekommen, solche Fahrzeuge auch im Straßenverkehr einzusetzen.

Pferdebahn wird zur „Elektrischen“

Vorreiter war hier Halle, wo bereits 1891 die Elektrifizierung der vormaligen Pferdebahnstrecken erfolgt war. In Leipzig gründete sich in Nachfolge der Pferdebahngesellschaft im April 1895 die „Actiengesellschaft Leipziger Elektrische Straßenbahn“ (LESt). Nach der Farbe ihrer Fahrzeuge die Rote genannt. Die Wagenkennzeichnung erfolgte durch Ziffern. Ein Jahr später, am 20. Mai 1896, konnte die Rote ihren Betrieb auf vorerst vier Linien aufnehmen.

Als zweite Gesellschaft in Rechtsnachfolge der Pferdebahn hatte sich die „Große Leipziger Straßenbahn“ (GLSt) etabliert. Und die gewann den Wettlauf um die Eröffnung des elektrischen Betriebes. Am 17. April 1896 startete an der Schillerstraße die erste „Elektrische“. Unter den Fahrgästen Oberbürgermeister Dr. Georgi. Die GLSt nannte man die Blaue. Ihre Wagenkennzeichnung erfolgte durch Buchstaben.

Spottbild auf die noch recht störanfällige „Elektrische“

Leipziger Außenbahn bis Schkeuditz

Innerhalb kurzer Zeit waren nicht nur sämtliche Pferdebahnstrecken elektrifiziert, es erfolgte auch ein ständiger weiterer Ausbau des Streckennetzes beider Gesellschaften. Die Wagenfolge kann man mit der heutigen nicht mehr vergleichen: Hauptstrecken wurden im Vier-Minuten-Abstand bedient. Im Jahre 1900 kam noch ein drittes Straßenbahnunternehmen hinzu, die „Leipziger Außenbahn AG“ (LAAG). Ihre bis 1910 ausgebauten drei Linien erreichten Gautzsch (Markkleeberg), Gundorf (Böhlitz-Ehrenberg) und Schkeuditz. Da Zahlen und Buchstaben von den beiden bestehenden Gesellschaften besetzt waren, führte die LAAG Symbole als Wagenkennzeichnung ein.
Im Jahre 1897 erlebte die Messestadt die bisher größte Ausstellung ihrer Geschichte. Die heutigen Medien würden von einer Mega-Show sprechen. Auf dem Gelände des König-Albert-, des heutigen Clara-Zetkin-Parkes, fand von

Die „Meierkelle“ der LAAG am neuen Hauptbahnhof (1913)

April bis Oktober die „Sächsisch-Thüringische Industrie- und Gewerbeausstellung“ statt. 4,25 Millionen Menschen besuchten das Spektakel. Von der Würstchenbude bis zum in Originalgröße nachgebauten mittelalterlichen Leipziger Rathaus, vom kleinen Musikpavillon bis zur 130 Meter langen Maschinenhalle, errichtete man über 200 Kunstbauten. Hauptattraktionen waren eine Seilbahn, der große Fesselballon, der am letzten Ausstellungstag zum Freiballon wurde, die elektrisch betriebene Rundstreckenbahn und die nachts beleuchtete farbige Riesenfontäne. Heute erinnern noch an Leipzigs größte Ausstellung das Rondell an der Karl-Tauchnitz-Straße. Dort befand sich der Haupteingang, der Teich in der Anton-Bruckner-Allee sowie als einziges erhaltenes Bauwerk der Pavillon in der Nähe der Dahlienterrasse.

Die „Sächsisch-Thüringische Industrie- und Gewerbeausstellung“

1898 war in Anwesenheit des Rector magnificentissimus, König Albert von Sachsen, das von Roßbach völlig umgestaltete Augusteum, das Universitätshauptgebäude, dem Studienbetrieb übergeben worden. Auch die übrigen Universitätsbauten hatten Umbauten erfahren, teilweise gab es auch Neuaufbau. Nun präsentierte sich Leipzigs Alma mater als eine moderne, attraktive Universität, allen Anforderungen gewachsen und bereit für das 20. Jahrhundert. Das Kleinod des Universitätskomplexes, die Paulinerkirche, wurde von Arwed Roßbach noch umgestaltet. Ihre 1899 fertiggestellte neugotische Fassade harmonierte auf das Beste mit dem angrenzenden Augusteum.
Eine Eröffnung besonderer Art erfolgt im April 1899 – Leipzig bekommt einen Palmengarten. Der attraktive Bau mit dem interessanten botanischen Interieur und gepflegt-vornehmer Restauration erfreut sich bald großer Beliebtheit.

Die letzten Abbrucharbeiten an der Pleißenburg, Herbst 1899

Nach umfangreichen Überlegungen und langen Diskussionen im Stadtrat hatte man sich jetzt entschieden, die Pleißenburg abzubrechen und statt ihrer ein neues Rathaus zu erbauen. Das dort noch befindliche Militär konnte neue Kasernenanlagen in Möckern beziehen. Das alte Rathaus am Markt war für die expandierende Stadt (1896 hatte man die 400 000-Einwohner-Grenze überschritten) einfach zu klein geworden. Am 19. September 1899 erfolgt die Grundsteinlegung. Eine der letzten Amtshandlungen Dr. Georgis. Er trat am 2. Oktober aus gesundheitlichen Gründen zurück. Leipzigs neuer Oberbürgermeister wird Dr. Bruno Tröndlin.

Augusteum wird Studienbetrieb übergeben

Südwestseite des Augustusplatzes nach abgeschlossenem Umbau

- Die **Einführung der Reichswährung** in Mark und Pfennigen löste keineswegs überall Freude aus. Lange Zeit rechnete man auf der Basis 1 Thaler = 3 Mark in die alte Sachsenwährung um. Und der mit dem Reichsmünzgesetz vom 9. Juli 1873 abgeschaffte Groschen ist noch heute im Umgangssprachgebrauch. Es wäre nicht verwunderlich, wenn das 10-Cent-Stück des kommenden Euro im Volksmund auch wieder Groschen heißen sollte.
- Mit dem **Bau der Eilenburger Bahnstrecke** bekam auch die dort befindliche Riebeck-Brauerei Gleisanschluss. Das wird belebend auf den Umsatz gewirkt haben.
- Ganz in der Nähe des heutigen Neuen Rathauses hatte es bereits 1880 mit der **Eröffnung des Stadthauses am Obstmarkt** kommunale Verwaltungsarbeit gegeben.
- Seinen Freunden bot der junge Menageriebesitzer Ernst Pinkert hin und wieder ein Schauspiel besonderer Art – **Tierpaarungen**. War der bestimmte Tag heran, stand ein unauffälliger Hinweis in der Zeitung, zum Beispiel: **„Heute Löwen“**. Auch an seinem Hochzeitstag fand sich ein Hinweis in der Zeitung: **„Heute Pinkert“**.
- Wegen zahlreicher **Choleraerkrankungen** in der Stadt sagte der Rat zu Michaeli 1892 vorsichtshalber die Messe ab. Nicht schlecht staunte man, als von Berlin das Angebot eintraf, diese Messe, gern auch weitere und – zwischen den Zeilen – am liebsten alle zu übernehmen. Die Antwort soll sehr trocken ausgefallen sein...
- 1896 wurde der **erste (hölzerne) Aussichtsturm** auf dem alten, nun kultivierten und begrünten Scherbelberg im Rosental eröffnet. Die Leipziger machten sich herzlich lustig darüber. Witzblätter und Ansichtskarten sprachen von einem **Gebirgsmassiv** 13 000 cm über dem Meer, Besteigung nur in Alpinausrüstung möglich, man stellte Alpenglühen in Aussicht und Edelweiß-Pflücken unter Strafe.
- **Die Elektrische hatte ihre Kinderkrankheiten.** Nicht selten blieb ein Wagen auf der Strecke liegen. Da anfangs noch Pferdebahn und Elektrische gemeinsam verkehrten, führten die Kutscher „Ausgleis-Eisen“ mit. Stand nun eine havarierte Bahn auf der Strecke, konnte man mittels der Eisen das Gleis verlassen, fuhr **unter höhnischem Gelächter der „Pferdebahnler“** an der Elektrischen vorbei und brachte ohne große Mühe den Wagen wieder ins Gleis. Weiter ging's in flottem Trab.
- Eine Dienstvorschrift konnte für die Schaffner beim Wechsel Pferdebahn–Elektrische keinesfalls übernommen werden: **„Der Conducteur hat auch zwischen den Haltestellen Passanten durch freundliche Gesten zur Mitfahrt aufzufordern“.**
- Schnell hatten die **drei Außenbahnlinien** im Volksmund ihre Namen weg. Die mit dem Stern nach Gautzsch natürlich „Sternbahn“, die Linie nach Gundorf mit dem Dreieck „Meierkelle“ und die Schkeuditzer Bahn mit den schwarz-weißen Kreissegmenten wurde zur „Zwirnsrolle“.

Leipzig im ersten Drittel des 20. Jahrhunderts. Die Messestadt von 1900 bis 1932

● **1900:**
Gründung des Deutschen Fußballbundes in Leipzig. Die beliebte „Lipsia“, die Leipziger Privatpost, muss ihren Dienst einstellen. Eröffnung des Buchgewerbehauses. Grundsteinlegung zum Völkerschlachtdenkmal

● **1901:**
Zusammenbruch der Leipziger Bank

● **1902:**
Tod König Alberts von Sachsen

● **1903:**
Erster deutscher Fußballmeister wird der VfB Leipzig

● **1904:**
Tod des Königs Georg. Sein Sohn Friedrich August III. besteigt als letzter Sachsenkönig den Thron

● **1905:**
Einweihung des Neuen Rathauses in Gegenwart des Königs

● **1906:**
Erneuerung des Alten Rathauses. Einweihung des „Volkshauses“

● **1907:**
Vergnügungen – Kino, Autorennen, Kleinmesse, Pferderennen. Max Reger kommt als Musiklehrer nach Leipzig. Beginn des Abbruches der Bahnhöfe

● **1908:**
Tod des Oberbürgermeisters Tröndlin. Enthüllung des Bachdenkmals. Kaufhaus am Brühl. Begründung des Rowohlt-Verlages

● **1909:**
Glanzvolle Feierlichkeiten zum 500. Universitätsjubiläum. Zum ersten Mal wird ein Leipziger Wissenschaftler mit dem Nobelpreis geehrt

● **1911:**
Henriette Goldschmidts Hochschule für Frauen. Flugplatz Lindenthal. Dresdner Bank am Augustusplatz

● **1912:**
Vollendung des Stadthauses. Margareten-Volksfest. Indienststellung des westlichen (preußischen Teils) des Hauptbahnhofes

● **1913:**
Auerbachs Keller. Leipziger Allgemeine Kraftomnibus AG (LAKAG). Der VfB Leipzig wird zum dritten und letzten Mal in seiner Vereinsgeschichte Deutscher Fußballmeister

● **1914:**
Mädlerpassage, Zentral-Messepalast. Weltausstellung des Buchgewerbes (BUGRA). Ausbruch des I. Weltkrieges. Mobilmachung in Leipzig

● **1915:**
Rationierung der Lebensmittel. Beutewaffen-Ausstellung auf dem Markt. Inbetriebnahme des gesamten Hauptbahnhofkomplexes

● **1916:**
Eröffnung der Deutschen Bücherei. Hungerkrawalle. „Kohlrübenwinter“

● **1917:**
Große Leipziger Straßenbahn. Streik in Leipzig. Neue Messehäuser. Vierhundertjähriges Reformationsgedenken

● **1918:**
Karl Rothe Oberbürgermeister. Karl Straube Thomaskantor. Revolution, Ende der Monarchie. Kriegsende und Heimkehr der Leipziger Regimenter

● **1920:**
Kapp-Putsch. Kämpfe und Generalstreik. „Technische Messe“

● **1922:** Tod Arthur Nikischs, sein Nachfolger als Chef des Gewandhausorchesters wird Wilhelm Furtwängler. 1. Deutsches Arbeiter-Turn- und Sportfest in Leipzig

● **1923:**
Hochinflation. Arbeitslosigkeit und Unruhen in Leipzig

● **1924:**
Wieder „richtiges“ Geld. Erster SA-Aufmarsch in Leipzig. Der kommunistische „Rot-Front-Kämpferbund“ gründet sich. Aufnahme des Luftpostverkehrs

● **1925:**
Rekordmesse. Weitere enorme Eingemeindungen. Treffen der reaktionären Weltkriegmilitärs des Kyffhäuserbundes in Leipzig

● **1926:**
Eröffnung des Ringmessehauses. Waldgaststätte Domholzschänke

● **1927:**
Aufschwung der Universität. Werner Heisenberg übernimmt den Lehrstuhl für theoretische Physik

● **1928:**
Vollendung des umstrittenen Kroch-Hochhauses in der Goethestraße

● **1929:**
Bruno Walther wird neuer Gewandhauskapellmeister. Bau des Europahauses

● **1930:**
Dr. Goerdeler neuer Oberbürgermeister. Pelzfachausstellung IPA

● **1931:**
Trotz Wirtschaftskrise: Amüsement, Kunst, Kultur

● **1932:**
Wirtschaftskrise und ein unerträglicher Höchststand an Arbeitslosen. Thälmann sagt auf dem Volkmarsdorfer Markt: „Wer Hindenburg wählt, wählt Hitler. Wer Hitler wählt, wählt Krieg!“

In dem mit stürmischer Freude begrüßten neuen Jahrhundert wird schon in seinem ersten Monat eine kaum beachtete und später so bedeutungsvolle Institution ins Leben gerufen: In Leipzig begründet sich am 28. Januar 1900 der Deutsche Fußballbund. Zur Popularität dieser Sportart hat Leipzig in seiner Frühzeit viel beigetragen. Das erste Länderspiel, das 1912 in Leipzig stattfand, ging freilich mit 2:3 gegen Holland verloren. Der beste Leipziger Club, der „Verein für Bewegungsspiele“ (VfB), stellte 1903 den ersten Deutschen Meister und fügte zwei weitere Meisterschaften hinzu, 1906 und 1913. An so etwas kann man als Sportfreund nur mit Wehmut denken, wenn man sich den heutigen beklagenswerten Zustand dieses VfB Leipzig vor Augen führt.

Der Huldigungsbesuch König Friedrich Augusts III., 1. März 1905

Reichspost löst Privatpostanstalten ab

Eine betrübliche Angelegenheit ist das Reichsgesetz zur Abschaffung der Privatpostanstalten für viele Großstädter. Zum 31. März 1900 musste auch die sehr beliebte Leipziger Gesellschaft, die „Lipsia“, ihren Dienst einstellen, die bislang schnell, zuverlässig und preiswert die Stadtpost besorgt hatte. Natürlich bot die Reichspost alle Dienste – aber sie war ein klein wenig teurer. Und damals rechnete man mit dem Pfennig. Einige Worte noch zur Reichspost, vom fähigsten Beamten den die Post je in Diensten hatte, dem genialen, vom Kaiser geadelten Heinrich von Stephan, vortrefflich organisiert. Auf den leider viel zu früh verstorbenen Reichspostminister gehen praktisch alle postalischen Dienstleistungen zurück. Die Erfindung der Postkarte, die Einführung von Einschreiben, die Eilsendung, die Nachnahme usw. Von Stephan organisierte die Postdampferlinien und rief den Weltpostverein (UPU) ins Leben. Er beschäftigte sich mit dem Luftpostverkehr, als noch kein Flugzeug oder Zeppelin am Himmel war und sicherte seiner Post die alleinige Telefon-„Hoheit“.

Grundsteinlegung des Leipziger Völkerschlacht-Nationaldenkmals

Ein großes, deutschlandweit beachtetes Ereignis fand am 18. Oktober 1900 statt – die Grundsteinlegung zum Bau des Leipziger Völkerschlacht-Nationaldenkmals. Volkszählung am 1. Dezember: Leipzig hat 456 125 Einwohner.

Bei der Reichspost fünf Pfennige Porto – bei der Lipsia nur drei!

Mit einem Minus von rund 40 Millionen Reichsmark bricht am „Schwarzen Dienstag“, Ende Juni 1901, die „Leipziger Bank“ zusammen. Preussisches Kapital fließt ein (Reichsbankeröffnung) und nährt Berlins Hoffnung auf die Übernahme der Messen. Lange fünf Jahre benötigt Leipzigs Haushalt, um wieder voll zahlungsfähig zu werden, aber die Messe wird eisern in Leipzig gehalten!
1902 stirbt der greise König Albert. Er hatte keine

Auch der Dresdner und der Magdeburger Bahnhof müssen weichen

Kinder, und im Volk hofft man auf die Übernahme des Throns durch seinen beliebten Neffen, den Prinzen Friedrich August. Dessen Vater aber, Prinz Georg, nimmt sein Erbrecht wahr, und trotz angegriffener Gesundheit und trotzdem er im 72. Lebensjahr steht, setzt er sich an die Spitze des sächsischen Staates. Nur zwei Jahre waren ihm zur Regentschaft vergönnt. Mit seinem Tod im Oktober 1904 übernimmt nun Friedrich August als letzter sächsischer König den Thron.

Einweihung des Neuen Rathauses

Eine seiner frühen Amtshandlungen führt ihn nach Leipzig, wo er an der feierlichen Schlüsselübergabe zum vollendeten Neuen Rathaus am 7. Oktober 1905 teilnimmt. Architekt Hugo Georg Licht hat hier sein Meisterwerk vollbracht. Dieser, der Halbmillionenstadt würdige Verwaltungsbau, steht in seiner Attraktivität nicht allein. Stilvoll schöne Privatbauten schließen sich dem an. Das erscheint in einer wohlhabenden Handelsstadt verständlich. Unklar war nun, was mit dem Alten Rathaus passiert. Vielfach wurde die Meinung vertreten, Abriss zugunsten eines neuen Messehauses. Und nur mit einer einzigen Stimme Mehrheit, in der darüber zu befindenden Ratssitzung, konnte das prachtvolle Renaissancegebäude erhalten und seine Restaurierung (1906/07) unter Stadtbaudirektor Scharenberg beschlossen werden.

Leipzig war inzwischen zu Sachsens bedeutendster Industriestadt geworden. Und dass man auch Fabrikbauten kunstvoll aufwendig und optisch schön gestaltete, zeugte nicht nur von Reichtum – den hätte man auch gewinnbringend

Handwerkskammer zu Leipzig, vormals Druckerei Oscar Brandstetter

anlegen können – vielmehr vom Geschmack der Bauherren, der Kunst der Architekten und dem Wunsch, seine Heimatstadt, sein Leipzig, mit zu gestalten. Nur ein ausgewähltes Beispiel soll hier Betrachtung finden, die Druckerei von Oscar Brandstetter, Dresdner Straße 11–13, fertiggestellt im Jahre 1907.
Curt Nebel errichtete das attraktive Industriegebäude anstelle eines zweistöckigen Eckhauses zur Blumengasse, das die beliebte Kaffeewirtschaft und Konditorei „Bienenkorb" beherbergte. Das Haus ist in mehrfacher Hinsicht interessant. Es handelt sich um eines der frühesten Gebäude Leipzigs, das in Stahlbetonbauweise errichtet wurde, es stellt den Typ einer neuen eigenständigen Bauweise dar, die auch als „Reformarchitektur" bezeichnet wird, und auf der Fassade des Hauses findet sich eine Fülle plastischer interieurbezogener Darstellungen, die das Haus zu einem Bilddokument des zeitgenössischen Druckgewerbes machen. Die Druckerei Brandstetter war ein architektonischer Höhepunkt im nicht geringen Baugeschehen des Graphischen Viertels.

Die Druckerei Brandstetter – Zeugnis industrieller Reformarchitektur

Im II. Weltkrieg wurde das Haus beschädigt, 1945 die Familie Brandstetter enteignet, mit der Begründung, man habe auch NS-Literatur verlegt (welcher deutsche Druckereibetrieb nicht?). Bis zum Jahre 1994 liefen in dem grau und unansehnlich gewordenen Haus noch die Rotationsmaschinen. Dann kam es glücklicherweise zu einer aufwendigen, einfühlsamen und denkmalsgerechten Restaurierung. In einer gelungenen Veränderung der Nutzung wurde dieses ehrwürdige Gebäude zum „Haus des Handwerks" und beherbergt jetzt die Handwerkskammer zu Leipzig. Im Souterrain befindet sich nun wieder eine Gaststätte, der „Zunftkeller". Natürlich ist der Name handwerksbezogen. Hier hätte man sich aber durchaus traditionsbewusster zeigen und – mit geschichtlicher Erklärung – den „Bienenkorb" wieder aufleben lassen können.
Doch nicht in jedem Fall kann man das Baugeschehen dieser Jahre gut heißen. Wenn man den mit dem Jahre 1907 beginnenden Abbruch der schönen alten Bahnhöfe zu Gunsten eines großen Zentralbahnhofs noch nachvollziehen kann, so ist das zum Beispiel bei dem 350 Jahre alten Burgkeller nicht mehr möglich. Er, wie weitere historische Gebäude, fallen in diesen Jahren dem Bau von Messehäusern zum Opfer. Der bedauerlichste Verlust ist wohl Auerbachs Spielwareneck am Nikolaikirchhof, ein prächtiges und gleichzeitig letztes Leipziger Fachwerkhaus, erbaut in der Mitte des 16. Jahrhunderts. Es musste 1910 dem Messehaus Specks Hof weichen.

Foto von der Herkomerfahrt am 5. Juli 1907 durch Leipzig

1907 ist auch ein „vergnügliches" Jahr: Es gibt die Herkomer-Fahrt, Leipzigs erstes, begeistert aufgenommenes Autorennen, die Kleinmesse bezieht ihr heute noch bestehendes Domizil an den Frankfurter Wiesen, die Haupttribüne auf

der Pferderennbahn im Scheibenholz wird eingeweiht und der „Kinematograph“ etabliert sich. Mit der „Weißen Wand“ in der Wintergartenstraße erhält Leipzig sein erstes Kino. Das Volk ist fasziniert von den sich bewegenden Bildern.
1908 trauert man um den beliebten Bürgermeister Tröndlin. Nachfolger wird Dr. Rudolf Dittrich. Er wird Leipzigs höchstes Amt bis zum Jahre 1917 innehaben. In diesem Jahr wird das von Seffner geschaffene neue Bachdenkmal auf dem Thomakirchhof enthüllt und das Kaufhaus am Brühl, heute Horten, eröffnet. Auch dafür musste ein unersetzliches Bauwerk weichen, Richard Wagners Geburtshaus.

500 Jahre Universität Leipzig. Der historische Festumzug im Juni 1909

Graf Zeppelin überfliegt erstmalig Leipzig

Das Jahr 1909 stand in Leipzig ganz im Zeichen der Wissenschaft. Eine wissenschaftlich-technische Leistung stellte die Fahrt des Grafen Zeppelin dar, der in diesem Jahr zum Pfingstfest erstmals Leipzig überfliegt. Glanzvoll verliefen die Festlichkeiten zum 500. Universitätsjubiläum Ende Juli. Höhepunkte waren der große historische Umzug unter Teilnahme fast aller Universitätsangehörigen und die Enthüllung seines eigenen Denkmals in der Wandelhalle des Augusteums durch König Friedrich August. Und zum ersten Mal erhält in diesem Jahr mit dem Chemiker Wilhelm Ostwald ein Leipziger Gelehrter den Nobelpreis.
Obwohl seit 1906 auch junge Damen an der Alma mater Lipsiensis studieren dürfen, eröffnet Henriette Goldschmidt 1911 eine eigene Frauenhochschule. Das gelingt der seit Jahren darum ringenden alten Dame in ihrem 85. Lebensjahr. Große finanzielle Unterstützung gibt Henry Hinrichsen, der Inhaber des weltbekannten Musikverlages Edition Peters. Leipzigs Stadtverwaltung kann nach der 1912 erfolgten Eröffnung das Stadthaus beziehen. Der in luftiger Höhe liegende Verbindungsgang zum Neuen Rathaus bekommt im Volksmund den Namen „Beamtenlaufbahn“.

„Mädlerpassage“ begeistert Publikum

1912 gibt es auch wieder einmal einen spektakulären Abriss altehrwürdiger Bauten. Der vermögende Geschäftsmann Anton Mädler lässt den von ihm erworbenen Auerbachs Hof abtragen. Die Leipziger sind trotz großer Versprechungen skeptisch. Doch als sich dann die elegante „Mädlerpassage“ 1913/1914 einem staunenden Publikum präsentiert, verstummen alle Zweifler. Die Wiedereröffnung des im alten/neuen Glanz erstrahlenden Auerbachs Keller trägt Volksfestcharakter. Das wichtigste Ereignis des Jahres 1912 ist ohne Zweifel die im Mai erfolgte Eröffnung des Hauptbahnhofs. Vorerst freilich nur des westlichen, des preußischen Teils. Bedingt durch die unterschiedlichen Bahnverwaltungen werden alle Bahnhofseinrichtungen doppelt angelegt, in ei-

1913 am Völkerschlachtdenkmal: Das beliebte neue Verkehrsmittel, der Omnibus

Teileröffnung des Hauptbahnhofes

nem sächsischen und einem preußischen Bereich. Dass dennoch ein ungemein attraktives Gebäude zu Stande gekommen ist, spricht für den Entwurf des Dresdner Architekturbüros Lossow & Kühne.

Wenn man von 1913 schreibt, ist es schwer, Anfang und Ende zu finden. Sehr viel geschah in diesem ereignisreichen Jahr in der Messestadt. Leipzig bekam ein neues Verkehrsmittel, die „Kraftomnibusse", nicht allzu schnelle, hartgummibereifte Doppelstockfahrzeuge. Sie verkehrten zuerst zwischen Hauptbahnhof und der in diesem Jahr stattfindenden Internationalen Baufachausstellung in Nähe des Völkerschlachtdenkmals. Später bedienten die Busse fünf Linien, vorerst aber nur bis zum Sommer 1914. Da wurden die Busse als „Truppentransporter" requiriert.

Unter riesiger Beteiligung von Sportlern aus dem ganzen Reich fand im Juni das XII. Deutsche Turn- und Sportfest statt. In der größten Aufführung präsentierten sich auf dem Festplatz an der Connewitzer Chaussee 70000 Akteure. Ein weiteres sportliches Großereignis gibt es mit den Weltmeisterschaften der Radsprinter auf der Lindenauer Zementpiste. Großer Jubel, als ein Deutscher Weltmeister der „Flieger" wird.

Den Höhepunkt des Jahres 1913 bilden natürlich die Feierlichkeiten zum hun-

XII. Deutsches Turnfest zu Leipzig

Großfürst Kyrill (x) als Vertreter des Zaren und der Erzherzog Franz Ferdinand (xx) als Vertreter Kaiser Franz Josefs eröffnen die Russische Kirche

dertjährigen Völkerschlachtsgedenken. Bereits im Mai 1912 war an dem nach Plänen von Bruno Schmitz und Clemens Thieme erstellten Monumentalbauwerk der Schlussstein gesetzt worden. Nun harrte es seiner Weihe. Diese erfolgte am 18. Oktober 1913 in Gegenwart zahlreicher Fürstlichkeiten, Diplomaten, hoher Militärs und vieler weiterer nationaler und internationaler Gäste. Die am Schlachtgeschehen vor hundert Jahren nicht ganz unbeteiligten Franzosen hatte man „vergessen“ einzuladen. Damit war klar, die Denkmalsweihe sollte kein versöhnendes Friedensfest im Gedenken an die Opfer von 1813 werden. Sie wurde, vorrangig durch Kaiser Wilhelms aggressive Hauptrede, ein militaristisches Säbelrasseln, gerichtet gegen den französischen „Erbfeind“.

Weihe des Völkerschlachtdenkmals

Bereits einen Tag vor dem Denkmal war die Russische Kirche zum Gedächtnis der in der Völkerschlacht gefallenen mehr als 22 000 Russen orthodox geweiht worden.

Kaiser Wilhelm II. (links) und König Friedrich August III., gefolgt von zahlreichen Fürstlichkeiten, begeben sich zur Denkmalsweihe (18. 10. 1913)

1914–1924

Das Jahr 1914 begann wie 1913 aufgehört hatte – Einweihungen, Eröffnungen, Ausstellungen... Niemand kann ahnen, dass es im Sommer Krieg geben wird. Die arbeitenden Menschen lebten bescheiden, aber auskömmlich. Hunger gibt es nicht. Auch die vielköpfigste Familie – 10 oder 12 Kinder waren keine Seltenheit – konnte sich vom Gehalt des Vaters nähren und kleiden. Auch wenn die Mutter mit größter Sparsamkeit wirtschaften musste.

Die in Sachsen besonders starke Sozialdemokratie erstreitet Arbeiterrechte, teilweise machtvolle Streiks erzwingen Lohnerhöhungen und soziale Verbesserungen. Im Frühjahr 1914 wird die Mädlerpassage vollkommen fertiggestellt, ebenso der Zentral-Messepalast. Im Norden Leipzigs wird der „Lunapark“ vollendet. An dem künstlichen See, der durch Förderung des Kieses zum Bau des Hauptbahnhofs entstand, hat sich ein Vergnügungspark etabliert. Attraktionen sind eine Gebirgs-Achterbahn und eine Schmalspurbahn rund um den See. Bootsfahrten, Büchsen- und Armbrustschießen, ein „Alpenpanorama“, preiswerte Gastronomie und viele Kinderbelustigungen lassen den Lunapark zu einem viel besuchten Ausflugsziel werden. Schade, dass der heutige Auensee nicht einmal den Abglanz seiner besten Tage bewahren konnte. Am 6. Mai beginnt eine weitere großartige Schau in Leipzig, die Internationale Ausstellung für Buchgewerbe und Grafik. Die Nationen der Welt in friedlichem handwerklich-künstlerischem Wettstreit. Ein Trugbild. Die Schüsse von Sarajevo zerreißen die Idylle. Die BUGRA wird vorzeitig abgebrochen. In chauvinistischem

Auch Leipziger Regimenter ziehen in den Krieg

Hurra-Patriotismus stürmen die Deutschen in den Krieg. „Viel Feind, viel Ehr". In Leipzig rücken die hier stationierten Regimenter aus: Infanterie 106 und 107 und das Ulanenregiment 18. Der Kaiser, der nun keine Parteien mehr, sondern nur noch Deutsche kennt, hatte versprochen, dass Weihnachten alle wieder zu Hause seien. Er hatte allerdings kein Jahr genannt. Und bei den in die Millionen gehenden Gefallenen kehrte leider auch nicht jeder heim.
Das Leben in Leipzig veränderte sich vorerst nicht grundlegend. Allerdings wurden jetzt Frauen für Tätigkeiten zugelassen, die bisher reine Männerdomäne waren. Am deutlichsten wurde das bei der Straßenbahn, wo es nun Schaffnerinnen und ab 1916 sogar Fahrerinnen gab. Bei aller Freude über die glorreichen Siege, setzte im Winter 1915 wohl die erste Ernüchterung ein. Mit dem 15. Februar trat eine Lebensmittelrationierung in Kraft. Was verwundern muss, ist die Tatsache, dass es gelang, mit kaum reduzierter Intensität in

Frisch ausgebildete „107er" in der Petersstraße. Frühjahr 1918

Bauvorhaben werden trotz Krieg fortgesetzt

Frauen im Berufsleben – ein bisher völlig ungewohntes Bild

Messen werden fortgeführt

Leipzig weiter zu bauen. So gehen die Arbeiten an der Deutschen Bücherei, die im Juli 1914 begonnen hatten, zügig voran. Das Städtische Leihhaus am Yorckplatz und das Hotel Astoria, das Stadtbad und die Gebäude der Veterinärmedizin, das Messehaus „Drei Könige" und das Handlungsge-

hilfenhaus in der Zeitzer Straße sind Großbaustellen während des Krieges. Am 4. Dezember 1915 erfolgt die Gesamteröffnung des Hauptbahnhofes. Die ungeheuren Dimensionen machen den Bahnhof zum größten Europas. Die exakte Trennung zwischen Königlich Preußischer Staatsbahn (Direktion Halle) und Königlich Sächsischer Staatsbahn (Direktion Dresden) hat genaue Grenzen gezogen. So untersteht Gleis 1 bis 13 Halle und Gleis 14 bis 26 Dresden.
Ein Jahr später, 1916, wird die Deutsche Bücherei eröffnet. In dem imposanten Bau, die Meisterleistung des Dresdner Architekten Oskar Pusch, wird alles deutschsprachige Schriftgut gesammelt, das nach dem 1. Januar 1913 erschienen ist. Und noch ein Umstand verblüfft: Die Messen gehen, nur beeinträchtigt durch das Fehlen der Kriegsgegner, unvermindert und sogar mit steigenden Ausstellerzahlen weiter. Bis 1918 waren insgesamt 21 Messehäuser in Leipzig entstanden. Die Herbstmesse 1918 ist mit 5412 Ausstellern bislang die größte Messe in der Stadtgeschichte. Ansonsten freilich ist nichts Positives aus den Kriegsjahren zu berichten. Immer knapper werden die Lebensmittel, die Begeisterung von 1914 ist lange schon verflogen, viele Familien haben Gefallene an den zahlreichen Fronten zu beklagen. Besonders schlimm wird der Hungerwinter 1916/17, der „Kohlrübenwinter", und die schreckliche Grippe-Epidemie im Frühjahr 1918. Wenn diese Seuche auch weltweit auftritt, so fallen ihr doch besonders viele, ohnehin durch Hunger geschwächte Deutsche zum Opfer. Global soll diese erste schreckliche Grippewelle über 10 Millionen Opfer gefordert haben. Mehr als der I. Weltkrieg.

Revolution in Deutschland. Auch Sachsens König tritt zurück

In schwerer Zeit, zum Jahresbeginn 1918, hatte Karl Rothe das Oberbürgermeisteramt angetreten. Ein zweiter Karl tritt in diesem Jahr seinen Dienst an: Karl Straube, der bisherige Organist der Thomaskirche, wird Thomaskantor. Die Organistenstelle gibt er an den erst zwanzigjährigen Günther Ramin weiter. Der militärische Misserfolg, die am Boden liegende Volkswirtschaft und der Kriegsüberdruss führen im Herbst 1918 zur Revolution. Auch in Leipzig bilden sich Arbeiter- und Soldatenräte. Streiks und machtvolle Demonstrationen führen zum Zusammenbruch des monarchistischen Staatssystems. Der Kaiser und nach ihm alle Landesfürsten danken ab. Auch Sachsens König Friedrich August legt die Regierungsgeschäfte nieder und zieht sich auf sein Jagdschloss Sibyllenort bei Breslau zurück. Acht Jahrhunderte ununterbroche-

Interessanter Durchblick vom Alten Rathaus zum Bismarckhaus

Das am 19. März 1920 zerstörte Leipziger Volkshaus

„Volkshaus-Gutschein" zur Mithilfe beim Wiederaufbau

ner wettinischer Regentschaft im mitteldeutschen Raum sind beendet. In Dresden wird die Republik ausgerufen. Der Friedensschluss und das Diktat von Versailles werden bitter für Deutschland. Am 16. und 17. Dezember 1918 kehren die Leipziger Fronttruppen unter dem Jubel der Bevölkerung heim. Mehr als vier Jahre unsinniges, grausames Völkermorden haben ein Ende gefunden. Die politischen Strömungen und der Parteienzwist lassen jedoch keine Ruhe einkehren. Die Ermordung Karl Liebknechts und Rosa Luxemburgs ruft die Reaktion auf den Plan. In Leipzig wird ein reaktionäres „Zeitfreiwilligenregiment" gebildet. Die Revolution ist praktisch beendet. Rechte und linke Gruppierungen drängen an die Macht. 1920 versuchen die Politiker der Vaterlandspartei Kapp und Lüttwitz die parlamentarisch-republikanische Staatsform zu stürzen. Die geschlossene Abwehrfront der Arbeiterschaft verhindert dieses Unterfangen. In Leipzig hatte es in den Kämpfen zwischen dem 14. und dem 19. März über 50 Tote gegeben. Das Volkshaus brannte aus.

Zerstörung des Leipziger Volkshauses

Und alles für die Messe! Das elegante Hotel de Pologne (Hainstraße) war bereits Messehaus geworden, nun baut man auch den prächtigen barocken Aeckerleins Hof am Markt zum Messhaus um. Doch der Platz reicht immer noch nicht. Eine umstrittene, aber dann begeistert aufgenommene Lösung bot das 1924/25 entstandene Untergrundmessehaus auf dem Markt. 1920 öffnete bereits auf dem ehemaligen Ausstellungsgelände der IBA und der BUGRA in Nähe des Völkerschlachtdenkmals die Technische Messe. Eine sinnvolle Entscheidung. Zum einen wurde etwas Luft in der vollkommen überfüllten Innenstadt geschaffen, und zum anderen findet man die technischen Erzeugnisse nun konzentriert vor. Für die Besucher gibt es „MM"– Straßenbahn-Sonderlinien. Es sollte noch Erwähnung finden, dass sich der allgemeinen Not gehorchend im Kriegsjahr 1917 die „Rote" und die „Blaue" zu einer gemeinsamen Gesellschaft zusammengefunden hatten, der „Großen Leipziger Straßenbahn". Zur raschen An- und Abreisemöglichkeit werden 1921 Messefluglinien in Betrieb genommen (Zeppelin-Luftschiffhafen Mockau).

Furtwängler tritt als Nachfolger Nikischs an

Leipzig – Stadt des Sports. Mit 32 eingetragenen Sportvereinen hält 1921 Leipzig die Spitzenstellung in Deutschland. Dabei sind allein 17 Turnvereine und zehn Fußballclubs. In Probstheida entsteht ein neues großes Fußballstadion, das des VfB. Leider ist es noch nicht fertiggestellt, als das bisher größte Leipziger Sportereignis stattfindet: 100 000 Sportler treffen sich vom 22. bis 25. Juli 1922 zum 1. Deutschen Arbeiter Turn- und Sportfest in Leipzig. Zwei

Werbung ist das halbe Geschäft. „Reklameburg“ auf dem Markt

Eine Reichsbanknote aus der Zeit der Hoch-Inflation

Reichsmarkwährung beendet die Inflation

große Leipziger Künstler leben nicht mehr. Nachdem im Juli 1920 Max Klinger verstorben war, schließt nun, im Januar 1922, Arthur Nikisch für immer die Augen. Nachfolger am Pult des Gewandhauses wird der erst 36 Jahre alte aus Mannheim gekommene Wilhelm Furtwängler.
Bei der letzten Volkszählung im Dezember 1919 hatte Leipzig 604 000 Einwohner, darunter etwa 50 000 Arbeitslose. Die Einwohnerzahl wird jetzt, 1923, noch etwas gestiegen sein, die Arbeitslosenzahl aber gewaltig. Es gibt mehr als 80 000 Menschen ohne Beschäftigung. Dieser Umstand und der rapide Geldverfall führen zu weit verbreiteter Armut und großer Unzufriedenheit. Bei einem Krawall am 6. Juni erschießt die Polizei sechs Personen. Dreißig werden schwer verletzt. Die Inflation nimmt immer verheerendere Züge an. Die Entwertung der Mark schreitet monatlich, wöchentlich, schließlich täglich und sogar stündlich voran. Jedes Kind besitzt Millionen, jeder Bettler ist Milliardär. Ende des Jahres 1923 wird dem untragbaren Zustand ein Ende bereitet. Im Verhältnis 1 Billion = 1 Mark wird vorerst die Rentenmarkwährung und ab 1924 die erneuerte Reichsmarkwährung eingeführt.

1924–1932

Buchstadt Leipzig. Mit der Neuauflage von Meyers Lexikon in zwölf Bänden im Jahr 1924 wird ein weltweiter Erfolg erzielt. Der Buchdruck, das graphische Gewerbe, haben ungebrochen in Leipzig ihren Hauptstandort. Trotz der

Luftschiff „Graf Zeppelin" im Oktober 1930 über Leipzig

NSDAP zieht in Stadtparlament ein

sich verschlechternden Wirtschaftslage baut dieser Gewerbezweig relativ wenig ab und gibt vielen Menschen Arbeit und Ausbildung, Brot und Lohn.
In diesem Jahr bekommt Leipzig einen eigenen Sender. Der Mitteldeutsche Rundfunk (Mirag) nimmt am 1. März 1924 den Sendebetrieb für Leipzig auf.
Das Jahr 1925 bringt zu Ostern wieder einmal einen Messerekord. 314 000 Besucher werden registriert – das hat es noch nie gegeben. Die Technische Messe mit ihren oft attraktiven Weltneuheiten wird mehr und mehr zum Besuchermagneten.
Der Kyffhäuserbund, die Dachorganisation der deutschen Militär- und Kriegervereine, lädt zum 1. Reichskriegertag nach Leipzig ein. An den Veranstaltungen vom 17. bis zum 19. Oktober 1925 nehmen über 100 000 Personen teil. Dabei natürlich viele Nationalsozialisten, deren Parteiverbot in Sachsen aufgehoben worden war. 1926 kann der erste NSDAP-Vertreter in Leipzigs Stadtparlament einziehen.
Leipzigs größtes Messehaus öffnet in diesem Jahr, das Ringmessehaus.
Die Universität ist auf bestem Wege, das hohe Vorkriegsniveau zurückzuge-

Weltzentrum des Rauchwarenhandels

Luftaufnahme der inneren Ostvorstadt. Johanniskirche und das neue Grassimuseum. Im Hintergrund, Bildmitte, der Eilenburger Bahnhof

winnen. In der Anzahl der Studierenden belegt die Alma mater Lipsiensis nach Berlin und München den dritten Platz. Am besten belegt sind Human- und Veterinärmedizin, Jura und Pädagogik. Mit der Berufung Werner Heisenbergs (1927) wird Leipzig dann auch zum Zentrum der theoretischen Physik.

Leipzig – Stadt des Pelzhandels. 1925 konnte die Leipziger Kürschnerinnung das fünfhundertjährige Bestehen ihres Gewerbes in Leipzig begehen. Der Brühl, die Ritter-, Reichs- und Nikolaistraße im „Pelzschmuck". Dieser wird 1930 wieder angelegt zur Internationalen Pelz- und Jagdausstellung (IPA). Leipzig ist zu dieser Zeit das Weltzentrum des Rauchwarenhandels. 1930 gibt es 329 Pelzfirmen in Leipzig, allein 54 davon in dem alten Handels-Durchgangshof „Blauer Hecht", Nikolaistraße 39–45. Wichtig ist, dass die UdSSR auf den sogenannten Russenauktionen ihre erstklassige Ware an Fellen und Häuten in Leipzig versteigert.

Dr. Goerdeler wird Oberbürgermeister

Im April 1930 wird Dr. Carl Goerdeler neuer Oberbürgermeister der Messestadt, die nun 717 000 Einwohner zählt. Er tritt kein leichtes Amt an. Die Weltwirtschaftskrise bedrückt auch Leipzigs Handel, die Arbeitslosenzahlen steigen und die hässlichen Machtkämpfe der politischen Gruppierungen verunsichern die Menschen und lassen die Messebeteiligungen zurückgehen.

1932 weist die Frühjahrsmesse mit 117 000 Besuchern einen Niedrigrekord auf. Leipzig verzeichnet 150 000 Arbeitslose. Streiks und Aussperrungen, Hungermärsche und Lohnkämpfe sind an der Tagesordnung. Da haben Extremisten leichtes Spiel. Die Nazis und die Kommunisten haben ungeheuren Zulauf. Bei den Reichstagswahlen im Juli kann die NSDAP eine hundertprozentige Steigerung gegenüber 1930 erzielen. Die KPD stellt im November so zahlreiche Stadtverordnete wie noch nie. Die gemäßigten demokratischen Gruppierungen haben keine Chance mehr.

Sachsens letzter König wird beigesetzt

Am 18. Februar 1932 stirbt Friedrich August III., Sachsens letzter König. Die Einsegnung nimmt sein ältester Sohn vor, Pater Georg von Sachsen. Der tote König wird von Sibyllenort nach Dresden überführt und in der Katholischen Hofkirche beigesetzt. Die Anteilnahme der Bevölkerung ist geradezu unglaublich. Man schätzt, dass etwa 700 000 Menschen an der Wegstrecke stehen, die der Trauerzug vom Hauptbahnhof zur Hofkirche nimmt.

Das Jahr 1932 endet mit einem Höhepunkt für die Stadt Leipzig und ihre Universität. Professor Werner Heisenberg erhält in Stockholm den Nobelpreis für Physik.

Westseite Markt, Thomaskirchhof, um 1930

- 1902 war es zu einem **schrecklichen Eklat** im wettinischen Fürstenhaus gekommen. Die Kronprinzessin Luise, katholisch angetraute Gattin des späteren Königs Friedrich August III., war wegen einer **Liebesromanze „durchgebrannt“**. Und das auch noch zu Weihnachten. Sie hatte ihren Gemahl mit den fünf gemeinsamen Kindern sitzen lassen, mit dem sechsten ging sie schwanger. Erstaunlicherweise erhöhte dieser Umstand sogar noch die Beliebtheit Friedrich Augusts. „Der arme Mann“, hieß es im Volk, „so etwas kann also sogar unserem Kronprinzen passieren“. Die Ehe wurde vom Papst geschieden, das sechste Kind dem Kronprinzen zugesprochen. Friedrich August, der nie wieder eine Bindung einging, wird als sorgender Vater geschildert.
- Gut und billig: In vier **schmuck eingerichteten Brausebädern** konnten sich die Leipziger um 1905 erfrischen, zu einer Zeit, als fast noch keine Wohnung ein Bad kannte. Der Preis, mit Seife und Handtuch: **10 Pfennige.**
- Kein Deutscher wollte im August 1914 noch ein **„Café francais“** besuchen. Die Betreiber benannten das Haus schnell nach seinem Gründer in **„Café Felsche“** um. Das war auch noch zu französisch! „Kaffeehaus Felsche“ war dann in Ordnung.
- **„Wissenschaftler“** fanden 1916 heraus, dass es nichts gesünderes als die Kohlrübe gäbe. Reich an Vitaminen, Kohlehydraten und Fett. Ideal auch für Kinder. **So ein Zufall, es ist so ziemlich das einzige, was an Nahrung noch vorhanden war.**
- In der **Friedens-Silvesternacht 1918/19** dirigiert Arthur Nikisch mit einem Riesenaufgebot von 400 Mitwirkenden in der Alberthalle Beethovens Neunte. Damit wird diese **traditionelle Sylvesteraufführung** begründet.
- Von kaum einem bemerkt, von niemandem ernst genommen, konstituierte sich am 22. November 1922 die erste Ortsgruppe der **Leipziger NSDAP** (30 Mitglieder).
- Mit dem **Verbot der Nazipartei in Sachsen (1923)** schien der braune Spuk gleich wieder vorüber zu sein... Die Kommunisten hatten sich mit ihrem Rot-Front-Kämpferbund in Leipzig erst1924 etabliert, dafür aber gleich mit 420 Mitgliedern.
- Wer sich im **Herbst 1923** die Zigarre mit einem Tausendmarkschein anbrannte, war kein irrer Verschwender – es war ein sparsamer Mensch. Ein Streichholz kostete wesentlich mehr.
- Ein **schwerer Schlag für manchen „Messeonkel“**, vielleicht auch für manchen „braven“ Leipziger Familienvater: Zum 31. Dezember 1925 werden auf Beschluss der Stadtverordneten die **Leipziger Bordelle geschlossen**.
- Klar, dass **Leipzigs Hotels** erste Klasse sein müssen. Der besonders bei Ausländern beliebte **„Fürstenhof“** bietet allen Komfort und Küche vom Feinsten. Ein Zimmer kostet mit **Bad und Bedienung zwölf Mark**, das Frühstück zwei Mark. Auch wenn die Kaufkraft eine andere war – man vergleiche mit den unsinnigen aktuellen Preisen.
- **1933 wird in Leipzig Jesco von Puttkammer geboren.** Die Diplomatenfamilie, die auch in der deutschen Kolonialgeschichte verankert ist, kann auch ganz anders: J. v. Puttkammer ist der **heutige Planungschef der US-Weltraumbehörde NASA**.

Leipzig unterm Hakenkreuz. Die Jahre von 1933 bis 1945

● 1933:
Machtübernahme durch die Nazis. Bücherverbrennung und „Judenboykott“. Der Reichstagsbrandprozess

● 1934:
Auflösung des Sächsischen Landtages. Der Freistaat Sachsen ist staatsrechtlich nicht mehr existent. Erster Spatenstich zum Elster-Saale-Kanal. Anlage des Elster-Stausees. Prof. Dr. Schneider Direktor des Leipziger Zoologischen Gartens

● 1935:
„Reichsstatthalter“ Martin Mutschmann. Das Gohliser Schlösschen wird als „Haus der Kultur“wiedereröffnet. Verfolgung der Leipziger KPD-Mitglieder. Erlassung der Nürnberger Rassengesetze

● 1936:
Die Vernichtung des Mendelssohndenkmals führt zum Rücktritt des Leipziger Oberbürgermeisters Dr. Carl Goerdeler. Dönicke wird sein Nachfolger

● 1938:
Inbetriebnahme der Oberleitungsbusse. Umbenennung der „Großen Leipziger Straßenbahn“ in „Leipziger Verkehrsbetriebe“ (LVB). Die ersten Messebriefmarken erscheinen. 9. November: „Reichskristallnacht“

● 1939:
Zahlreiche Abrisse für eine Gutenbergausstellung. Rekordeinwohnerzahl für Leipzig, 707 000 Personen. 1. September: Ausbruch des II. Weltkrieges mit dem Überfall auf Polen

● 1940:
75 Jahre Feuerwehr. Günther Ramin neuer Thomaskantor

● 1941:
Die Frauen „erobern“ wieder die Straßenbahn. Drangsalierung der letzten noch in Leipzig lebenden Juden

● 1942:
Alles für die Rüstung. Auslagerung von Museen. Lazarett und Kaserne in den Schulen. Jubel um Führer und Wehrmacht. Doch noch immer Widerstand

● 1943:
Die Katastrophe von Stalingrad. Der „Totale Krieg“. Immer mehr Fremdarbeiter. Versorgungsprobleme. Energiesparprogramm. Erste Bomben auf Leipzig. Der Morgen des Grauens: Leipzig am 4. Dezember 1943. Die verwüstete Innenstadt, 1 182 Tote

● 1944:
Deutsche Bücherei ausgelagert. Weitere Bombenangriffe auf Leipzig. Drei Viertel aller Messeeinrichtungen sind zerstört. Vernichtung des Hauptbahnhofes. Das Hitlerattentat in der „Wolfsschanze“. Grausame Rache auch an Alt-OBM Dr. Goerdeler. Der totale Kriegseinsatz beendet den Universitätslehrbetrieb

● 1945:
Die letzten Juden deportiert. Schwerer Bombenangriff am 27. Februar. Das öffentliche Leben bricht zusammen. „Feindalarm“. 18. April: Die Amis sind da. Selbstmord von Oberbürgermeister Freyberg. Weitgehend kampflose Übergabe der Stadt. Langsame Wiederbelebung des städtischen Lebens. Ende Juni verlassen die Amerikaner die Stadt. Die Russen kommen. Der „Antifaschistische Block“. Oberbürgermeister Dr. Erich Zeigner. Oktober: „Musterschau Leipziger Erzeugnisse“. Die „Neunte“ im Capitol

Durch Gewinnung der Industriellen, durch enorme Wahlpropaganda, durch ständiges Betonen des Friedenswillens und dem Versprechen alsbaldigen Überwindens von Not und Arbeitslosigkeit, gelingt es Hitler, an die Macht zu kommen. Am 30. Januar 1933 beruft Reichspräsident Generalfeldmarschall von Hindenburg den „Gefreiten des Weltkriegs“ zum Reichskanzler. In Leipzig kommt es zu Protestdemonstrationen gegen die Machtübernahme der Nazis, vor allem in den Arbeiterwohngegenden um Lindenau-Plagwitz sowie Eisenbahnstraße, Rabet und im Seeburgviertel. Von Anfang an setzen jedoch die Nazis ihre Macht durch. Am 15. Februar gibt es den ersten großen Aufmarsch in Leipzig.
Der Reichstagsbrand (27. Februar) liefert den gesuchten Vorwand zum Verbot der KPD. Und nur wenige Monate später, am 22. Juni, wird auch die SPD verboten.

Die erste Verhaftungswelle gegen demokratische Kräfte setzt ein. Die Leipziger Volkszeitung wird verboten, das Volkshaus verwüstet und die freien Gewerkschaften abgeschafft. Die von Goebbels angeordnete Bücherverbrennung am 10. Mai macht auch vor der Buchstadt Leipzig nicht Halt. Bereits am 1. April beginnt der zentral gelenkte „Judenboykott". Hetzkampagnen gegen jüdische Lehrer, Professoren, Ärzte und Geschäftsleute. „Deutsche, kauft nicht bei Juden!" Im Reichstagsbrandprozess, geführt im Herbst 1933 im Leipziger Reichsgericht, erleiden die braunen Machthaber eine Schlappe. Der an Argumenten und Rhetorik dem „Nebenkläger" Göring überlegene Georgi Dimitroff muss freigesprochen werden.

Auflösung des Landtages

Mit der Auflösung des Sächsischen Landtages, einschließlich des Gesamtministeriums, hört der Freistaat Sachsen de facto auf zu bestehen. Martin Mutschmann wird als Vertreter der NSDAP und des Reiches Führer der Sächsischen Landesregierung („Reichsstatthalter").
Mit Maßnahmen, um die Arbeitslosen von der Straße zu holen, vorrangig durch den Autobahnbau, gelingt es Hitler, eins seiner Versprechen einzulösen: Arbeit für jeden „Volksgenossen". Das lässt seine Popularität bei den kleinen Leuten steigen. In Leipzig sind solche Projekte unter anderem der beginnende Bau am Elster-Saale-Kanal und am Elster-Stausee.
1935 wird das hervorragend restaurierte Gohliser Schlösschen als „Haus der Kultur" wieder eröffnet. Musik und Vorträge, Buchlesungen und Theater gibt es hier. Mit dem Erlass der „Nürnberger Rassengesetze" zeigt der Staat, dass die menschenverachtenden und verbrecherischen Gedanken Hitlers und Rosenbergs durchgesetzt werden sollen. Das „Amt für Rassenkunde und Erbgesundheitspflege" ist bereits eingerichtet worden, ein „arischer" Nachweis wird zum Beispiel bei Bewerbungen oder Eheschließungen erforderlich.

Besitz der Juden wird enteignet

Immer schlimmer wird es für die jüdische Bevölkerung. Gaststätten und Theater, Bäder und Bibliotheken, Kinos und Museen sind für sie verboten. Später dürfen sie nicht einmal mehr die Straßenbahn benutzen, und nach der Pogromnacht im November 1938 müssen sie generell den gelben Judenstern tragen. Ihr Besitz wird enteignet. Das führt auch dazu, dass Leipzigs bisher weitgehend in jüdischer Hand befindlicher Pelzhandel nach 1938 praktisch nicht mehr existent ist. Eine Auslandsreise des Oberbürgermeisters Dr. Goerdeler benutzen die Nazikräfte in der Stadtverwaltung, um bei Nacht und Nebel das Denkmal des mit Leipzigs Musikschaffen so eng verbundenen Felix Mendelssohn Bartholdy zu beseitigen. Kein Jude vor Leipzigs deutschem Gewandhaus! Der aufrechte Goerdeler, der zu dieser Demontage niemals seine Einwilligung gegeben hätte, tritt von seinem Amt zurück. Der farblose Bürgermeister Dönicke wird sein Nachfolger, um bereits im August 1939 sein Amt an einen, wie man damals sagt „Hundertprozentigen" abzugeben, Staatsminister Alfred Freyberg.

Das Mendelssohn-Denkmal vor dem Neuen Gewandhaus

Leipzig brennt

Die Reichskristallnacht

Am Abend des 9. November 1938 brennt es in Leipzig. An vielen Stellen gleichzeitig. Aber die Feuerwehr zeigt keine Eile. An diesem Tag wird Privateigentum zerstört und die Besitzer werden bedroht. Aber die Polizei greift nicht ein. Nach diesem Tag gibt es eine Flut von Klagen. Aber die Gerichte bearbeiten sie nicht. Pogrom gegen die Juden, die staatlich gelenkte „Reichskristallnacht". Die Hauptsynagoge an der Gottschedstraße, die Kaufhäuser Ury und Bamberger & Herz am Augustusplatz sind die größten Brandstellen. In den kommenden Tagen beginnen die Verhaftungen. Im Flutbett der Parthe, in der Nähe des Zoos, werden unschuldige Menschen zusammengetrieben, um wenig später zum Konzentrationslager Buchenwald transportiert zu werden.

Leipzig wird Reichsmessestadt

Im Jahr 1938 war Leipzig „Reichsmessestadt" geworden. Eine interessante technische Neuerung gab es, den elektrisch betriebenen Oberleitungsbus. Und die „Leipziger Verkehrsbetriebe" (LVB) entstanden in Nachfolge der „Großen Leipziger Straßenbahn". Weiterhin eigenständig blieb aber die Außenbahngesellschaft. Kein Mensch rechnete ernsthaft mit einem Krieg. Waren nicht gerade die Völker der Welt 1936 friedlich zu den Olympischen Spielen in Berlin vereint gewesen, betonte der Führer nicht unablässig seinen Friedenswillen, hatte man nicht genug Furchtbares im Weltkrieg erlebt? – So war es nur natürlich, dass die Stadt vorausplante und für 1940, zur 500-Jahrfeier des Buchdrucks, eine großartige Gutenbergausstellung plante. Die Buchstadt war in der Pflicht, und man dachte an Dimensionen wie die der „Sächsisch-Thüringischen Industrie- und Gewerbeausstellung" von1897. Das Gelände wurde unter anderem mit dem bedauerlichen Abriss der Anlagen des Palmengartens und des Kuhturms gewonnen. Die Gutenbergfeier geriet um etliche Nummern kleiner, denn inzwischen war man, entgegen aller Hitlerbeteuerungen, wieder im Krieg. Mit dem Überfall auf Polen am 1. September 1939 hatte der II. Weltkrieg begonnen.

Beginn des II. Weltkrieges

Der rasch entschiedene „Blitzkrieg" gegen Polen und der erfolgreiche Westfeldzug lassen die Zweifler verstummen; warnende Stimmen will man nicht hören. Die Ausstellung der erbeuteten Waffen auf dem Augustusplatz, weit mehr aber noch die Heimkehr der siegreichen Truppen aus dem Westfeldzug 1940, lösen große Begeisterung unter den Leipzigern aus.

1938 lässt sich Hitler, seines Sieges sicher, das Amt des Reichskanzlers vom deutschen Volk bestätigen. Hier auf „Werbetour" in Leipzig

1940–1945

Zu dieser Zeit hat die Stadt Leipzig mit über 700 000 Einwohnern einen Spitzenplatz unter den deutschen Großstädten gewonnen, und der Gedanke an eine Millionenstadt scheint nicht abwegig zu sein. Es sollte anders kommen...
Mit dem Überfall auf Sowjetrussland leitete das „Tausendjährige Reich" seinen Untergang selbst ein. Man muss sagen, dass die Menschen vom Kriegsbeginn 1939 nicht etwa angetan waren. Kein Vergleich mit 1914. Und der Beginn des Russlandfeldzuges machte die meisten Menschen nachdenklich. In Leipzig geht das Leben trotz Lebensmittelrationierung, „Eintopf Sonn-

tag" und Ersatzkaffee ungebrochen weiter. In den öffentlichen Diensten taucht zunehmend die holde Weiblichkeit auf. Pflichtjahr- und Blitzmädels machen sich unentbehrlich. Die Straßenbahn ist analog 1916 wieder weitgehend in weiblicher Hand. Bei den Jungen dienen ältere Hitler-Jugend-Jahrgänge bereits bei der Heimatflak. Während der Herbstmesse 1941, die von immer weniger Ausländern besucht wird, veranstaltet die Wehrmacht eine Ausstellung auf dem Augustusplatz unter dem Namen „Bergen – Retten – Heilen". Luftschutz, Brandbekämpfung und Erste Hilfe stehen im Mittelpunkt. Das werden die Leipziger demnächst auch brauchen... Schreckliches durchleben die jüdischen Menschen, die sich jetzt noch in Leipzig befinden. Sie werden in „Judenhäusern" zusammengepfercht und sind vollkommen rechtlos. Ihre mit „J" gekennzeichnete Lebensmittelkarte reicht kaum zum Überleben. In ständiger Angst vor der Deportation erwarten sie den nächsten Tag.

Stalingrad und Widerstand gegen das NS-Regime

Nachdem die Wehrmacht im Winter 1941 vor Moskau gescheitert war, mussten neue Erfolge her. Im Sommer 1942 wurden riesige, fast menschenleere Gebiete in Richtung Wolga besetzt. Diese Operationen lösten letztmalig Jubel und verhaltene Zustimmung aus. Aber schon hier spielte ein Befremden mit. „Was wollen wir eigentlich dort, mehr als 1000 Kilometer vom Reich entfernt!?"

Dass sich nun der faschistische Gegner anschickte, auch die Stadt seines Namens zu besetzten, konnte der russische Diktator Stalin nicht mehr hinnehmen. Er ließ Stalingrad an der Wolga mit allen Mitteln verteidigen. Die Katastrophe der 6. Armee ist bekannt. Stalingrad wurde zur Wende des Krieges. Die Folge der beispiellosen Niederlage war die Ausrufung des „Totalen Krieges" durch Goebbels, die Umstellung der Wirtschaft auf ausschließliche Kriegszwecke. Und noch immer, trotz allen Terrors, gab es Widerstand im Lande. Erinnert sein soll an die Menschen, die in finsterster Zeit eine Art Ehrenrettung für die Deutschen darstellten. Sie lieferten den Beweis, dass sich keineswegs die ganze Nation hinter die Nazi-Diktatoren stellte. Und zumeist zahlten sie mit ihrem Leben. So, wie die „Rote Kapelle", die Geschwister Coppi oder die Männer des 20. Juli 1944.

Bomben auf Leipzig

Am 20. Oktober 1943 fallen die ersten Bomben des Krieges auf Leipzig. Leichte Schäden in Stötteritz, so an der Marienkirche. Die Menschen pilgern wie zu einer Attraktion dort hin. Wochen später schlägt der Krieg brutal und unbarmherzig zu. Niemand sucht mehr Kriegsschäden – sie sind allgegenwärtig. In den frühen Morgenstunden des 4. Dezember 1943 erfolgt der schwerste Bombenangriff auf Leipzig im Verlauf des Krieges. Große Teile der Innenstadt liegen in Schutt und Asche. Mit diesem furchtbaren Schlag und den unwiederbringlichen Verlusten an stadtbaulicher Substanz verliert Leipzig weitgehend seine Attraktivität. Ein Umstand, der bis heute leider nur zum Teil auszugleichen war. Weitere Bombenangriffe auf die geschundene Stadt erfolgen 1944 und 1945. In einem ge-

Die Ruine der Katholischen Kirche in der inneren Westvorstadt

zielten Tagangriff der US-Air-Force fällt Leipzigs Hauptbahnhof in Trümmer. Leipzigs Kinder werden auf das Land verschickt und wichtige Dinge, wie die wertvollsten Bände der Deutschen Bücherei, werden ausgelagert. Zu allem Unglück scheitert das Attentat auf Hitler am 20. Juli. Die Verschworenen um Oberst Stauffenberg werden grausam hingerichtet. So auch Leipzigs früherer Oberbürgermeister Dr. Goerdeler. Schön, dass diesem Mann am Neuen Rathaus die Stätte eines würdigen Gedenkens eingeräumt wurde. Im Januar 1945 kann Nazi-Oberbürgermeister Freyberg die Stadt Leipzig seinem Führer als „judenfrei" melden. Die letzten 169 Juden der Messestadt werden nach Theresienstadt deportiert. Am 27. Februar erfolgt der letzte Bombergroßangriff auf Leipzig. Nochmals gibt es schwere Schäden und zahlreiche Opfer. Nach weiteren Bombardierungen bis hin zum 10. April geht in Leipzig nichts mehr. Endlich, am 18. April 1945, hat die Leidenszeit der zerstörten Stadt ein Ende. Nachdem noch am Vortag in den Leipziger Neuesten Nachrichten zu lesen war, die Amerikaner seien vor Markranstädt zurückgeschlagen worden, nehmen sie nun Leipzig ein. Geschossen wird nur am Völkerschlachtdenkmal, wo sich SS-Leute und Hitlerjungen verschanzt haben. Ansonsten weiße Fahnen in der Stadt – für Leipzig ist der II. Weltkrieg zu Ende. Die erschütternde Bilanz: Eine zu etwa 40 Prozent zerstörte Stadt. Viele öffentliche Einrichtungen sind vernichtet, dabei so bedeutende Häuser wie das Neue Theater, die Hauptpost, das Bildermuseum, das Gewandhaus usw. 35000 Leipziger kamen ums Leben, als Soldaten oder durch Bombenterror. Mindestens die Hälfte der Industrieanlagen und drei Viertel der Messeeinrichtungen sind zerstört.

Die Amerikaner halten Einzug in Leipzig

Die amerikanische Militärverwaltung ernennt für den durch Selbstmord aus dem Leben geschiedenen Freyberg den deutsch-nationalen Dr. Vierling zum Bürgermeister und den rechten SPD-Mann Fleißner zum Polizeipräsidenten. Das Nationalkomitee Freies Deutschland (NKFD) wird aufgelöst.

Der Neuanfang

Schrittweise beginnt der Neuanfang. Bereits am 27. April verkehrt wieder die erste Straßenbahn. Die Aufräumungsarbeiten beginnen. Der Augustusplatz wird zentrales Zwischenlager für den Schutt der zerbombten Gebäude. Eine mit Dampfkraft betriebene Lorenbahn verkehrt, der „Trümmerexpress".

Der „Trümmerexpress" auf dem Augustusplatz

Im Juni ist es Gewissheit – entsprechend bestehender Abkommen der Siegermächte wird Leipzig der Sowjetischen Besatzungszone zugeteilt. Zwischen dem 25. und 28. Juni ziehen die Amerikaner ab. Nicht wenige Leipziger mit ihnen. Und hätten die Bleibenden gewusst, was auf sie zukommt, wäre das bestimmt noch von weit mehr Menschen versucht worden.

Leipzig wird Teil der sowjetischen Besatzungszone

Am 2. Juli ziehen die ersten sowjetischen Verbände in Leipzig ein. Wohl niemand ahnt, dass sie 45 Jahre bleiben werden. Generalleutnant Trufanow wird Stadtkommandant. Die von den Amerikanern eingerichteten Verwaltungen werden personell verändert. Dr. Vierling muss gehen, Oberbürgermeister wird der linke Sozialdemokrat und Antifaschist Dr. Erich Zeigner. Ein aufrechter Mann, ein fähiger Kommunalpolitiker, der in schwerster Zeit viel für Leipzig getan hat. Die Wiederbelebung der Messe und das rasche erneute Aufleben der Kultur sind weitgehend sein Verdienst. Der SMAD, die sowjetische Militär-

verwaltung, beginnt sofort mit den ersten Verhaftungswellen. Alt-Nazis, aber auch unbequeme Demokraten, „Saboteure" und „Hetzer gegen die neue Ordnung" verschwinden. Die schrecklichen faschistischen Konzentrationslager Buchenwald und Sachsenhausen „arbeiten" gleich weiter.
Am 16. Juli kann vom Hauptbahnhof aus wieder ein eingeschränkter Zugverkehr aufgenommen werden. Am 29. Juli gibt es „Fidelio" im Haus „Drei Linden", am 2. August findet in der Thomaskirche das erste Gewandhauskonzert nach dem Kriege statt, am 12. August das erste Pferderennen im Scheibenholz und am 26. August das Städtevergleichsspiel Leipzig gegen Dessau im Fußball. 8000 sahen auf dem Tura-Platz in Leutzsch einen 4:2-Sieg der Dessauer. Auf Anordnung der SMAD nehmen ab 1. Oktober alle intakten Schulen den Unterricht wieder auf. Dank Erich Zeigners Initiative findet bereits im Oktober 1945 eine bescheidene Messe mit mehr regionalem Charakter statt, die „Musterschau Leipziger Erzeugnisse", durchgeführt vom 18. bis 23. 10. auf dem Gelände der Technischen Messe. Immerhin 89300 Besucher lockt die Musterschau an. Der SMAD hatte die strengen Reisebeschränkungen gelockert und 34 Sonderzüge genehmigt.
Das Jahr geht mit der Wiederbelebung alter Leipziger Musiktradition zu Ende. Im Kino Capitol bringt das Gewandhausorchester die „Neunte" zur Aufführung.

Die erste Nachkriegsmesse findet statt

- Die alteingesessene Leipziger **Firma Hanisch**, die bereits zur Biedermeierzeit in der Ostvorstadt eine Gärtnerei betrieb (an der Blumengasse, heute Scherlstraße), verändert sich 1933. Das zweite Stadtgeschäft Petersstraße schließt, dafür wird das Haupthaus auf der „Grimmschen" erweitert.
- 1934 beendet man aus **Gründen der Sparsamkeit und Rationalisierung** endlich den Unfug der **doppelten Verwaltung des Hauptbahnhofes** und seiner Anlagen. Nunmehr untersteht der Gesamtkomplex der Reichsbahndirektion Halle.
- Den **Rassenwahn auf die Spitze getrieben**: Im Sommer 1935 werden an den Parkbänken im Rosental Schilder angebracht **„Für Juden verboten!"**
- 1936 wird im Zoo, in der **„Stadt des Löwen"**, das 1000. Löwenbaby seit Bestehen des Tiergartens geboren. Leipzig besitzt die weltweit bedeutendste Löwenzucht.
- 1938, bei einem **Besuch Hitlers in Leipzig**, geben ihm zu Ehren die Thomaner ein Konzert. Freilich nicht in ihren bekannten Anzügen. Beschämend für die Leitung des Alumnats: Die Jungen hatten in Uniformen der Hitlerjugend (HJ) zu singen!
- Kaum zu glauben: Erst 1938 wird das **Rechtsfahrgebot** Gesetz. Geschwindigkeitsbegrenzungen gibt es aber noch immer nicht, nicht einmal in Ortschaften. Lediglich an Kreuzungen soll „mäßig" gefahren werden. So kann man sich kaum wundern über die 5167 Verkehrsunfälle mit 45 Toten im Jahre 1938 in Leipzig.
- Die Bevölkerung des durch **Bombenterror** schwer getroffenen Leipzigs erhält Weihnachten Sonderzuteilungen aus der **„Führerreserve".** Dabei sind Tabakwaren und echter Bohnenkaffee.
- Am 18. April 1945 rücken die **Amerikaner gegen 14 Uhr**, von Sellerhausen kommend, vorsichtig auf der Eisenbahnstraße vor. Eine kleine Wehrmachtseinheit bringt Maschinengewehre in Stellung und legt Panzerfäuste bereit. Einige mutige Frauen aus den Grundstücken um die Eisenbahnstraße 84 können jedoch die deutschen Soldaten von der Sinnlosigkeit der Verteidigung überzeugen. Sie ziehen ab.
- Der neue Polizeipräsident von Leipzig, Kurt Wagner, lässt im September 1946 einen Aufruf veröffentlichen, wonach sich junge Frauen zu **Verkehrspolizistinnen** ausbilden lassen können. **Lektion 1: Fahnenwinken** (mit denen damals der Verkehr geregelt wurde).

Vom schweren Neubeginn bis zum Ende der Ulbricht-Ära (von 1946 bis 1973)

● 1946:
In Leipzig blüht der Handel auf dem „Schwarzen Markt“. SPD und KPD vereinigen sich zur Sozialistischen Einheitspartei (SED). Erste Friedensmesse im Mai 1946. Es gibt wieder Zeitungen zu kaufen. Das Alte Rathaus ist das erste Leipziger Gebäude, das wieder aufgebaut wird
● 1947:
Hunger und Umsiedler, Holzschuhe und Stromsperre, Tbc und Lebertran. Reichsbahngelände wird zum „Sperrgebiet“ erklärt. Hungerwinter 1947/48
● 1948:
Beim „Volksbegehren“ stimmen 91 Prozent für die Wiedervereinigung. Währungsreform in West und Ost. Leipzig hat noch 617 000 Einwohner
● 1949:
Gründung der Deutschen Demokratischen Republik (DDR)
● 1951:
Die BSG Chemie Leipzig wird DDR-Fußballmeister. Wiedereröffnung der Westhalle des Hauptbahnhofs. Leipzig hat nur noch eine Messe jährlich
● 1952:
Auflösung der Länder der DDR und somit auch Sachsens
● 1953:
Volksaufstand in der DDR. Auch in Leipzig Streik und Unruhen
● 1954:
„Jahrhunderthochwasser“. Neuordnung des Leipziger Fußballs – Lok und Rotation. I. Deutsches Turn- und Sportfest in Leipzig
● 1956:
Zentralstadion eingeweiht. Der schaffnerlose Straßenbahnbetrieb beginnt
● 1957:
Sensationssieg gegen Wales. Geldumtausch. Joachim Herz Operndirektor. Die Universität verleiht Ernst Rowohlt die Ehrendoktorwürde
● 1960:
Walter Ulbricht wird Staatsratsvorsitzender. Eröffnung des Opernhauses
● 1961:
Kosmonautenrummel. Der Bau der „Mauer“. Messehaus am Markt
● 1963:
Sprengung des Turmes der Johanniskirche. Richard-Wagner-Festwoche. Leipzigs „Fußballkrieg“ beginnt. Die „Kohle“ ist am Stadtgebiet
● 1964:
Die BSG Chemie wird DDR-Fußballmeister. Vaclav Neumann übernimmt das Gewandhausorchester. Wieder einmal Geldumtausch
● 1965:
Leipzig feiert seinen 800. Geburtstag – die Messe feiert mit. Die „Azet“ wird geboren. Gastspiel von Louis Armstrong in Leipzig
● 1966:
1. FC Lok Leipzig gegründet. Sensationssieg der neuen Mannschaft über Benfica Lissabon. Begründung des Kabaretts „academixer“
● 1968:
SED und „Prager Frühling“. Erster öffentlicher Protest nach 1953 in Leipzig, anlässlich der vom Politbüro der SED beschlossenen Sprengung der Paulinerkirche
● 1969:
Inbetriebnahme der S-Bahn. V. Deutsches Turn- und Sportfest der DDR in Leipzig
● 1970:
Kurt Masur wird Gewandhauskapellmeister. Honecker drängt an die Macht
● 1973:
Ulbricht stirbt. Der vermutete „Kronprinz“ Erich Honecker hält sich erstaunlicherweise noch bedeckt. Willy Stoph wird Staatsratsvorsitzender

Vom schweren Neubeginn bis zum Ende der Ulbricht-Ära

1946–1953

Mangel macht erfinderisch. Doch nicht nur Geschäfte „Biete – Suche“ werden auf dem „Schwarzen Markt“ vor dem Hauptbahnhof abgewickelt. Oft geht es um regelrechte Schiebereien. Ganz hoch im Kurs sind Feuersteine für Feuerzeuge, amerikanische Zigaretten, Nylonstrümpfe und Fahrradbereifung. Ein Brot kostet 100 Mark. Für einen „ehrlichen“ Schwarz-Markt-Besucher unerschwinglich. Mit ständigen Razzien und zahlreichen Festnahmen versucht die Staatsmacht dem Herr zu werden. Man verhängt gegen „Großschieber“ sogar Todesurteile.
Am 5. Februar 1946 nimmt die Universität ihren Lehrbetrieb wieder auf. Ganze 767 Studenten haben sich zum ersten Semester eingeschrieben. Am 23. Februar

März 1946: Vereinigungskundgebung SPD-KPD auf dem Markt

beginnen die Arbeiten zur Instandsetzung des Alten Rathauses, das durch Brandbomben stark beschädigt worden war. Die Deutsche Bücherei entzieht nach gründlicher Recherche über 38 000 Bücher nationalistischen oder faschistischen Inhalts der Nutzung für die Allgemeinheit. Am 31. März erfolgt die Vereinigung von KPD und SPD zur Einheitspartei SED. Rund 100 000 Menschen nehmen auf dem Karl-Marx-Platz an der Vereinigungskundgebung teil. Unter der sowjetischen Besatzung wird die Versorgungslage zunehmend schwieriger. Zum einen ist ohnehin nicht viel da, und zum anderen nimmt die UdSSR konsequent ihr Reparationsrecht in Anspruch. Eine Unmenge Güter rollen nach Osten, auch Fabrikanlagen und Eisenbahngleise werden demontiert und abtransportiert.

Zusammenschluss von SPD und KPD zur SED

Besonders hart wird der Hungerwinter 1947/48. Die Tuberkulose greift mehr und mehr um sich. Die hungernden und frierenden Kinder sind besonders anfällig. Noch vor den bekannten Igelit-Schuhen gibt es Holzschuhe für sie und auf Rezept Lebertran, der dem Fettmangel entgegenwirken soll. Er schmeckte fürchterlich... Leipzig hat 1948, wie bei der Währungsreform gezählt wurde, bereits wieder über 600 000 Einwohner. Dabei sind aber viele Umsiedler, Menschen die ihre Heimat, wie das Sudetenland oder Schlesien, verlassen mussten. Meist durften sie von ihrer Habe nur einen einzigen Koffer packen. Am 15. November 1948 wird die Handelsorganisation (HO) ins Leben gerufen. Dort sind Waren ohne Abgabe von Lebensmittelmarken erhältlich. Die Preise liegen aber derart hoch, dass eine Arbeiterfamilie in der HO nicht kaufen kann. So kostet ein Kilogramm Jagdwurst zum Beispiel 50 Mark. Und ein Arbeiter verdiente durchschnittlich 270 Mark im Monat.

Deutsche Demokratische Republik wird ausgerufen

Nachdem es nun für die Westzonen und die Ostzone bereits unterschiedliches Geld gibt, wird die Spaltung mit der Gründung der Bundesrepublik Deutschland vertieft. Die Sowjetische Zone zieht einen Monat später nach. Am 7. Oktober 1949 wird die Deutsche Demokratische Republik ausgerufen. Wieder sind etwa 100 000 Leipziger auf dem Karl-Marx-Platz. Der Sport ist das Freizeitvergnügen der kleinen Leute. Die Eintrittsgelder bewegen sich im Pfennigbereich, man erlebt etwas und kann sich mit „seiner" Mannschaft oder „seiner" Stadt identifizieren. Pferdesport, Rad- und Rennsportveranstaltungen, Feldhandball und Boxen sind beliebt, übertroffen nur von „König" Fußball. Und so freut es das fußballbegeisterte Leipzig besonders, dass der DDR-Meister 1951 BSG Chemie Leipzig heißt. Der Sportverein aus Leutzsch gewinnt das letzte und entscheidende Spiel 2:0 gegen Erfurt.

Aus Kostengründen kann man jetzt vorerst nur noch eine Messe jährlich durchführen. Die wieder hergestellte Westhalle des Hauptbahnhofes wird eröffnet, und an der Straße der III. Weltfestspiele (der heutigen Jahnallee), Leipzigs erster Großbaustelle nach dem Krieg, ist Richtfest. Zahlreiche Wohnungen und Läden entstehen hier.

Der Gang ins Kino ist eine willkommene Abwechslung. „Casino", 1948

Im Rahmen einer Verwaltungsreform werden im Juli 1952 die Länder der DDR abgeschafft. Somit auch der Freistaat Sachsen. Das Land wird jetzt zu den DDR-Bezirken Leipzig, Dresden und Chemnitz (ab 1953 Karl-Marx-Stadt).
In Leipzig-Wahren kann 1953 die katholische Kirche St. Albert geweiht werden. Sie war durch großes persönliches Engagement des Dominikanerpaters Gordian Landwehr und unter Mitarbeit vieler freiwilliger Helfer entstanden.

Erste Ausreisewelle in den Westen

Wenn es auch so schien, als ginge es voran und das Leben würde sich nach und nach verbessern, so erfolgte jetzt bereits die Ernüchterung. Verschlechterung der Versorgung, nicht zuletzt durch die Enteignung privater Unternehmen, Ausbeutung in den Betrieben durch „Neuerermethoden" und Normerhöhungen verärgern die Menschen. Mit Misstrauen betrachtet man die neugeschaffene „Kasernierte Volkspolizei". Auch in der Gohliser Olbrichtstraße liegt eine Einheit. Mehr und mehr Menschen verlassen jetzt die DDR in Richtung Westen. Man spricht von der ersten Ausreisewelle. Und als in Berlin die Bauarbeiter an der Stalinallee streiken, schließen sich viele Arbeiter, vorrangig in den großen Industriezentren, an. So auch in Leipzig. Am 17. Juni 1953 demonstrieren hier 40 000 Menschen. Es gibt Tumulte, Brandstiftungen und Zerstörungen von Parteieinrichtungen. Ohne die Besatzungsmacht im Lande hätte der Volksaufstand bereits 1953 Erfolg gehabt. Das Politbüro saß bereits auf gepackten Koffern, bereit zur Moskaureise. So aber rollen auch in Leipzig sowjetische Panzer in die Innenstadt und treiben die Menschen auseinander. Ausnahmezustand und Ausgehverbot werden verhängt. Während es in Leipzig nur wenige Tote und etwa 50 Verletzte gab, sah das in Berlin ganz anders aus. Grausam zeigte sich die Siegerjustiz. Es wurden Todesurteile gefällt und eine Menge hoher Zuchthausstrafen ausgesprochen.

Volksaufstand im Juni 1953

Sowjetische Offiziere mit „Stadtausgang". Die einfachen Soldaten kamen, wenn überhaupt, nur mit Gruppenausgang aus der Kaserne heraus

Das Jahr 1954 ist bekannt als das des Jahrhunderthochwassers. Nach lang anhaltenden Regenfällen im Frühsommer schwellen die Flüsse extrem an und überfluten um den 10. Juli auch große Teile des tiefer liegenden Leipziger Stadtgebietes. Und gerade zu dieser Zeit findet hier der 6. Evangelische Kirchentag statt. Einen Monat später ist das Wasser zum Glück abgelaufen. Denn da sieht Leipzig vom 16. bis 22. August bereits das nächste große Ereignis in seinen Mauern, das I. Deutsche Turn- und Sportfest. 30000 Teilnehmer treffen sich in der Messestadt.

Eine Umstrukturierung innerhalb des Fußballverbandes führt zur Auflösung der BSG Chemie – gegen den Willen der Leutzscher und der meisten Leipziger Sportfreunde. Die beiden spielstärksten Mannschaften sind jetzt Lok und Rotation Leipzig. Nach langer Bauzeit, mit einer gewaltigen Anzahl freiwilliger Helfer, ist es nun soweit. Leipzigs Zentralstadion wird 1956 fertiggestellt. Die Einweihung des größten deutschen Stadions erfolgt im Rahmen des II. Deutschen Turn- und Sportfestes. Neben vielen interessanten Sportveranstaltungen ist aber das herausragende Ereignis das Fußball-Freundschaftsspiel des DDR-Meisters SC Wismut Karl-Marx-Stadt gegen den BRD-Meister 1. FC Kaiserslautern. Ein einmaliges, unwiederbringliches Erlebnis. Vor 110 000 Zuschauern gewinnt Lautern mit 3:5. Fritz Walter erzielt sein „Jahrhunderttor". Die Begeisterung wird ein Jahr später in etwa nochmals erreicht, als die DDR sensationell Wales mit 2:1 schlägt. 100000 sind wieder dabei. Mit der Straßenbahn konnte man nach dem Spiel „schaffnerlos" heimfahren. Der Triebwagen blieb jetzt Zeitkarteninhabern vorbehalten (Z-Betrieb). Beide Hänger hatten aber vorerst noch den guten alten Schaffner. Später war dann nur noch im letzten Wagen ein Schaffner (ZZ-Betrieb), und schließlich musste es ganz ohne ihn gehen. Ein Zahlboxsystem „übernahm" die Kassierung.

Einweihung des größten deutschen Stadions

1957 sah sich die DDR gezwungen, sozusagen „über Nacht" das Geld auszuwechseln. Viele Millionen DDR-Währung waren durch die Westberliner Wechselstuben gegangen. Es war eine Notmaßnahme der DDR-Regierung, die ordentlich etwas abwarf. Am Morgen des 13. Oktober erfuhr die Bevölkerung von dem Umtausch, der sofort in vielen öffentlichen Einrichtungen stattfand. Getauscht wurden vorerst nur 300,– Mark. Höhere Beträge wurden auf „rechtmäßigen Erwerb" überprüft! Dadurch kassierte der Staat Hunderttausende Mark ein.

1960 starb der DDR-Präsident Wilhelm Pieck, und es kam zu einer Umbildung der Regierungsform. Das Präsidentenamt entfiel, und es wurde mit dem 7. September ein Staatsrat gebildet. Vorsitzender wurde natürlich der SED-Chef Ulbricht. Das verhieß nichts Gutes, was man an den nun ständig steigenden Zahlen der „Republikflüchtigen" ersehen konnte.

Ulbricht übernimmt Staatsrat-Vorsitz

Zum „Tag der Republik" wird das in vier Jahren Bauzeit errichtete Opernhaus eingeweiht. Am Platz des früheren, durch Bomben zerstörten Neuen Theaters ist ein ansprechender, architektonisch interessanter und für das Publikum attraktiver Neubau entstanden. Die Eröffnungsvorstellung am 8. Oktober 1960 mit Richard Wagners „Meistersinger" bleibt sozusagen einem Leipziger vorbehalten. Schön ist auch, dass man im Jahr 1963, anlässlich des 150. Geburtstag Wagners, in dem neuen Haus eine Festwoche durchführt. Fünf Werke Wagners kommen dabei zur Aufführung. Die beiden ersten Menschen fliegen 1961 in den Weltraum. Juri Gagarin (Wo-

Eröffnung des neuen Opernhauses

Ein trauriges Foto. Reste des Gewandhauses, das nun, 1962, zum Bedauern vieler Leipziger abgetragen wird

stok I) im April und German Titow (Wostok II) im August. Die DDR-Zeitungen haben ihr Sensationsthema. Als Titow im Herbst die Leipziger Messe besucht, wo auch seine Raumkapsel ausgestellt ist, wird er zum Ehrenbürger der Stadt ernannt.

Bau der Mauer

Hunderttausende hatten inzwischen „das wahre Vaterland aller Deutschen" in Richtung Bundesrepublik verlassen. Um den totalen Exodus zu vermeiden, bleibt der SED-Führung nur, die Grenzen abzuriegeln. Nachdem Ulbricht wenige Wochen zuvor gesagt hatte: „Niemand hat die Absicht, eine Mauer zu errichten", war es jetzt soweit. Berlin und die „Grüne Grenze" werden am 13. August 1961 hermetisch abgeriegelt, der Bau der Mauer, von der DDR-Führung „Antifaschistischer Schutzwall" genannt, beginnt. In Leipzig entsteht 1961 das Messehaus am Markt. Nach dem Mauerbau wird die Messe von vielen westlichen Firmen vorerst boykottiert. Aber der Ost-West-Handel, der nun einmal weitgehend zur Leipziger Messe abgewickelt wird, ist den meisten Unternehmen doch zu wichtig und lässt sie schon bald zurückkehren. Leipzigs Bedeutung als Messestadt ist ungebrochen und in gewissem Sinne noch das einzige Bindeglied zwischen Ost und West.

Wiederaufbau der kriegszerstörten Bedachung des Querbahnsteigs des Hauptbahnhofes

Professor Erhard Mauersberger, einst selbst Thomaner, wird neuer Thomaskantor. Im Leipziger Zoo erblickt 1961 das 2000. Löwenjunge das Licht der Welt. Da ahnte wohl niemand, dass es mit Leipzigs Löwenzucht einmal vorbei sein wird. Nachdem 1962 die Ruine des Bildermuseums abgetragen wurde, trifft es ein Jahr später den „Hohlen Zahn", den noch erhaltenen barocken Turm der Johanniskirche. Auch die Ruine des Gewandhauses verschwindet. In den Nachkriegsvorstellungen der Stadtverwaltung, der Architekten und der Bevölkerung sollte all das einmal in altem Glanz wieder erstehen. Bedauerlicherweise ist man davon abgerückt.

Immer bedrohlicher frisst sich die Kohle an das Stadtgebiet heran. Es gibt sogar Überlegungen, den Südfriedhof umzusetzen. Dazu kommt es glücklicherweise nicht. Ganze Dörfer aber fielen dem Braunkohletagebau zum Opfer, der einzige Nadelwald bei Leipzig, die Harth und unwiederbringliche, über Jahrhunderte gewachsene Auewaldgebiete. Bei Kulkwitz stoppt 1963 erst die große Straße nach Markranstädt die Abraumbagger. Zum Glück für die heutigen Grünauer bleiben hier zwei riesige Löcher zurück, die sich langsam mit Grundwasser auffüllen und zum Kulkwitzer See werden.

Chemie-Leipzig wird DDR-Fußballmeister

Mit Beschluss der Sport- und Parteifunktionäre wird 1963 der Sportclub Leipzig gegründet. Zur Fußballmannschaft delegiert man die besten Spieler von Lok und Rotation. Bei den Übrigen spricht man offiziell vom „Rest von Leipzig". Dieser Rest darf den Traditionsnamen „Chemie" wieder annehmen und gilt allgemein als Abstiegskandidat. Aber sie haben den alten Fuchs Alfred Kunze als Trainer... Das „Wunder von Leutzsch" ist bekannt, Leipzigs Rest wurde DDR-Meister der Spielsaison 1963/64. Und nun ist nur noch ein Satz aus diesem Buch vom Jahre 1951 zu wiederholen: Der Sportverein aus Leutzsch gewinnt das letzte und entscheidende Spiel 2:0 gegen Erfurt. Duplizität der Ereignisse.

1964 öffnet das neu erbaute Hauptpostamt, ein funktionaler Zweckbau in

Trivialarchitektur. Heute denkmalgeschützt! Vaclav Neumann wird neuer Gewandhauskapellmeister. Und neues Geld gibt es auch wieder einmal: Mark der Deutschen Notenbank (MDN). Der Umtausch verläuft unspektakulär und problemlos.
Das Jahr 1965 wird ein besonderes. Wenn auch Leipzigs Urkunde zur Stadtgründung kein Datum enthält, so muss sie doch um 1165 erfolgt sein. Und die in der Urkunde benannte Marktgerechtigkeit lässt sogar eine Doppelfeier zu: 800 Jahre Stadt Leipzig, 800 Jahre Leipziger Messe.

Die Technische Messe im Jahre 1965. Damals war trotz Sozialismus und Kaltem Krieg Leipzig noch die bedeutendste deutsche Messestadt

Erstmals gibt es nun in Leipzig eine am Nachmittag erscheinende Boulevard-Presse, die „Azet", die Abendzeitung. Das größte kulturelle Ereignis des Jahres wird in Leipzig das Gastspiel von Louis Armstrong. In der Messehalle sind 4300 Leipziger begeistert von „Satchmo", dem Jazzidol. 1966 beschließen die Sportfunktionäre, die zu wenig erfolgreiche Fußballmannschaft aus dem Sportclub Leipzig herauszulösen. Im Januar wird der 1. FC Lok Leipzig aus der Taufe gehoben. Nicht wenige große Erfolge gelingen dem Verein. Zu einer Meisterschaft reicht es allerdings nie. Eine der größten Leistungen ist der 3:1-Sieg über die damalige Weltklasse-Mannschaft von Benfica Lissabon. 75000 begeisterte Zuschauer sehen bei eisigem Wind und Schneeregen das Spiel am 21. Dezember 1966 im Leipziger Zentralstadion.

Kabarett bereichert Kulturszene Leipzigs

Mit der Begründung des anfangs studentischen Kabaretts „academixer" erfährt die Kulturszene der Messestadt eine Bereicherung. Zusammen mit der „Pfeffermühle" gibt es jetzt zwei leistungsstarke Kleinkunstbühnen in der Messestadt. Besonders die „academixer" gehen nicht selten bis an den Rand des Erlaubten und manchmal einen Schritt darüber hinaus. Die Programme müssen zur Zensur vorgelegt werden, und es ist erstaunlich, was dennoch im Keller in der Kupfergasse geboten wird.
1968 sehen die Menschen in der DDR fasziniert auf Prag. In der damaligen CSSR wird der Versuch einer Demokratisierung unternommen. Die gewaltsame Unterdrückung durch die Truppen des „Warschauer Paktes" zerstört die Hoffnung auf einen „menschlichen" Sozialismus. Aus Protest gegen die Besetzung seiner Heimat legt Gewandhauskapellmeister Vaclav Neumann sein Amt nieder.

Paulinerkirche weicht dem Bau einer sozialistischen Universität

In Leipzig präsentiert das Regime in ganz besonderer Weise seine Macht: Mit der Sprengung der Paulinerkirche fällt eines der geschichtsträchtigsten und ältesten Bauwerke Leipzigs der Vernichtung anheim. Das Politbüro der SED hatte auf Ulbrichts Weisung beschlossen, am Karl-Marx-Platz „Baufreiheit für eine sozialistische Universität" zu schaffen. Das kriegsbeschädigte Augusteum und die unversehrte Pauliner Universitätskirche müssen weichen. Zum ersten Mal nach 1953 gibt es wieder öffentlichen Bürgerprotest. Hunderte, vielleicht einige Tausend, versammeln sich an mehreren Tagen protestierend vor der Kirche. Aber wie uns der Herbst 1989 gelehrt hat, hätten es Hunderttausend sein müssen. Am 30. Mai 1968 wird das über 700 Jahre alte Gotteshaus vernichtet. Dieser beispiellose Kulturbarbarismus wird jubelnd von der Leipziger Volkszeitung begrüßt. „Bauarbeiter leisteten Maßarbeit" heißt der zynische Artikel. Drei Wochen später fällt das bürgerliche Universitäts-Hauptgebäude, das Augusteum.

Leipzig bekommt eine S-Bahn

1969 findet eine weitere staatlich-sportliche Jubelveranstaltung in Leipzig statt, das V. Turn- und Sportfest der DDR. Man kann diesen Großveranstaltungen keineswegs Publikumswirksamkeit und Begeisterung der teilnehmenden Jugend absprechen. Die exakten, farbenprächtigen Massenvorführungen, zumeist wochenlang einstudiert, sind durchaus beeindruckend. Und das fröhlich-unkomplizierte Lagerleben begeistert die Jugendlichen. Darauf setzt die SED-Staatsführung.

Im Jahr des Sportfestes gibt es eine den Stadtverkehr betreffende Neuerung in Leipzig. Die S-Bahn wird eröffnet. Zur Ringstrecke kommen später die Linien nach Wurzen und nach Grünau hinzu. So schön diese den Straßenverkehr entlastende Stadtverkehrsmöglichkeit auch ist, da die Gleise der Fernbahn benutzt werden müssen, bleibt die S-Bahn immer störanfällig. Das war vor 30 Jahren nicht anders als heute.

Niederflurtriebwagen an der Haltestelle Schillerstraße

1970 wird mit Kurt Masur ein ungemein befähigter, aber auch streitbarer und systemkritischer Dirigent Chef des Gewandhauses. Während Ulbricht immer weniger in den Zeitungen auftaucht, wendet man sich deutlich Honecker zu. Er soll in größter Heimlichkeit in Moskau bei Breschnew um Ulbrichts Absetzung interveniert haben und wird allgemein als „Kronprinz" gehandelt.

1972 wird Professor Hans-Joachim Rotzsch nach dem scheidenden Erhard Mauersberger neuer Thomaskantor. Er ist nach dem großen Bach der fünfzehnte Kantor. Bei den Olympischen Spielen in München „hamstert" die DDR Medaillen. Auch ein Erfolg der Arbeit an der Leipziger Hochschule für Körperkultur und Sport (DHfK). Leider weiß man aber heute, dass raffiniertes Doping dabei keine unwesentliche Rolle spielte.

Willy Stoph wird Staatsratsvorsitzender

1973 hat Leipzig 576 000 Einwohner. Viele davon in unzumutbaren Wohnungen. Die Altbausubstanz verfällt mehr und mehr. Plagwitz, Connewitz und Leipzigs Osten sind besonders betroffen. In diesem Jahr wird der neu erbaute Universitätskomplex übergeben. Genau dort, wo der Altar der Paulinerkirche stand, prangt jetzt das monumentale Marx-Lenin-Relief, welches sich bis heute (Juni 2000) an dieser Stelle befindet.

Walter Ulbricht stirbt in diesem Jahr. In Berlin gehen trotzdem die gerade stattfindenden X. Weltfestspiele weiter. Man rechnete allgemein mit der „Thronfolge" Honeckers. Doch aus nicht bekannten Gründen bleibt er in der zweiten Reihe, auch wenn er inoffiziell als Generalsekretär der SED ohnehin bereits der mächtigste Mann der DDR ist. Willy Stoph wird Staatsratsvorsitzender. Ein eher farbloser Politiker, der bereits als Innen- und Verteidigungsminister agiert hatte.

- Eine **Einschulung 1948** mutet heute an wie aus dem 19. Jahrhundert. Die bescheidene Ausrüstung des ABC-Schützen bestand aus folgendem Ranzeninhalt: **Die Fibel, der Schieferkasten (vornehmer Penal) mit den Schieferstiften, die Schiefertafel und dem Schwamm.** Letzterer wurde, da meist nass, am Ranzen außen getragen. Die „Billigvariante" für arme Leute waren in ein Tuch eingewickelte Schieferstifte und statt des Schwammes ein Waschlappen.
- Zur **Gründung der DDR** gibt es ein besonderes Geschenk: **Die HO-Bockwurst** kostet nun nicht mehr wie bisher 5,– Mark, sondern ab sofort 3,60 Mark!
- Anfang der Fünfziger Jahre unternahm man wieder einmal den Versuch, den **Karneval in Leipzig** zu beleben. Zahlreiche Veranstaltungen und Umzüge gab es. Doch es blieb bei Anfangserfolgen. Bald schliefen die Bemühungen wieder ein. **Irgendwie passt das närrische Treiben nicht so recht zur sächsischen Mentalität.**
- Am 5. Mai 1953 bekommt **Leipzigs Universität den Namen Karl Marx.** Der sozialistische Philosoph war wohl **zwei- oder dreimal in Leipzig auf der Durchreise**. Mit der Universität hatte er überhaupt nichts zu tun. Noch grotesker traf es Chemnitz, das in diesem Jahr in **Karl-Marx-Stadt** umbenannt wird. **Marx war nie in der Stadt.**
- Für das **Spiel SC Wismut Karl-Marx-Stadt gegen den 1. FC Kaiserslautern** am 6. Oktober 1956 lagen 400000 Kartenbestellungen vor. So verkaufte man wenigstens zu den 100000 sofort vergriffenen Sitzplatzkarten noch 10000 Stehplätze auf der Dammkrone. Es waren aber noch mehr Menschen im Stadion. Zu den 110000 kamen wohl nochmals einige Tausend, nämlich die, die über den Stadionzaun geklettert waren. Der Autor gehörte dazu.
- Aus den **zahlreichen politischen Verurteilungen** zu dieser Zeit seien zwei herausgegriffen: 1957 wird der Leipziger Schriftsteller Erich Loest wegen **„Konterrevolutionärer Gruppenbildung"** zu sieben Jahren Zuchthaus verurteilt. Im gleichen Jahr der Leipziger evangelische Studentenpfarrer Siegfried Schmutzler wegen Boykotthetze zu fünf Jahren Zuchthaus. Sein katholischer Amtsbruder an der Paulinerkirche, Pater Gordian Landwehr, entgeht der Verurteilung wohl nur, weil er über die Erzdiözese Köln direkt dem Vatikan untersteht. Die Sächsische Zeitung bezeichnet ihn als **„Natoprediger im Jesuitengewand"** (er war nie Jesuit), und in seiner enormen Stasiakte findet er 1990 die ihm vom Ministerium für Staatssicherheit beigelegte ehrende Bezeichnung Staatsfeind Nr. 1.
- 1960 führt die **Straßenbahn für die Zahlbox im schaffnerlosen Betrieb „Schnipselkarten"** ein. Sechs Abrisse kosten 1,– Mark. Der Fahrpreis beträgt somit keine 17 Pfennige. Kinder und Rentner zahlen 10 Pfennige pro Fahrt. Dennoch gibt es „Schwarzfahrer". Wer erwischt wird, zahlt 5,– Mark.
- Zum **IV. Deutschen Turn- und Sportfest** im August 1963 findet gleichzeitig die V. Pionierspartakiade der DDR statt. Insgesamt 55000 Teilnehmer sieht Leipzig.
- Auch wenn man es heute vielleicht nicht mehr glaubt – es ist belegbar: Das SED-Blatt **Leipziger Volkszeitung bekam 1971 eine Rüge** des Politbüros, weil man **Mitglieder** dieses Gremiums **nicht groß genug abgebildet hatte!**

Die Messestadt Leipzig und das Ende der DDR. Die Jahre von 1974 bis 1989

● **1974:**
In Schönefeld beginnen die Arbeiten am dort entstehenden Wohnkomplex. Auch der Ausbau der Morizbastei beginnt
● **1976:**
Opernerlebnis durch Joachim Herz. Wiedereröffnung des Ägyptischen Museums der Universität. Honecker am Ziel: Generalsekretär der SED und Vorsitzender des Staatsrats
● **1977:**
Umfassende Restaurierung der Nikolaikirche abgeschlossen. Grundsteinlegung zum Gewandhaus-Neubau. XX. Internationale Dokumentar- und Kurzfilmwoche
● **1978:**
Markuskirche gesprengt. Die Gehörlosenschule „Samuel Heinicke“ wird 200 und der Leipziger Zoo 100 Jahre alt. Der erste Deutsche im Weltraum
● **1980:**
560. Leipziger Rauchwarenauktion. Die zehntausendste Wohnung in Grünau übergeben. „Schönste Bücher aus aller Welt“
● **1981:**
Die Kohleförderung verschlingt immer mehr Leipziger Umland. Dennoch herrscht Mangel an Energie. Selbst Stromabschaltungen kommen wieder vor. Leipzig ganz im Zeichen der Musik. Höhepunkt ist die Schlüsselübergabe zum neuen, dem dritten Leipziger Gewandhaus
● **1982:**
Besorgt über die Rüstung in Ost und West gibt es an einem Montag im September ein Friedensgebet in der Nikolaikirche. Man beschließt, dies auch an den kommenden Montagen fortzuführen. Das Interhotel „Merkur“ wird eröffnet. Indienststellung des Bücherturms der Deutschen Bücherei
● **1983:**
Bescheidene Ehrung für Richard Wagner. Einweihung des „Friedensparkes“. VII. Turn- und Sportfest der DDR.
● **1986:** „Leichter Industrienebel“. Und wieder Energieprobleme. In der inneren Ostvorstadt läuft ein Wohnungsbauprogramm
● **1987:**
Erster Geldautomat der Sparkasse. VIII. Turn- und Sportfest der DDR. Der 1. FC Lok Leipzig in einem europäischen Pokalfinale. 775 Jahre Thomaner. Gewandhausfesttage mit Open-Air-Übertragung
● **1988:**
Letztes wirklich großes Fußballspiel im Zentralstadion vor 80 000 Zuschauern. Die Montags-Friedensgebete in der Nikolaikirche werden mehr und mehr besucht. Standesämter unter Hochdruck am 8. 8. 88
● **1989:**
DAS JAHR DER WENDE!

Das Jahr 1974 beginnt mit der Länderkennzeichnungspflicht bei Kraftfahrzeugen. Jedem „Trabi“ sein „DDR“ ans Heck. In Schönefeld nimmt man den Aufbau des dortigen Wohngebietes in Angriff. 4300 Wohnungen sollen einmal entstehen. Die Studenten beginnen mit der Sanierung und dem Ausbau der Anlagen der alten Moritzbastei, die ehemals die Südostecke Leipzigs bildete. Zahlreiche freiwillige Helfer packen an, und jedes Semester bringt neuen Zuwachs an Arbeitswilligen. Bedauerlich wird für die Leipziger, dass jetzt aus Papiermangel die Sonntagsausgaben der Zeitungen abgeschafft werden. Das trifft vor allem die Sportfreunde, die mit Muse bisher am Sonntagmorgen die Fußball-Spielberichte studieren konnten. 1975 fällt auch die beliebte „Azet“ der Papierknappheit zum Opfer.

Beginn der Bauarbeiten in Leipzig-Grünau

1976 wird ein noch weit größeres Bauvorhaben als das Schönefelder begonnen. Am 1. Juni, in der DDR übrigens „Tag des Kindes“, legt Oberbürgermeister Dr. Müller den Grundstein zum Aufbau des Wohnkomplexes Grünau. 100 000 Leute sollen hier einmal leben. Leider vernachlässigt man die Infrastruktur. Leipzig-Grünau wird nicht ganz zu Unrecht als Leipzigs „Schlafstadt“ bezeichnet – arbeiten und leben muss man woanders. Im Herbst ist der S-Bahn-Anschluss Plagwitz–Grünau betriebsfertig.

Mit der „Götterdämmerung“, Premiere am 28. März 1976, beendet Joachim Herz die Neuinszenierung von Wagners „Der Ring der Nibelungen“. Die zykli-

Der Dampflokabschied vor dem Leipziger Hauptbahnhof im Herbst 1978

sche Gesamtaufführung zwischen dem 16. und 25. April ist ein großer Erfolg für ihn und das Leipziger Opernensemble. Noch immer hat Leipzig keine würdige Stätte der Erinnerung an den Schöpfer des „Rings", Richard Wagner. 1983, anlässlich seines 100. Todestages, wird dann eine künstlerisch recht bescheidene Büste am Schwanenteich enthüllt.

Neuer Standort des Gewandhauses

Am 8. November 1977 können Leipzigs zahlreiche Musikfreunde der Grundsteinlegung zum neuen Gewandhaus beiwohnen. Der Standort Karl-Marx-Platz überrascht. Hier war eigentlich einmal das Auditorium maximum der Universität geplant, und der Standort des alten Gewandhauses an der Grassistraße war schließlich frei. Aber das Haus gab den Vorstellungen der Architekten Recht. Der attraktive Bau harmonierte mit der gegenüberliegenden Oper vortrefflich. Die sehr geringe Qualität der übrigen Neubauten, Hörsaalgebäude, Hauptpost und Hotel ließen allerdings kaum einen positiven Gesamteindruck des Platzes zu.

Zentralstadion mit neuer Flutlichtanlage, Sportfest 1983

Moderne Flutlichtanlage für das Zentralstadion

Nach langer, aufwendiger Renovierung erstrahlt jetzt die Nikolaikirche in altem Glanz. Das Zentralstadion bekommt eine neue, allen internationalen Ansprüchen genügende Flutlichtanlage. 2 000 Lux erleuchten die Arena taghell und machen Flutlichtveranstaltungen für Aktive und Zuschauer zu einem Genuss. In diesem Jahr wird Leipzigs größte Messehalle, die Halle 7, fertiggestellt. Etwas westlich-ausländisches Flair kommt neben den Messen auch durch die international besuchten Dokumentar- und Kurzfilmwochen nach Leipzig. 1977 registriert man bereits die „XX".

Die Sprengung der Reudnitzer Markuskirche an der Dresdner Straße war durch jahrzehntelange Vernachlässigung der Bausubstanz und Nichtbereitstellung von Mitteln zur Sanierung vorprogrammiert und 1978 wohl wirklich unumgänglich. Schade um das rund 100 Jahre alte sakrale Bauwerk. Ältere Leipziger haben sich an die somit entstandene Baulücke noch immer nicht gewöhnt.

Zwei runde Geburtstage gibt es in diesem Jahr. Die ebenso wichtige wie attraktive und weit über Leipzigs Grenzen hinaus bekannte Schule für Gehörlose „Samuel Heinicke" wird 200 Jahre alt und der Leipziger Zoo feiert seinen Hundertsten.

Einen Riesenrummel gibt es um den ersten Deutschen im All, Siegmund Jähn. Eine Genugtuung für Partei- und Staatsführung, dass es sich um einen DDR-Bürger handelt. Jähn konnte mit einem Kosmonauten der UdSSR zur Orbitalstation „Salut 6“ mitfliegen. Die Leipziger Volkszeitung bringt sogar ein Extrablatt heraus. Am 30. September 1978 beschleicht Wehmut das Herz der nicht wenigen Freunde von „Dampf über den Schienen“. Die beiden letzten noch in Leipzig stationierten Loks der Baureihe 03 (Bahnbetriebswerk Leipzig-West) werden umgesetzt und verlassen mit einem Planzug die Messestadt. 130 Jahre Dampftraktion in Leipzig sind zu Ende.
Jürgen Hart kreiert 1980 das Sachsenlied. „Sing, mei' Sachse, sing!“ wird in der unglaublichen Anzahl von einer dreiviertel Million Schallplatten verkauft.
Die Ausstellungen „Schönste Bücher aus aller Welt“ passen nicht nur in die Buchstadt, auch damit gewinnt Leipzig ein kleines Stück Weltoffenheit. Sie finden in der Leipzig-Information am Sachsenplatz statt und erfreuen sich eines guten Besuches.

Energieprobleme zwingen zur Stromabschaltung

Plötzlich gibt es wieder Stromabschaltungen. Die Älteren sind sofort im Bilde und wissen, wie man mit „Stromsperre“ umzugehen hat. Leuchtreklamen und Schaufensterbeleuchtungen dürfen nicht mehr eingeschaltet werden. Kampagnen gegen Heizstrahler und selbst gegen das Kaffeekochen in Betriebsabteilungen laufen. Die DDR hat große Energieprobleme. Und das auch in Leipzig, wo doch gerade hier der Abbau von Braunkohle und die Umformung zu Elektrizität einen Schwerpunkt hat. Gnadenlos wird natürlicher und durch Menschenhand über Jahrhunderte geformter Lebensraum vernichtet und der Kohle geopfert.
1981 erlebt das musikalische Leipzig, nein, eigentlich die ganze Stadt, eine große Freude. Am Tag der Eröffnung des Gewandhauses, nunmehr des dritten, sind nach Schätzungen 100000 Leipziger auf den Beinen. Erich Honecker, der nicht gerade als Freund klassischer Musik gilt, nimmt die Eröffnung des Hauses vor. Professor Kurt Masur, Chef des Gewandhausorchesters, dirigiert im Festkonzert die „Neunte“ und die „Gesänge an die Sonne“ des Leipziger Komponisten Siegfried Thiele. Die Musikstadt Leipzig hat wieder ein würdiges Haus zur Pflege der musikalischen Tradition.

Honecker eröffnet das Gewandhaus

Leipzigs 1981 fertiggestelltes nunmehr drittes „Gewandhaus“

Die Gewandhaus-Festtage vom 25. November (an diesem Tag fand 200 Jahre zuvor das erste „Gewandhaus“-Konzert statt) bis zum 4. Dezember werden zu einem Höhepunkt in Leipzigs Musikgeschichte. Zahlreiche in- und ausländische Solisten und Orchester erweisen Leipzig die Ehre.

Die europaweite Raketenbestückung, der aggressive Ton der Sowjetunion und der DDR, aber auch der von Nato-Militärs, geben zu ernster Besorgnis Anlass. 1982, an einem Montag im September, gibt es ein „Friedensgebet" in Leipzigs Nikolaikirche. Man beschließt, das Gebet auch an den kommenden Montagen zu wiederholen. Keinesfalls hat zu dieser Zeit einer der Teilnehmer daran gedacht, dass damit soeben der Anfang vom Ende der DDR begründet worden ist. Nicht einmal der allgegenwärtige Staatssicherheitsdienst, das MfS. Die Stasi lässt den Gebetskreis erst später überwachen. Das Zeichen „Schwerter zu Pflugscharen" wird zum Symbol der DDR-Friedensbewegung. Der junge Mensch, der es beispielsweise an der Erweiterten Oberschule, dem Gymnasium der DDR, trägt, riskiert den Rauswurf.

Das Interhotel „Merkur" an der Gerberstraße, rechts Schornstein des Heizkraftwerkes „Mitte"

Erste Friedensgebete finden statt

1982 öffnet das von einem japanischen Unternehmenskreis finanzierte Hotel Merkur. Man kann dort in mehreren Einrichtungen nur und zur Messe generell mit „Westgeld" bezahlen. Der dem akuten Platzmangel der Deutschen Bücherei Abhilfe schaffende Bücherturm ist fertiggestellt. Und im Zoo können die Menschenaffen das für sie errichtete attraktive Haus beziehen. Der ehemalige Neue Johannisfriedhof wird zum „Friedenspark" umgestaltet, und das Bettenhaus im Klinikum an der Liebigstraße wird zum Jahresende 1983 fertiggestellt.

1983–1989

Die Verschmutzung von Luft und Wasser nimmt immer erschreckendere Formen an. Die schlimmste Region in der DDR ist die von Bitterfeld. Aber Leuna, Buna und Böhlen stehen dem kaum nach. Und in Leipzig gibt es „Dreckschleudern" fast in der Innenstadt. So das Heizkraftwerk in Bahnhofsnähe oder das Heizhaus der „Turmbräu"-Brauerei (vormals Ernst Bauer). Aus Platzmangel mitten auf dem Täubchenweg errichtet. Und die Pleiße ist zum schwarz-violetten Phenol-Abwasser verkommen. Die „academixer" erlauben sich den makabren „Scherz": „Pleiße ist nur noch das Reimwort!" Bei atembeklemmenden invertasen Luftdrucklagen, die den Dreck nicht abziehen lassen, gibt man einen „leichten Industrienebel" zu, der allerdings „ohne gesundheitliche Gefahren" ist.

Verfall der Bausubstanz

Und immer wieder Energieprobleme. Im bitterkalten Februar 1986, das Thermometer fällt bis auf –23 Grad, ist Leipzig-Grünau zeitweise ohne Heizung. Schlimm ist auch, wie mehr und mehr die Altbausubstanz verlottert. Viele Menschen wohnen im Grunde unzumutbar. Verfallene Fassaden und marode Dächer. Das Problem der Taubenzecken ist bekannt. Die groß aufgezogene Aktion „Dächer dicht" ist ein Tropfen auf den heißen Stein und kann kaum Abhilfe schaffen.

In diesem Jahr öffnet in Gohlis wieder „Ohne Bedenken", die Gosenschänke. Wenn es auch noch nicht die alte Gose ist, die ausgeschenkt wird, Interieur und Bewirtschaftung machen richtig Freude. Ein Besuch in der Menckestraße ist lohnenswert.

1987 nimmt die Leipziger Sparkasse den ersten Geldautomaten in Betrieb. Die Thomaner unter Kantor Hans-Joachim Rotzsch können ihren 775. Geburtstag feiern. Im Bosehaus gibt es dazu eine im März eröffnete Ausstellung. Zu den Gewandhausfesttagen dirigiert Leonard Bernstein Schuberts „Unvollendete" und Gustav Mahlers „I.". Die Nachfrage ist so groß, dass man sich dazu entschließt, das Konzert nach außerhalb des Hauses zu übertragen. Nachdem die

Leichtathletin Petra Felke 1987 mit 79,80 Metern im Speerwerfen den letzten Weltrekord im Zentralstadion aufgestellt hatte, gibt es 1988 dort zum letzten Mal wirklich großen Fußball. 80000 sehen das Europacupspiel 1. FC Lok Leipzig gegen den SSC Neapel, mit dem argentinischen Weltstar Diego Armando Maradona. Das 1:1 kann sich sehen lassen. An einem Donnerstag Anfang August herrscht Hochdruck in den Leipziger Standesämtern. 340 Paare wollen getraut werden – es ist der 8. 8. 88. Im Oktober wird die Handwerkerpassage zwischen Markt und Klostergasse eröffnet, und Mitte Oktober hat die Gemeinde Probstheida ihre große Zeit: 775. Jahrestag der Ersterwähnung, 175 Jahre Völkerschlachtsgedenken und 75 Jahre Denkmalsweihe.

Foto von der Fußgängerbrücke am Fleischerplatz am 30. Oktober 1989

Leipzig Oktober 1989 – die Revolution beginnt

Die Vorgänge des großen Jahres 1989 aufzuzeigen, würde den Rahmen dieses Buches sprengen. Es ist auch ausreichend gute Literatur darüber vorhanden. Hier nur so viel: Die Ursachen zu der in Leipzig beginnenden Volkserhebung waren mannigfaltig. Versorgungsprobleme in allen Bereichen, Bevormundungen und staatsbürgerliche Entmündigung, die massiven Reisebeschränkungen, aber auch die Ausreisewelle, der sozialistische Militarismus, der angesprochene verantwortungslose Umgang mit Natur und Umwelt und 1989 ganz aktuell die Befürwortung des Massakers von Peking und der geradezu lächerliche Wahlbetrug im Mai, brachten das Fass zum Überlaufen. Vergessen wir bei all dem nicht, erst die unter Gorbatschow bereits angelaufenen Reformen, die „Glasnost" und „Perestroika" in der UdSSR, machten den erfolgreichen Verlauf der friedlichen Revolution hier möglich.

Dass die Erhebung von Leipzig ausging, ist vielleicht damit zu erklären, dass sich die Leipziger, nicht zuletzt durch die Messen, eine gewisse Weltoffenheit bewahrten und einen gesunden Widerspruchsgeist entwickelten. Man sprach von der „Heldenstadt". Das muss nicht sein. Helden waren aber die, die am 9. Oktober mit dem trotzigen „Wir sind das Volk!" die Wende einleiteten. An diesem Tag musste nach versteckten und offenen Drohungen der Staatsmacht und dem massiven militärischen Aufgebot damit gerechnet werden, dass geschossen wird. Jene 70000 überrollten aber die fassungslose DDR-Spitze um Honecker, Mielke und Krenz. Bei den beiden machtvollsten Demonstrationen vom 30. Oktober und 6. November befanden sich auf den Straßen des geschlossenen Innenstadtrings jeweils mindestens 300000 Demonstranten. Für den verregneten 6. November gehen die Schätzungen bis zu 400000 Teilnehmer. Das ist somit die größte Menschenansammlung in der Geschichte Leipzigs gewesen. Die Leipziger Montage im Herbst 1989 waren eine einmali-

400 000 auf der Straße

ge befreiende Erfahrung, das beglückende Erleben der unglaublichen Macht der Machtlosen und der Ohnmacht der Mächtigen. Nach dem Leipziger 6. November tritt am nächsten Tag die DDR-Regierung zurück. Und nur drei Tage später öffnet sich die verhasste Mauer, die laut Honecker in 50 und in 100 Jahren noch stehen sollte. Mit der stillen und deshalb um so mehr beeindruckenden Demo, im Gedenken an die Opfer von Stalinismus und Sozialismus, geht am 18. Dezember Leipzigs großer Herbst des Jahres 1989 zu Ende. 200 000 Kerzen ziehen langsam um den Ring...

- Eine schöne Sache war die **Sonntagrückfahrkarte** bei der Bahn. Sie war von Samstagnachmittag bis Montagmorgen gültig und sehr preiswert. So zahlte man für Hin- und Rückfahrt Leipzig–Eilenburg beispielsweise **2,70 Mark**.
- Etwas im Schatten von „König Fußball" lebt der Handballsport in der Messestadt. Zu unrecht. Vor allem die Damen des SC Leipzig sind ganz stark. Mehrere DDR-Meistertitel, so auch 1978, belegen das.
- Das **letzte Konzert gibt das Gewandhausorchester** in seinem Interimsdomizil, der Kongresshalle, im September 1981 (Stargast Yehudi Menuhin). Dann kann das weltweit bekannte Ensemble ins **Neue Gewandhaus umziehen**.
- 1984 gestalten die bildenden **Künstler Leipzigs einen „Herbstsalon"**. Die ausgestellten Arbeiten erregen großes Publikumsinteresse, treffen aber nicht den Geschmack der SED-Offiziellen. Der Salon wird als **„konterrevolutionär"** bezeichnet, es darf nicht mehr darüber berichtet werden.
- Die **geduldigsten Messestädter** kann man vor der Leipzig-Information finden. Dort werden auch Eintrittskarten aller Art verkauft. Wer ein Billet für ein gutes Konzert oder eine gastierende westliche Gruppe haben möchte, stellt sich bei Zeiten an. So gegen 9 Uhr. Abends. Zum Vorverkauf am nächsten Tag.
- Ein **„toller Hecht"**. Ein Angler landet nach halbstündigem Kampf im Sommer 1985 aus dem Leipziger Auensee einen armdicken **Riesenaal von 107 Zentimetern** Länge.
- Noch immer wurde bis zum Ende der DDR der Name **„Reichsbahn"** beibehalten. Das Staatsunternehmen war 1920 aus dem Zusammenschluss der Länderbahnen, einschließlich der **Königlich Sächsischen Staatsbahn**, hervorgegangen.
- Von **Prügelszenen, Wasserwerfereinsätzen und Verhaftungen** (in der DDR-Presse als „Zuführungen" bezeichnet) ist der 40. Jahrestag der DDR in Leipzig begleitet.
- Im Artikel **„Staatsfeindlichkeit nicht länger dulden"** schreibt Kommandeur Günter Lutz im Auftrag der Kampfgruppenhundertschaft „Hans Geiffert" am 6. Oktober 1989 in der Leipziger Volkszeitung, man werde diese konterrevolutionären Aktionen endgültig und wirksam unterbinden (gemeint sind die Leipziger Montagsdemos). **„Wenn es sein muss, mit der Waffe in der Hand"**.
- Durch Engagement, Besonnenheit und unablässige Mahnung zur Gewaltlosigkeit, wiederholt vor Tausenden von **Montagsgebet-Besuchern** in seiner überfüllten Kirche, hatte **Pfarrer Christian Führer** von St. Nikolai keinen geringen Anteil am großen Leipziger Herbst 89. Weiß das eigentlich auch die Stadt Leipzig? Man könnte jedenfalls meinen, er habe etwas mehr für Leipzig getan als zum Beispiel der Ehrenbürger German Titow (Fliegerkosmonaut der UdSSR).

Deutschland – einig Vaterland. Leipzig in den Jahren von 1990 bis 2000

• 1990:
Helmut Kohl spricht auf dem Augustusplatz. 825 Jahre Leipzig. Einführung der D-Mark in der „Noch-DDR". Der Tag der Deutschen Einheit. Wiederbegründung des Freistaates Sachsen. Die erste freie Landtagswahl

• 1991:
Beschlussfassung zum Bau eines neuen Messegeländes. Entlassung des Thomaskantors. Aus „Chemie" wird FC Sachsen Leipzig, der 1. FC Lok nimmt den Traditionsnamen „VfB" wieder an. Erster Spatenstich für das Quelle-Versandhaus. Durchführung der Kreisgebietsreform in Sachsen

• 1992:
Der Mitteldeutsche Rundfunk (MDR) nimmt den Sendebetrieb auf. Aufsplitterung und Rückgang der Leipziger Messe. Iltgen und Biedenkopf unterzeichnen die neue Verfassung des Freistaates Sachsen. Besuch der Königin von England in Leipzig

• 1993:
„Leipzig kommt". Ein neues Mendelssohndenkmal. 150 Jahre Konservatorium – Hochschule für Musik. Festwoche „300 Jahre Oper in Leipzig"

• 1994:
Die Restaurierung bzw. der Neuaufbau der Universitätsbibliothek beginnt. Karl-Heine-Kanal und Meyersche Häuser werden saniert. „Baulöwe" Schneider geht in Konkurs. Die Russen ziehen ab. Einweihung des Herzzentrums Probstheida. Richtfest der Neuen Messe. Die „Bernadottes" in Leipzig

• 1995:
Schleppende Vermarktung der Alten Messe. „Quelle" eröffnet im Mai. Wiedereröffnung des Alten Johannisfriedhofs. Baubeginn am Grünauer „Allee-Center" und an der Tiefgarage Augustusplatz. „Classic open" auf dem Markt

• 1996:
Eröffnung der Neuen Messe. „Haus des Buches" eröffnet Förderverein „Pleiße ans Licht". Kurt Masur scheidet vorzeitig aus seinem Amt. Der Umbau von Leipzigs Hauptbahnhof beginnt. Das langsame Sterben des Bayrischen Bahnhofs. Alfred Kunze, eine Leipziger Fußball-Legende, stirbt. Hotel „Astoria" ist nicht mehr

• 1997:
500 Jahre Leipziger Messe. Jubiläumsausstellung „Leipzig – Stadt der wa(h)ren Wunder". Mendelssohnhaus restauriert. Eröffnung des „Strohsacks".
27. Evangelischer Kirchentag in Leipzig. Barthels Hof und Forsthaus Raschwitz. Übergabe des neu gestalteten Hauptbahnhofkomplexes

• 1998:
Umbau des Reichsgerichtes am Simsonplatz beginnt. Mit „30 Jahre danach" erinnert die Universität an die Vernichtung ihrer Kirche. Wolfgang Tiefensee wird neuer Oberbürgermeister, Herbert Blomstedt neuer Gewandhaus-Chef. Der alte Schlachthof soll zu media city leipzig werden. Schillerhaus, Gohliser Schlösschen und Kaffeebaum (mit „Kaffeemuseum") öffnen nach langwierigen Renovierungen

• 1999:
Die neuen Räume des Alumnats der Thomaner übergeben. Baubeginn zur Juridicum-Passage an der Petersstraße. Sanierung und Umbau des Bayrischen Bahnhofs beginnt. Abriss der „Leipzig-Information" zu Gunsten des Neubaus des Museums der Bildenden Künste. Und wieder einmal Standesamtgedränge – 9. 9. 99. Das Goerdeler-Denkmal. Proteste zur erschreckenden Gestaltung des Augustusplatzes. Der Bau des Geisteswissenschaftlichen Zentrums der Universität an der Grassistraße ist beschlossen

• 2000:
Das Millenniums-Spektakel. Zweitausend Jahre Zeitrechnung – 1000 Jahre Leipziger Geschichte

Bei der ersten Demo im Jahr der Wiedervereinigung ist Leipzigs Ring letztmalig von mehr als 200 000 Teilnehmern geschlossen. Im März findet sich eine noch größere Menschenmenge auf dem Karl-Marx-Platz ein, um die Ansprache des Bundeskanzlers Helmut Kohl zu hören. Die erste freie Wahl in der DDR bringt im März 1990 ein klares Votum für seine Partei, die CDU. Jetzt werden die Weichen für die Wiedervereinigung im Einvernehmen mit der UdSSR und den Westmächten von den Vertretern der DDR und der BRD gestellt.

Zuvor aber gibt es am 1. Juli den Umtausch des Geldes. Das war schon ein besonderes Gefühl, nun frei über einen ordentlichen Betrag der in der DDR so gesuchten „harten Westmark“ verfügen zu können. Bei all den großen Ereignissen geht fast unbemerkt vorüber, dass Leipzig als Stadt ganz nebenbei 825 Jahre alt wird.

Die deutsche Wiedervereinigung

Zum Tag der historischen Wiedervereinigung der beiden deutschen Länder wurde der 3. Oktober 1990. Ein wenig schade eigentlich, Leipzig hätte es sich verdient, dass es der 9. Oktober, der Tag der ersten großen Montagsdemo, geworden wäre. Aber es sollte wohl keinen 41. Jahrestag der DDR geben. Es ist sicher nicht übertrieben zu sagen, dass die übergroße Mehrheit des deutschen Volkes die Wiedervereinigung ihres Vaterlandes freudig begrüßte. Und bei allen Schwierigkeiten, die sich in der Folge aufgetan haben, sollte man nicht vergessen, wie wir heute leben, was für Fahrzeuge gefahren werden, wohin es im Urlaub geht und so weiter. Mit der Wiedervereinigung bekamen die Sachsen auch ihren Freistaat zurück. Die Neubegründung erfolgte am 3. Oktober, dem Tag der Deutschen Einheit, auf der Albrechtsburg zu Meißen. Bei den ersten freien Landtagswahlen nach 1933 bekommt die CDU die absolute Mehrheit. In der konstituierenden Sitzung am 27. Oktober 1990 wird Erich Iltgen zum Präsidenten des Sächsischen Landtages und Prof. Dr. Kurt Biedenkopf zum Ministerpräsidenten des Freistaates gewählt. Die Kreisgebietsreform (meist Zusammenlegungen) bringt verwaltungsmäßige Vereinfachungen.

825 Jahre Leipzig. Bescheidener Schmuck am Eingang der Hainstraße

Letzter Verwendungstag der DDR-Briefmarken ist der Tag vor der Einheit

Planung der neuen Leipziger Messe

1991 kommt es in Leipzig zur Beschlussfassung, das alte Messegelände aufzugeben und einen modernen Messe- und Ausstellungskomplex bei Wiederitzsch zu bauen. Diese Entscheidung ist keineswegs unumstritten. Zum einen stellte die Messe „in der Stadt“ eine attraktive Besonderheit Leipzigs dar und zum anderen konnte durch die geplanten themenbezogenen Kleinmessen eigentlich nur die Vormachtstellung Hannovers, der Leipziger Partnerstadt, gefördert werden.

Luftbild mit Blick auf die entstehende Neue Messe bei Wiederitzsch

Bevölkerungszahl sinkt

Eine ebenso nicht durchschaubare wie allgemein abgelehnte Angelegenheit wird im Frühjahr 1991 die Entlassung des beliebten Thomaskantors Hans-Joachim Rotzsch. Ihm werden Stasi-Kontakte nachgesagt, man erfährt aber nie etwas Genaues. Seine Thomaner schreiben in Riesenlettern an die Mauer des Alumnats: „Wir wollen unsern Kantor wiederhaben!" Durch zahlreiche Übersiedlungen, gravierenden Geburtenrückgang und den zunehmenden Trend, außerhalb der Stadt zu wohnen, sinken Leipzigs Bevölkerungszahlen unter die Halbmillionengrenze.
In Leipzigs Fußball gab es Umbenennungen. Aus „Chemie" wurde der FC Sachsen Leipzig und der 1. FC Lok nahm den Traditionsnamen „Verein für Bewegungsspiele" (VfB Leipzig) wieder an. Leider brachten die neuen Namen bisher kein Glück. Im Gegenteil, es ging immer weiter bergab. Während Chemie (die alten Leipziger nennen die Grün-Weißen noch immer so) im Mai 2000 wenigstens mit Mühe die dritte Liga erreichte, ist der VfB, vorerst zumindest, in der Bedeutungslosigkeit verschwunden.

Kneipenmeile „Drallewatsch", Foto aus dem Barfußgässchen

Königliche Prominenz besucht Leipzig

1992 beginnt der Mitteldeutsche Rundfunk mit seinem Sendebetrieb. Der MDR wird zu einem beliebten Sender der Region, der es versteht, für jeden etwas zu bringen. Die neue Verfassung des Freistaates liegt vor und wird unterzeichnet. Sie tritt mit dem 6. Juni 1992 in Kraft. In Leipzig findet sich nicht selten „Blaues Blut" ein. Nachdem 1991 bereits Prinz Charles in der Messestadt weilte, kommt in diesem Jahr seine Mutter zu Besuch, die englische Königin, und 1994 werden die Bernadottes, das schwedische Königspaar, Leipzig einen Besuch abstatten. Die Hochschule für Musik kann mit einem Festkonzert an ihre Begründung vor 150 Jahren durch Felix Mendelssohn-Bartholdy erinnern, und gleich eine ganze Festwoche gibt es zu „300 Jahre Oper in Leipzig“. Mendelssohn hat nun auch wieder ein Denkmal. Es steht am Gewandhaus. Bei seinem Anblick denkt man mit Wehmut an das von den Nazis vernichtete.

Gebaut wird gewaltig in Leipzig. In 40 Jahren Sozialismus ist vieles verfallen, vieles vernachlässigt und vieles gar nicht in Angriff genommen worden. Nicht alles Neue ist schön. Mit „Techno-Klopsen“ und „Keksrollen“ kann man sich nur schwer identifizieren. Doch vieles ist auch erfreulich. Dazu gehören 1994 der Ausbau des verlotterten Karl-Heine-Kanals und die beginnende Sanierung der ehrwürdigen Roßbachschen Universitätsbibliothek. 1994 gibt es aber auch den größten Leipziger Bauskandal in der Geschichte der Messestadt. Das Imperium des Baulöwen Schneider bricht zusammen. Von der Millionenpleite sind besonders bitter kleine Handwerker betroffen. Offen spricht man von einer Mitschuld der Banken.

Ende der russischen Besatzung nach 39 Jahren

Zu Beginn des Monats Juni verlassen die letzten russischen Streitkräfte deutschen Boden. 39 Jahre Besatzung haben ein Ende gefunden. Die Hinterlassenschaften lösen nicht gerade Freude aus. In den Kasernenanlagen bei Heiterblick und in Grünau sind umfangreiche Entsorgungen, meist als Sondermüll, notwendig.

Das Herzzentrum bei Probstheida kann die ersten Patienten aufnehmen, und die Neue Messe feiert Richtfest. Bei dem großen Versandhausneubau Quelle gehen die Arbeiten zügig voran, im Mai 1995 findet die Eröffnung statt. Die beiden größten anlaufenden Bauvorhaben sind jetzt das Allee-Center Grünau und die Tiefgarage Augustusplatz.

Endlich kann der Alte Johannisfriedhof wieder besucht werden. Manches war durch Vandalismus zerstört oder durch Gleichgültigkeit total verfallen. Und so ist es bewundernswert, was man an historischen Grabmalen noch hat retten,

Der Bau der Tiefgarage unter dem Augustusplatz

Eröffnung der Neuen Messe

restaurieren und nun wieder präsentieren können. Eine aufmerksame Runde über den Friedhof ist wie ein Spaziergang durch Leipzigs Geschichte. Bedauerlich nur, dass teilweise das Unkraut die Anlagen überwuchert, besonders im Bereich zur Prager Straße, um die Grabstellen der Familie Brockhaus und der Professor Roßmäßlers.

Während man mit der geplanten Vermarktung der Alten Messe nicht wie erhofft vorankommt, gehen die Arbeiten an der Neuen Messe dem Ende entgegen. Bundespräsident Roman Herzog eröffnet am 12. April 1996 das Areal.

Hier kann man sich noch nicht vorstellen, wie attraktiv der Hauptbahnhof Monate später aussehen wird

1997–2000

Fünf Ausstellungshallen gruppieren sich um das „Herzstück", die 225 Meter lange und 75 Meter breite verbindende gläserne Halle. Rund 100 000 m^2 Ausstellungsfläche stehen insgesamt zur Verfügung. Die Neue Messe ist beeindruckend, aber wohl überdimensioniert. Bei den stattfindenden eher kleinen Fachmessen werden gewöhnlich nur ein bis drei Hallen genutzt.
Eine weitere bedeutende Eröffnung im Jahre 1996 ist die des „Haus des Buches" am Gerichtsweg/Prager Straße. Nicht gerade ein attraktiver, sicher aber ein zweckdienlicher Bau. In diesem Jahr begründet sich ein interessanter Förderverein: „Pleiße ans Licht". Um den Gestank des zum Abwasserkanal verkommenen Flusses zu entgehen, waren in der DDR nicht etwa die Ursachen bekämpft worden, sondern die Wirkung. Also hatte man die Pleiße zugedeckt, „überwölbt". Stinken durfte sie erst wieder im Rosental. Nun, bei befriedigender Wasserqualität, kann sie in die Stadt zurückkehren. 400 Meter sind bereits wieder offen. Gegenwärtig wird sie am Simsonplatz, vor dem Reichsgericht, freigelegt. 1996 wird wieder ein gewaltiges Vorhaben in Angriff genommen: Der Umbau des Hauptbahnhofs. Viele Leipziger waren gegen den geplanten Umbau, vor allem der „Parkdecks" wegen – Autos dann auch noch auf dem Hauptbahnhof. Es kam zu massiven Protesten, sogar zu Bahnhof-Demos. Alles umsonst. Und siehe da: Über Ablehnung, Gleichgültigkeit, Interesse, Freude und Begeisterung erlebten viele Protestierer, dass sie sich geirrt hatten. Der Autor zählt dazu. Der Hauptbahnhof ist ein Schmuckstück geworden, den man mit Freude besucht, und der Leipzigs Popularität erhöht.

Der Leipziger Hauptbahnhof wird zum attraktivsten Deutschlands

Zum Evangelischen Kirchentag spielen auch die Stadtpfeiffer

1996 verstarb im Alter von 86 Jahren eine Fußball-Legende. Alttrainer Kunze von Chemie, der Meistermacher. Der allgemein verehrte alte Herr hatte noch die Freude zu erleben, dass sein Leutzscher Stadion nach ihm benannt wurde. Alfred-Kunze-Sportpark. Eine würdige und verdiente Ehrung.
1997 wird die Leipziger Messe 500 Jahre alt, ausgehend vom kai-

serlichen Privileg von 1497. Im Alten Rathaus ist eine sehr gute Ausstellung aus diesem Grund zu sehen: „Leipzig – Stadt der wa(h)ren Wunder“. Der 27. Evangelische Kirchentag 1997 findet in Leipzig statt. Die Eröffnung wird im Gelände der Neuen Messe durchgeführt, die jetzt erstmals richtig gut gefüllt ist. Interessante Veranstaltungen in der ganzen Stadt und das günstige Wetter lassen die Tage vom 18. bis 22. Juni zu einem Erlebnis werden. Sehr erfreuliche Fertigstellungen oder Einweihungen gibt es in diesem Jahr, so die attraktive Strohsack-Passage, das hervorragend restaurierte Mendelssohnhaus, Barthels Hof und das Forsthaus Raschwitz. Und am 12. November hat der umgebaute Hauptbahnhof mit seinem tollen „dreifachen Promenadendeck“ Premiere.

500 Jahre Leipziger Messe

Zwei Persönlichkeiten nehmen 1998 ihren Dienst in Leipzig auf: Oberbürgermeister Wolfgang Tiefensee und Gewandhauskapellmeister Herbert Blomstedt. Sowohl Alt-OBM Lehmann-Grube als auch der nach New York wechselnde Kurt Masur werden zu Ehrenbürgern Leipzigs ernannt. Während es bei Kurt Masur, dem hervorragenden Spielleiter des Gewandhausorchesters und engagierten Streiters in der Wendezeit, um das Verdienst gar keine Frage gibt, ist das bei Hinrich Lehmann-Grube nicht für jeden Leipziger klar.

Herbert Blomstedt wird neuer Gewandhauskapellmeister

Installation Paulinerkirche – Mahnmal am Augustusplatz

1998 jährt sich zum dreißigsten Mal der Tag der Sprengung der Paulinerkirche. Am Sprengungstag, dem 30. Mai, wird unter dem Geläut aller Leipziger Kirchenglocken die Installation Paulinerkirche eingeweiht. Das optische Zeichen, das die Außendimensionen der Paulinerkirche umreißt, will mahnen und erinnern.
Nach langen Renovierungszeiten öffnen jetzt wieder das Schillerhaus, das Gohliser Schlösschen und der Kaffeebaum, jetzt sogar mit einem „Kaffeemuseum“. Der nicht mehr benötigte Leipziger Schlachthof an der Altenburger Straße soll

in einem 100-Millionen-Mark-Projekt zu „media city leipzig" werden. Im September 1998 war Grundsteinlegung.
Die „Thomasser" können sich über die Erweiterung ihres Alumnats in der Hillerstraße freuen. Ihr neuer „Kasten" wird am 11. Januar 1999 übergeben. Die Leipzig-Information auf dem Sachsenplatz muss dem Neubau des Museums der Bildenden Künste weichen und die Arbeiten zur Juridicum-Passage an der Petersstraße beginnen. Auch am Bayrischen Bahnhof tut sich etwas, wenn vorerst auch nicht viel. Am Neuen Rathaus, seiner früheren Arbeitsstelle, erhält der an dem gescheiterten Hitlerattentat beteiligte ehemalige Oberbürgermeister der Messestadt, Carl Friedrich Goerdeler, eine Gedenkstätte. Seine Tochter wohnt der feierlichen Eröffnung bei.

Neugestaltung des Augustusplatzes stößt auf Ablehnung

16 Kulturschaffende Leipzigs hatten im Frühjahr 1999 an den Oberbürgermeister einen Offenen Brief gesandt und gebeten, die Gestaltung des Augustusplatzes nochmals zu überdenken. Und das aus berechtigten Gründen. Wie auch zahlreiche Leserzuschriften an die Zeitungen belegen, lehnen die meisten Leipziger die ebenso unschöne wie simple Gestaltung des Augustusplatzes, den man einmal einen der schönsten Stadtplätze Europas nannte, ab. „Mauercafé", „Milchtöpfe" und „Bushaltestellen" verunstalten den Platz und erdrücken die vormals elegante Weite. Der Mendebrunnen wirkt jetzt verloren und deplaziert, das Areal zusammengepresst. Man hatte sich wieder einmal, wie nicht selten in Leipzig, über den Bürgerwillen hinweggesetzt. Zu hoffen bleibt, dass am Augustusplatz nicht das letzte Wort gesprochen ist. Und die Bauabsichten der Universität lassen diese Hoffnung auch zu. Bis zu ihrem großen Jubiläum, dem sechshundertjährigen Bestehen, möchte die ehrwürdige Alma mater am Augustusplatz wieder ein attraktives Gesicht bekommen.
Im Herbst 1999 steht es fest: Das Geisteswissenschaftliche Zentrum der Universität wird auf dem Standort des Alten Gewandhauses an der Grassistraße errichtet werden. Und so langsam kennen die Menschen nur noch ein Thema: 2000! Millennium – Jahres-, Jahrhundert-, Jahrtausendwende. Die große Silvesterparty auf dem Augustusplatz hält, was sie verspricht und bleibt eine schöne Erinnerung bei dem Start in einen neuen, gewaltigen Zeitabschnitt. Hoffen wir, dass dieses neue Jahrtausend auch ein gutes für die tausendjährige Stadt Leipzig werden möge.

- Ein trüber Sonntag, nicht nur vom Wetter her, ist der **3. März 1991**. Nach genau dreißig Jahren muss eine Institution für Leipzig schließen: **Die Bodega.** Das Ehepaar Sanders, deren Lebensinhalt diese **Kultkneipe** in der Messehofpassage war, hatte alles versucht. Keine Chance. **Ohne Toilette keine Verlängerung der Konzession.** Und die ging nun in den urgemütlichen Schlauch, wo immer „jemand da" war, unmöglich einzubauen. Dreißig Jahre lang hatte das keinen Menschen gestört. Man ging ein paar Schritte zum Thüringer Hof oder zum Bachstübl. Die wussten Bescheid. Nun das „Aus". Am 3. März waren Tränen bei Wirtsleuten und Stammgästen zu sehen. Ein wehmütiges Gedenken kommt noch immer auf, wenn man an dem jetzt dort befindlichen Blumenladen vorübergeht.
- Ganz attraktive sind unter ihnen, und schmuck gekleidet sind sie auch, und dennoch sehen sie viele Männer gar nicht gern. Die Rede ist von den für **Leipzig neuen Politessen.**
- Am 15. Januar 1992 konstituiert sich in Leipzig-Gohlis eine **Bürgerinitiative** mit dem Ziel, den **Wiederaufbau der vernichteten Paulinerkirche** und **des Universitätshauptgebäudes am Augustusplatz** anzustreben, der Paulinerverein.
- Ab 1993 darf die **Leipziger Traditionsbrauerei Ernst Bauer** wieder unter dem **alten Namen** produzieren. Enkel und Urenkel des Begründers leiten gemeinsam Leipzigs einzige Privatbrauerei.
- An der Limburger Straße wird im Februar 1995 ein **Fabrikschornstein gesprengt.** Er **fällt nicht ganz wie geplant** und richtet Schäden an mehreren Häusern an. Die Sanierung kostet eine halbe Million Mark. Glück hatte „Jacques Weindepot", auf der anderen Seite gelegen, das mit gewaltigen Schlammspritzern davonkommt. Wäre auch schade um den köstlichen Wein gewesen...
- Die Leipziger wissen manchmal gar nicht, was für **Kleinode** sie in ihrer Stadt haben. Der 1995 wieder eröffnete **„Specks Hof"** erhält im März 1996 in Cannes den **„Immobilien-Oscar"** als eines der **schönsten Gebäude Europas.**
- Eine **liebenswerte Einrichtung** wird im August 1996 im Clara-Zetkin-, dem früheren König-Albert-Park eröffnet: **Das Schachzentrum.** Für einen geringen Beitrag (Kinder umsonst) kann man mit ausgeliehenen Spielen und Schachuhren stundenlang seinem Hobby nachgehen. Eine Großschachanlage steht bereit. Das **Wissenschaftszentrum e. V. und der Musikviertel e. V. betreuen das Objekt.**
- 1997, anlässlich des **27. Evangelischen Kirchentages**, errichtet die Gemeinde Stötteritz ein **Gedenkkreuz** auf der „Begräbnisstätte" der Paulinerkirche. Pater Gordian Landwehr und der Paulinerverein nehmen teil. Bereits am übernächsten Tag ist das **Kreuz demontiert und verschwunden**.
- Schon etwas verzweifelt strampelt sich Leipzig ab, um wenigstens wieder **Halb-Millionenstadt** zu werden. Es geht um lukrativere **EU-Fördermittel**. Immer neue Eingemeindungen kommen hinzu, zuletzt Seehausen, Göbschelwitz, Hohenheida und Gottscheina – es langt noch immer nicht. Und die „Dicken", die ordentlich was einbringen würden (Markkleeberg, Liebertwolkwitz, Taucha) – die wollen nicht.

DIE WETTINISCHEN LANDESHERREN DER STADT LEIPZIG (1165–1918)

Name	Lebenszeit	Regierungszeit
I. Markgrafenzeit		
Otto der Reiche	1125–1190	1156–1190
Albrecht I. der Stolze	1158–1195	1190–1195
Dietrich der Bedrängte	1162–1221	1195–1221
Heinrich der Erlauchte	1216–1288	(1221) 1234–1288
Albrecht II. der Entartete	1240–1314	1288–(1307)
Friedrich I. der Freidige	1257–1324	1307–1324
Friedrich II. der Ernsthafte	1310–1349	(1324) 1329–1349
Friedrich III. der Strenge	1331–1381	1349–1381
Friedrich IV. (I.) der Streitbare	1370–1428	1381–1425
II. Kurfürstenzeit		
Friedrich I. (IV.) der Streitbare	1370–1428	1425–1428
Friedrich II. der Sanftmütige	1412–1464	1428–1464
Leipziger Teilung von 1485, Begründung der beiden Linien des wettinischen Herrscherhauses: Kurfürst Ernst - Ernestiner, Herzog Albrecht - Albertiner		
Albrecht der Beherzte	1443–1500	1464–1500
Georg der Bärtige	1471–1539	1500–1539
Heinrich der Fromme	1473–1541	1539–1541
Herzog Moritz	1521–1553	1541–1547
Wechsel der Kurwürde des Reiches von den Ernestinern auf die Albertiner		
Kurfürst Moritz	1521–1553	1547–1553
August (Vater August)	1526–1586	1553–1586
Christian I.	1560–1591	1586–1591
Christian II.	1583–1611	(1591) 1601–1611
Johann Georg I.	1585–1656	1611–1656
Johann Georg II.	1613–1680	1656–1680
Johann Georg III.	1647–1691	1680–1691
Johann Georg IV.	1668–1694	1691–1694
Kursachsen in Personalunion mit dem Königreich Polen (1697–1763)		
Friedrich August I. der Starke	1670–1733	1694–1733
Friedrich August II.	1696–1763	1733–1763
Friedrich Christian	1722–1763	1763
Friedrich August III. (I.)	1750–1827	(1763) 1768–1806
III. Königreich Sachsen		
Friedrich August I. (III.)	1750–1827	1806–1827
Anton der Gütige	1755–1836	1827–1836
Friedrich August II.	1797–1854	(1830) 1836–1854
Johann der Wahrhaftige	1801–1873	1854–1873
Albert	1828–1902	1873–1902
Georg	1832–1904	1902–1904
Friedrich August III.	1865–1932	1904–1918

Rücktritt und Abdankung des letzten sächsischen Königs am 13. November 1918

Adler, Harald; Hofmeister, Herold: Leipziger Hauptbahnhof Geschichte und Geschichten, Leipzig 1994

Albert, Prinz von Sachsen: Die Wettiner in Lebensbildern, Gratz-München 1995

Blaschke, Karlheinz: Der Fürstenzug zu Dresden – Denkmal und Geschichte des Hauses Wettin, Leipzig, Jena, Berlin 1991

Bleibtreu, Carl: Die Befreiungskriege, Leipzig 1893

Czok, Karl: Das alte Leipzig, Leipzig 1978

August der Starke und Kursachsen, Leipzig 1988

Dörrien, Ernst: Jubel-Album des Fünfzigjährigen Geburtstages der Schlacht bei Leipzig, Hannover 1863

Förster, Hans: Leipzig – Geschichte und Ausblick, Dresden 1952

Füßler, Heinz: Leipziger Bautradition, Leipzig 1955

Güldemann, Martina: Das war das 20. Jahrhundert in Leipzig, Gudensberg-Gleichen 1999

Hänsch, Rudolf; Mückenberger, Paul: Leipzig im Wandel der Zeiten, Leipzig 1912

Klank, Gina; Griebsch, Gernot: Lexikon Leipziger Straßennamen, Leipzig 1995

Köhler, Ernst: Das Königreich Sachsen und seine Fürsten, Leipzig 1889

Künnemann, Otto: Streifzug durch das Sächsische Fürstenhaus, Leipzig 1997

Lange, Walter: Richard Wagner und seine Vaterstadt Leipzig, Leipzig 1921

Leipziger Lehrerverein (Hrsg.): Leipzig in Geschichten und Bildern, Leipzig 1928

Leipziger Verkehrsbetriebe (Hrsg.): Vom Zweispänner zur Stadtbahn, Leipzig 1996

Leiske, Senator: Leipzig und Mitteldeutschland, Leipzig 1928

Lippold, Adolf: Erinnerungen eines alten Leipzigers, Leipzig 1893 und 1895

Merseburger, Georg: Leipziger Kalender, Illustriertes Jahrbuch und Chronik, Jahrgang 1904–1914, 1925, Leipziger Jahrbuch 1938–1942

Naumann, Günter: Sächsische Geschichte in Daten, München, Berlin 1994

Reumuth, Karl: Heimatgeschichte für Leipzig und den Leipziger Kreis, Leipzig 1927

Richter, Th. F.: Jahrbüchlein zur Geschichte Leipzigs, Leipzig 1863

Sächsischer Pestalozziverein (Hrsg.): Bunte Bilder aus dem Sachsenlande, Band I–IV, Dresden1907–1910

Sturmhöfel, Konrad: Illustrierte Geschichte der Sächsischen Lande, Band I–IV, Leipzig 1896

Taddey, G. (Hrsg.): Lexikon Deutscher Geschichte, München 1983

Verkehrsverein Leipzig (Hrsg.): Leipzig und Umgebung, Leipzig 1905

Wustmann, Gustav: Bilderbuch aus der Geschichte der Stadt Leipzig, Leipzig 1897

Wuttke, Robert (Hrsg,): Sächsische Volkskunde, Dresden 1900